Waltermann
Speth

Rechnungswesen
Bürokaufmann/
Bürokauffrau

Fachwerk e.V.
Oststr. 1a
49227 Ahlen
Tel. 02382-7605799
Fax 02382-8556352

Lösungen nur für Lehrkräfte
inkl. Daten-CD
ab 20. Auflage 2010
ISBN 978-3-8120-**3261-2**

Das Werk und seine Teile sind urheberrechtlich geschützt. Jede Nutzung in anderen als den gesetzlich zugelassenen Fällen bedarf der vorherigen schriftlichen Einwilligung des Verlages. Hinweis zu § 52 a UrhG: Weder das Werk noch seine Teile dürfen ohne eine solche Einwilligung eingescannt und in ein Netzwerk eingestellt werden. Dies gilt auch für Intranets von Schulen und sonstigen Bildungseinrichtungen.

Merkur
Verlag Rinteln

Übungsaufgabe 1

1. 785 kg ≙ 439,60 EUR
   2,5 kg ≙ x EUR $x = \dfrac{439{,}60 \cdot 2{,}5}{785} = \underline{\underline{1{,}40 \text{ EUR}}}$

2. 180 Stück ≙ 992,00 EUR
   315 Stück ≙ x EUR $x = \dfrac{992{,}00 \cdot 315}{180} = \underline{\underline{1\,736{,}00 \text{ EUR}}}$

3. 26 Std. ≙ 364,00 EUR
   34 Std. ≙ x EUR $x = \dfrac{364 \cdot 34}{26} = \underline{\underline{476{,}00 \text{ EUR}}}$

4. 78 m² Fläche ≙ 4,5 m² Abfall
   273 m² Fläche ≙ x m² Abfall $x = \dfrac{4{,}5 \cdot 273}{78} = \underline{\underline{15{,}75 \text{ m}^2 \text{ Abfall}}}$

5. 8 410 l ≙ 145 Tage
   5 180 l ≙ x Tage $x = \dfrac{145 \cdot 5\,180}{8\,410} = 89{,}31\ldots \underline{\underline{\text{rd. 89 Tage}}}$

6. 6.1 $x = \dfrac{1\,470{,}20 \cdot 18}{42} = \underline{\underline{630{,}09 \text{ EUR}}}$

   6.2 $x = \dfrac{470{,}60 \cdot 265}{184} = \underline{\underline{677{,}77 \text{ EUR}}}$

   6.3 $x = \dfrac{155{,}20 \cdot 78}{62} = \underline{\underline{195{,}25 \text{ EUR}}}$

   6.4 $x = \dfrac{2\,720 \cdot 158}{310} = \underline{\underline{1\,386{,}32 \text{ EUR}}}$

   6.5 $x = \dfrac{245 \cdot 112}{48} = \underline{\underline{571{,}67 \text{ EUR}}}$

7. 480 Dosen ≙ 6 Tage
   1920 Dosen ≙ x Tage $x = \dfrac{6 \cdot 1920}{480} = \underline{\underline{24 \text{ Tage}}}$

8. 22 000,00 EUR ≙ 1 430,00 EUR
   9 000,00 EUR ≙ x EUR $x = \dfrac{1430 \cdot 9000}{22\,000} = \underline{\underline{585{,}00 \text{ EUR}}}$

9. 200 km in 4 Std.
   30 km in x Std. $x = \dfrac{4 \cdot 30}{200} = 0{,}6 \text{ Std.} = \underline{\underline{36 \text{ Min.}}}$

Übungsaufgabe 2

1. 48 Stück ≙ 24 Tage
   72 Stück ≙ x Tage $x = \dfrac{24 \cdot 48}{72} = \underline{\underline{16 \text{ Tage}}}$

2. 15 Tage ≙ 20 Arbeiter
   10 Tage ≙ x Arbeiter $x = \dfrac{20 \cdot 15}{10} = \underline{\underline{30 \text{ Arbeiter}}}$

   Es sind 10 Arbeiter hinzuzuziehen.

3. 24,00 EUR ≙ 26 Tage
   20,00 EUR ≙ x Tage
   $$x = \frac{26 \cdot 24}{20} = \underline{\underline{31,2 \text{ Tage}}}$$

4. 1,20 m Breite ≙ 32 Rollen
   1,80 m Breite ≙ x Rollen
   $$x = \frac{32 \cdot 1,20}{1,80} = \underline{\underline{21^1/_3 \text{ Rollen}}}$$

5. 140 Blatt ≙ 66 Tage
   180 Blatt ≙ x Tage
   $$x = \frac{66 \cdot 140}{180} = \underline{\underline{51^1/_3 \text{ Tage}}}$$

6. 4 Angestellte ≙ 6 Std.
   3 Angestellte ≙ x Std.
   $$x = \frac{6 \cdot 4}{3} = \underline{\underline{8 \text{ Std.}}}$$

Übungsaufgabe 3

1. Bei 13,50 EUR ≙ 2767,50 EUR Miete
   Bei 14,30 EUR ≙ x EUR Miete
   $$x = \frac{2767,50 \cdot 14,30}{13,50} = \underline{\underline{2931,50 \text{ EUR}}}$$

2. 18,0 m² ≙ 225,00 EUR
   22,5 m² ≙ x EUR
   $$x = \frac{225 \cdot 22,5}{18} = \underline{\underline{281,25 \text{ EUR}}}$$

3. 2 l Inhalt ≙ 200 Dosen
   ½ l Inhalt ≙ x Dosen
   $$x = \frac{200 \cdot 2}{0,5} = \underline{\underline{800 \text{ Dosen}}}$$

4. 45 l ≙ 60 Tage
   50 l ≙ x Tage
   $$x = \frac{60 \cdot 45}{50} = \underline{\underline{54 \text{ Tage}}}$$

5. 270,80 EUR je Stück ≙ 25 Lederjacken
   310,60 EUR je Stück ≙ x Lederjacken
   $$x = \frac{25 \cdot 270,80}{310,60} = \underline{\underline{21,80 \text{ EUR}}}$$

   Ergebnis: Er kann 21 Lederjacken bestellen.

6. 2430 Werbezettel ≙ 109,35 EUR
   1070 Werbezettel ≙ x EUR
   $$x = \frac{109,35 \cdot 1070}{2430} = \underline{\underline{48,15 \text{ EUR}}}$$

7. 150 cm ≙ 36 m
   120 cm ≙ x m
   $$x = \frac{36 \cdot 150}{120} = \underline{\underline{45 \text{ m}}}$$

8. 100 km ≙ 12,8 Liter
   420 km ≙ x Liter
   $$x = \frac{12,8 \cdot 420}{100} = \underline{\underline{53,76 \text{ Liter}}}$$

Übungsaufgabe 4

1. 20 Arbeiter ≙ 15 Tage ≙ 8 Std.
   24 Arbeiter ≙ 12 Tage ≙ x Std.
   $$x = \frac{8 \cdot 20 \cdot 15}{24 \cdot 12} = \underline{\underline{8^1/_3 \text{ Std.}}}$$

2. 6 Maschinen $\triangleq$ 5 Tage $\triangleq$ 3500 Beutel bei 8 Std.
   9 Maschinen $\triangleq$ 8 Tage $\triangleq$ 6300 Beutel bei x Std. $x = \dfrac{8 \cdot 6 \cdot 5 \cdot 6300}{9 \cdot 8 \cdot 3500} = \underline{\underline{6 \text{ Stunden}}}$

3. 45 Proben $\triangleq$ 6 Std. $\triangleq$ 5 kg
   50 Proben $\triangleq$ 14 Std. $\triangleq$ x kg $x = \dfrac{5 \cdot 50 \cdot 14}{45 \cdot 6} = \underline{\underline{12{,}96 \text{ kg}}}$

4. 8 Öfen $\triangleq$ 12 Std./Tag $\triangleq$ 6300 Brote
   10 Öfen $\triangleq$ 16 Std./Tag $\triangleq$ x Brote $x = \dfrac{6300 \cdot 10 \cdot 16}{8 \cdot 12} = \underline{\underline{10\,500 \text{ Brote}}}$

5. 42 kg Garn $\triangleq$ 1,60 m Breite $\triangleq$ 56 m Stoff
   114 kg Garn $\triangleq$ 1,20 m Breite $\triangleq$ x m Stoff $x = \dfrac{56 \cdot 114 \cdot 1{,}60}{42 \cdot 1{,}20} = \underline{\underline{202{,}67 \text{ m Stoff}}}$

6. 6 Angestellte $\triangleq$ bei 8 Std. $\triangleq$ 30 Tage
   4 Angestellte $\triangleq$ bei 9 Std. $\triangleq$ x Tage $x = \dfrac{30 \cdot 6 \cdot 8}{4 \cdot 9} = \underline{\underline{40 \text{ Tage}}}$

7. 4 Arbeiter $\triangleq$ bei 2,5 Std. $\triangleq$ 100 Kartons
   5 Arbeiter $\triangleq$ bei 3,0 Std. $\triangleq$ x Kartons $x = \dfrac{100 \cdot 5 \cdot 3}{4 \cdot 2{,}5} = \underline{\underline{150 \text{ Kartons}}}$

   Ergebnis: 100 Kartons werden nicht fertig.

8. 920 m² $\triangleq$ 4,0 Std./Tag $\triangleq$ 5 Frauen
   1127 m² $\triangleq$ 3,5 Std./Tag $\triangleq$ x Frauen $x = \dfrac{5 \cdot 4 \cdot 1127}{3{,}5 \cdot 920} = \underline{\underline{7 \text{ Frauen}}}$

   Ergebnis: Es müssen 2 Frauen zusätzlich eingestellt werden.

9. 12 Mitarbeiter $\triangleq$ 10 Std./Tag $\triangleq$ 2 Tage
   5 Mitarbeiter $\triangleq$ 8 Std./Tag $\triangleq$ x Tage $x = \dfrac{2 \cdot 12 \cdot 10}{5 \cdot 8} = \underline{\underline{6 \text{ Tage}}}$

10. 5 Monate für 400 m² bei 21° $\triangleq$ 8400 l
    4 Monate für 500 m² bei 20° $\triangleq$ x l $x = \dfrac{8400 \cdot 4 \cdot 500 \cdot 20}{5 \cdot 400 \cdot 21} = \underline{\underline{8000 \text{ l}}}$

Übungsaufgabe 5

1. 1,4010 CAD $\triangleq$ 1 EUR
   1000,00 CAD $\triangleq$ x EUR $x = \dfrac{1 \cdot 1000}{1{,}4010} = \underline{\underline{713{,}78 \text{ EUR}}}$

   1,00 EUR $\triangleq$ 1,5210 CHF
   713,78 EUR $\triangleq$ x CHF $x = \dfrac{1{,}5210 \cdot 713{,}78}{1} = \underline{\underline{1085{,}66 \text{ CHF}}}$

   Für 1000,00 CAD erhält der Geschäftsmann 1085,66 CHF.

   oder einfacher:

   1,4010 CAD $\triangleq$ 1,5210 CHF
   1000,00 CAD $\triangleq$ x CHF $x = \dfrac{1{,}5210 \cdot 1000}{1{,}4010} = \underline{\underline{1085{,}66 \text{ CHF}}}$

2. 2.1 1,00 EUR $\triangleq$ 8,9562 NOK
        3250,00 EUR $\triangleq$ x NOK $x = \dfrac{8{,}9562 \cdot 3250}{1} = \underline{\underline{29\,107{,}65 \text{ NOK}}}$

2.2 9,6140 NOK ≙ 1,00 EUR
      875,00 NOK ≙   x EUR

$$x = \frac{875}{9{,}6140} = \underline{\underline{91{,}01 \text{ EUR}}}$$

3. 8,8165   NOK ≙ 1 EUR
    3 500,00 NOK ≙ x EUR

$$x = \frac{3500}{8{,}8165} = \underline{\underline{396{,}98 \text{ EUR}}}$$

10,4907 SEK ≙ 1 EUR
5 500,00 SEK ≙ x EUR

$$x = \frac{5500}{10{,}4907} = \underline{\underline{524{,}27 \text{ EUR}}}$$

4. 1,3380   USD ≙ 1 EUR
    2 150,00 USD ≙ x EUR

$$x = \frac{2150}{1{,}3380} = \underline{\underline{1606{,}88 \text{ EUR}}}$$

Übungsaufgabe 6

1. 1.1 $\dfrac{1875}{1{,}2985}$ = $\underline{\underline{1443{,}97 \text{ EUR}}}$

   1.2 $\dfrac{74980}{1{,}5213}$ = $\underline{\underline{49286{,}79 \text{ EUR}}}$

2. 2.1 $\dfrac{34000}{1{,}5298}$ = $\underline{\underline{22225{,}13 \text{ EUR}}}$

   2.2 $\dfrac{7850}{0{,}9437}$ = $\underline{\underline{8318{,}32 \text{ EUR}}}$

   2.3 $\dfrac{46850}{7{,}4232}$ = $\underline{\underline{6311{,}29 \text{ EUR}}}$

3. $\dfrac{63000}{1{,}5205}$ = $\underline{\underline{41433{,}74 \text{ EUR}}}$

4. $\dfrac{16580}{1{,}5304}$ = $\underline{\underline{10833{,}77 \text{ EUR}}}$

5. $\dfrac{9800}{1{,}5213}$ = $\underline{\underline{6441{,}86 \text{ EUR}}}$

   $\dfrac{26500}{0{,}9442}$ = $\underline{\underline{28066{,}09 \text{ EUR}}}$

6. $\dfrac{1350000}{114{,}55}$ = $\underline{\underline{11785{,}25 \text{ EUR}}}$

7. $\dfrac{392}{0{,}9437}$ = $\underline{\underline{415{,}39 \text{ EUR}}}$

   $\dfrac{4793{,}60}{9{,}0318}$ = $\underline{\underline{530{,}75 \text{ EUR}}}$

   Das Angebot aus Norwegen ist um 115,36 EUR günstiger.

8. | Rechnungsbetrag | 419,05 CHF |
   |---|---|
   | − 2 % Skonto | 8,38 CHF |
   | Überweisungsbetrag | 410,67 CHF |

$$\frac{410{,}67}{1{,}5205} = 270{,}09 \text{ EUR}$$

+ Gebühren	4,80 EUR
Überweisungs-betrag in EUR	274,89 EUR

Übungsaufgabe 7

1. 1.1   8,1683   NOK ≙ 1 EUR
   16 275,00 NOK ≙ x EUR $x = \dfrac{16\,275}{8{,}1683} = 1\,992{,}46 \text{ EUR}$

   Verkauf nach Singapur 10 Stück zu 1 992,46 EUR/Stück.

   =   19 924,60 EUR
   + 15 % Preisaufschlag   2 988,69 EUR
                          22 913,29 EUR

         1,00 EUR ≙ 2,0475 SGD
   22 913,29 EUR ≙   x SGD $x = 2{,}0475 \cdot 22\,913{,}29 = 46\,914{,}96 \text{ SGD}$

   1.2 Rohgewinn   2 988,69 EUR
       – Kosten   12,68 EUR
       Gewinn in Euro: 2 976,01 EUR

2.   1,5304   CAD ≙ 1 EUR
   22 850,00 CAD ≙ x EUR $x = \dfrac{22\,850}{1{,}5304} = 14\,930{,}74 \text{ EUR}$

         114,68   JPY ≙ 1 EUR
   820 000,00 JPY ≙ x EUR $x = \dfrac{820\,000}{114{,}68} = 7\,150{,}33 \text{ EUR}$

        1,5213   CHF ≙ 1 EUR
   16 480,00 CHF ≙ x EUR $x = \dfrac{16\,480}{1{,}5213} = 10\,832{,}84 \text{ EUR}$

   Gesamtbetrag 32 913,91 EUR

3.   1,2711   USD ≙ 1 EUR
   36 000,00 USD ≙ x EUR $x = \dfrac{36\,000}{1{,}2711} = 28\,321{,}93 \text{ EUR}$

4. 4.1   0,8993   GBP ≙ 1 EUR
   120 500,00 GBP ≙ x EUR $x = \dfrac{120\,500}{0{,}8993} = 133\,993{,}11 \text{ EUR}$

   4.2   0,9184   GBP ≙ 1 EUR
   120 500,00 GBP ≙ x EUR $x = \dfrac{120\,500}{0{,}9184} = 131\,206{,}45 \text{ EUR}$

5.   2 180,00 EUR ≙ 2 886,32 USD
         1,00 EUR ≙   x USD $x = \dfrac{2\,886{,}32}{2\,180} = 1{,}324 \text{ USD}$

   Der Umtauschkurs beträgt: 1 EUR ≙ 1,324 USD

Übungsaufgabe 8

1. 1.1
Teile	Kapitalien
3	2 400,00 EUR
4	3 200,00 EUR
2	1 600,00 EUR
9 Teile ≙	7 200,00 EUR
1 Teil ≙	800,00 EUR

1.3
Teile	Kapitalien
3	6 000,00 EUR
2	4 000,00 EUR
9	18 000,00 EUR
5	10 000,00 EUR
19 Teile ≙	38 000,00 EUR
1 Teil ≙	2 000,00 EUR

1.2
Teile	Kapitalien
2	130,00 EUR
5	325,00 EUR
7	455,00 EUR
1	65,00 EUR
15 Teile ≙	975,00 EUR
1 Teil ≙	65,00 EUR

1.4
Teile	Kapitalien
3	600,00 EUR
4	800,00 EUR
5	1 000,00 EUR
12 Teile ≙	2 400,00 EUR
1 Teil ≙	200,00 EUR

2.
A	25 Teile	3 750,00 EUR
B	20 Teile	3 000,00 EUR
C	9 Teile	1 350,00 EUR
D	2 Teile	300,00 EUR
	56 Teile ≙	8 400,00 EUR
	1 Teil ≙	150,00 EUR

3.
144 000,00 EUR	→	2 Teile	17 712,00 EUR
216 000,00 EUR	→	3 Teile	26 568,00 EUR
360 000,00 EUR	→	5 Teile	44 280,00 EUR
		10 Teile ≙	88 560,00 EUR
		1 Teil ≙	8 856,00 EUR

C erhält 44 280,00 EUR Gewinnanteil.

4.
Geschäft	Umsatz	Teile	Kostenanteil
Hauptgeschäft	720 000,00 EUR	12	15 360,00 EUR
Filiale I	480 000,00 EUR	8	10 240,00 EUR
Filiale II	540 000,00 EUR	9	11 520,00 EUR
	1 740 000,00 EUR	29 ≙	37 120,00 EUR
		1 ≙	1 280,00 EUR

5.

Filiale	Umsatz	Teile	Hemden
1	260 000,00 EUR	10	330
2	390 000,00 EUR	15	495
3	156 000,00 EUR	6	198
4	312 000,00 EUR	12	396
		43 ≙	1 419
		1 ≙	33

6.

Personen	Kapitalanteile	Teile	Gewinn
Abt	36 400,00 EUR	13	20 020,00 EUR
Bär	44 800,00 EUR	16 + 2 500,00 EUR	27 140,00 EUR
Ceh	67 200,00 EUR	24 + 4 200,00 EUR	41 160,00 EUR
		53 T + 6 700,00 EUR ≙	88 320,00 EUR
		53 Teile ≙	81 620,00 EUR
		1 Teil ≙	1 540,00 EUR

Übungsaufgabe 9

1. 1.1

Gesellschafter	Anteil	Teile	Anteile in EUR
B	$1/4$	$3/12$	2 460 000,00
C	$1/3$	$4/12$	3 280 000,00
A	Rest	$5/12$	4 100 000,00

5 Teile ≙ 4 100 000,00 EUR
1 Teil ≙ 820 000,00 EUR

1.2

Gesellschafter	Anteile in EUR	Teile	Gewinnanteile in EUR
A	4 100 000,00	5	205 000,00
B	2 460 000,00	3	123 000,00
C	3 280 000,00	4	164 000,00

12 Teile ≙ 492 000,00
1 Teil ≙ 41 000,00

2.

Gesellschafter	Anteil	Teile	Anteile in EUR
Franz	$1/5$	7	36 521,74
Fritz	$1/7$	5	26 086,96
Fabian	Rest	23	120 000,00
		35	182 608,70

23 Teile ≙ 120 000,00 EUR
1 Teil ≙ 5 217,3913 EUR

3.

Gesellschafter	Anteil	Teile	Anteile in EUR
A	$1/3$	5	4 675,00
B	$2/5$	6	5 610,00
C	Rest	4	3 740,00
		15	14 025,00

4 Teile ≙ 3 740,00 EUR
1 Teil ≙ 935,00 EUR

4.

4.1

Gesellschafter	Anteil	Teile	Anteile in EUR		
A	Rest	7	107 100,00		
B	$1/3$	5	76 500,00	7 Teile ≙	107 100,00 EUR
C	$1/5$	3	45 900,00	1 Teil ≙	15 300,00 EUR
		15	229 500,00		

4.2

Gesellschafter	Teile	Anteile in EUR		
A	7	68 600,00		
B	5	49 000,00	15 Teile ≙	147 000,00 EUR
C	3	29 400,00	1 Teil ≙	9 800,00 EUR
	15	147 000,00		

5.

5.1

Betrieb	Teile	Anteile in EUR		
Bauer $1/6$	$20/120$	118 000,00		
Canz $1/8$	$15/120$	88 500,00	73 Teile ≙	430 700,00 EUR
Diehm $1/10$	$12/120$	70 800,00	1 Teil ≙	5 900,00 EUR
Abel Rest	$73/120$	430 700,00		

5.2 Gesamtkosten 708 000,00 EUR.

6.

Berechtigte	Anteile	Teile	Vermögensanteil in EUR	
Marion	$1/4$	15	36 720,00	
Andreas	$2/5$	24	58 752,00	
Christoph	$1/3$	20	48 960,00	
Ralf	Rest	1	2 448,00	
		60 Teile ≙	146 880,00	
		1 Teil ≙	2 448,00	

7.

Gesellschafter	Anteile	Teile		Gewinnanteile in EUR
Agnes	$2/7$	$6/21$ → 6 +	3 000,00 EUR	12 780,00 EUR
Birgit	$1/3$	$7/21$ → 7		11 410,00 EUR
Manuela	Rest	$8/21$ → 8		13 040,00 EUR
		21 + 3 000,00 EUR ≙		37 230,00 EUR
		21 Teile ≙		34 230,00 EUR
		1 Teil ≙		1 630,00 EUR

8. 8.1

Gesellschafter	Anteile	Teile	Gewinnanteil
Merten	$1/5$	4	8 508,00 EUR
Bary	$1/10$	2	4 254,00 EUR
Fest	$1/4$	5	10 635,00 EUR
Hertel	$2/5$	8	17 016,00 EUR
Schneider	Rest	1	2 127,00 EUR
		20 Teile ≙	42 540,00 EUR
		1 Teil ≙	2 127,00 EUR

8.2 2 127,00 EUR : 2 = 1 063,50 EUR

Anteil am Reingewinn: 8 508,00 EUR + 1 063,50 EUR = 9 571,50 EUR
Anteil am Reingewinn: 4 254,00 EUR + 1 063,50 EUR = 5 317,50 EUR

Übungsaufgabe 10

1.   1.1   1.2

Sorte	Gewicht	Gewichtsspesen	Wert	Wertspesen
I	1 440 kg	345,60 EUR	10 800,00 EUR	216,00 EUR
II	1 280 kg	307,20 EUR	7 680,00 EUR	153,60 EUR
III	400 kg	96,00 EUR	4 400,00 EUR	88,00 EUR
	3 120 kg ≙	748,80 EUR	22 880,00 EUR ≙	457,60 EUR
	1 kg ≙	0,24 EUR	1,00 EUR ≙	0,02 EUR

2. nach Gewicht:

	Gewicht	Teile	Gewichtsspesen
I	168 kg	8	28,80 EUR
II	210 kg	10	36,00 EUR
III	315 kg	15	54,00 EUR
		33 Teile ≙	118,80 EUR
		1 Teil ≙	3,60 EUR

nach Wert:

	Wert	Teile	Wertspesen
I	1 750,00 EUR	7	12,95 EUR
II	2 250,00 EUR	9	16,65 EUR
III	3 250,00 EUR	13	24,05 EUR
		29 Teile ≙	53,65 EUR
		1 Teil ≙	1,85 EUR

3. Ware I   1 345 kg − 25 kg Tara = 1 320 kg
   Ware II 2 670 kg − 40 kg Tara = 2 630 kg
            4 015 kg brutto   3 950 kg netto

Fracht:

I	1 345 kg	≙	269 T	≙	1 008,75 EUR
II	2 670 kg	≙	534 T	≙	2 002,50 EUR
	4 015 kg	≙	803 T	≙	3 011,25 EUR
			1 T	≙	3,75 EUR

Versicherung:

I	1 320 kg à 32,00 EUR	=	42 240,00	≙	528 T	≙	557,82 EUR
II	2 630 kg à 40,00 EUR	=	105 200,00	≙	1 315 T	≙	1 389,28 EUR
					1 843 T	≙	1 947,10 EUR
					1 T	≙	1,056484

	Ware I	Ware II
Gewichtsspesen:	1 008,75 EUR	2 002,50 EUR
Wertspesen:	557,82 EUR	1 389,28 EUR

4. 4.1 Gewichtsspesen: Wertspesen:

144 kg → 4 Teile	93,60 EUR		720,00 EUR → 9 Teile	112,50 EUR
36 kg → 1 Teil	23,40 EUR		320,00 EUR → 4 Teile	50,00 EUR
72 kg → 2 Teile	46,80 EUR		480,00 EUR → 6 Teile	75,00 EUR
7 Teile	≙ 163,80 EUR		19 Teile	≙ 237,50 EUR
1 Teil	≙ 23,40 EUR		1 Teil	≙ 12,50 EUR

4.2 Einkaufspreis + Bezugskosten = Einstandspreis

        Gewichtsspesen   Wertspesen

720,00 EUR + 93,60 EUR + 112,50 EUR = 926,10 EUR
320,00 EUR + 23,40 EUR + 50,00 EUR = 393,40 EUR
480,00 EUR + 46,80 EUR + 75,00 EUR = 601,80 EUR

Übungsaufgabe 11

1. 1.1 Ø Anzahl: 1 077 Stück
   1.2 Ø Wert: 2 498,33 EUR

2. 2.1 Ø Umsatz: 3 898,67 EUR
   2.2 Ø Kundenzahl: 108
   2.3 Ø Umsatz je Kunde: 36,10 EUR

3. Ø Preis: 7,22 EUR

4. 4.1 Jahresumsatz: 442 780,00 EUR
   4.2 Ø Monatsumsatz: 36 898,33 EUR
   4.3 Ø Tagesumsatz: 1 500,95 EUR
   4.4 Ø Umsatz je Mitarbeiter: 147 593,33 EUR

5. Ø Tagesstrecke in km: 257

6. Ø Preis: 10,73 EUR

Übungsaufgabe 12

1.
12 Stück · 3,18 EUR	=	38,16 EUR	
8 Stück · 3,40 EUR	=	27,20 EUR	
20 Stück · 2,71 EUR	=	54,20 EUR	
40 Stück	=	119,56 EUR	
1 Stück	=	2,989 EUR	= 2,99 EUR

2.
```
   5 kg · 13,10  =   65,50 EUR
   8 kg · 12,40  =   99,20 EUR
   2 kg · 14,10  =   28,20 EUR
  10 kg · 11,90  =  119,00 EUR
  12 kg · 11,85  =  142,20 EUR
  37 kg          =  454,10 EUR
   1 kg          =   12,27 EUR
  125 g          =    1,53 EUR
```

3.
```
  120 Stück · 99,80 EUR  =  11 976,00 EUR
   65 Stück · 79,90 EUR  =   5 193,50 EUR
   30 Stück · 59,90 EUR  =   1 797,00 EUR
  215 Stück              =  18 966,50 EUR
    1 Stück              =      88,22 EUR
```

4.
```
   16 kg · 18,40 EUR  =  294,40 EUR
   24 kg · 16,20 EUR  =  388,80 EUR
   12 kg · 13,80 EUR  =  165,60 EUR
   52 kg              =  848,80 EUR
  − 8,32 kg 16 % Verlust
  +        Lohnkosten =   26,80 EUR
   43,68 kg           =  875,60 EUR
```
→ 1 kg kostet: 875,60 EUR : 43,68 kg = 20,05 EUR
250 g kosten: 20,05 EUR : 4 = 5,01 EUR

5.
```
  Roggen   6 kg · 1,90 EUR =  11,40 EUR
  Weizen  10 kg · 2,60 EUR =  26,00 EUR
  Hafer    4 kg · 1,60 EUR =   6,40 EUR
          20 kg            =  43,80 EUR
           1 kg            =   2,19 EUR
         500 g             =   1,10 EUR
```

6.
```
  30 kg je  5,60 EUR je 1/2 kg =  336,00 EUR
  16 kg je 13,20 EUR je 1  kg  =  211,20 EUR
  14 kg je  7,80 EUR je 1/2 kg =  218,40 EUR
                                  765,60 EUR
  + Verpackungsmaterial            14,40 EUR
  60 kg                           780,00 EUR
  125 g                             1,63 EUR
```

Übungsaufgabe 13

1. 1.1   59,11 EUR   1.4   73,39 EUR
   1.2   456,45 EUR   1.5   146,83 EUR
   1.3   43,08 EUR   1.6   287,04 EUR

2. 583,20 kg Röstkaffee

3. Angebot 1:   3 250,00 EUR
   Angebot 2:   3 310,00 EUR − 99,30 EUR = 3 210,70 EUR
   Angebot 3:   3 380,00 EUR − 169,00 EUR = 3 211,00 EUR
   Ergebnis: Angebot 2 ist das billigste.

4. Preisauszeichnung: 999,00 EUR   Anzahlung   225,00 EUR
   2 % Skonto: 19,98 EUR   8 Raten à 100,00 EUR   800,00 EUR
   Barpreis   979,02 EUR   Ratenpreis   1 025,00 EUR
   Preisvorteil bei Barzahlung: 1 025,00 EUR − 979,02 EUR = 45,98 EUR

5.

| | 100 % | Bruttogehalt | 2 680,00 EUR |
	$3^{1}/_{2}$ %	1. Erhöhung	93,80 EUR
100 %	$103^{1}/_{2}$ %		2 773,80 EUR
$1^{3}/_{4}$ %		2. Erhöhung	48,54 EUR
$101^{3}/_{4}$ %	100 %		2 822,34 EUR
	$1^{1}/_{2}$ %	Leistungszulage	42,34 EUR
	$101^{1}/_{2}$ %	Neues Bruttogehalt	2 864,68 EUR

6. Belastung der Bank = 1 296,58 EUR

7. Umsatzprovision   = 3,2 % von 125 600,00 EUR   = 4 019,20 EUR
   + Fixum   =   = 1 065,00 EUR
                                                     5 084,20 EUR
   + Sonderprämie   = 3,5 ‰ von 1 250 500,00 EUR = 4 376,75 EUR
   Gehalt Dezember   9 460,95 EUR

8. 35 % von 1 250,00 EUR = 437,50 EUR

9. $4^{2}/_{3}$ % von 356,20 EUR   16,62 EUR
   Ersparnis: 75 Stück · 16,62 EUR =   1 246,50 EUR

10. 10.1 $16^2/_3\,\%$ von 18 400,00 EUR = 　　　　　3 066,67 EUR

   10.2 Anschaffungskosten　　　　　　　　　　18 400,00 EUR
   　　　 – 3 Jahre Abschreibung　　　　　　　　 9 200,00 EUR
   　　　 Buchwert zu Beginn des 4. Jahres　　　 9 200,00 EUR

   10.3 Anschaffungskosten　　　　　　　　　　18 400,00 EUR
   　　　 – $16^2/_3\,\%$ Abschreibung 1. Jahr　　　 3 066,67 EUR
   　　　 Buchwert Beginn 2. Jahr　　　　　　　15 333,33 EUR
   　　　 – $16^2/_3\,\%$ Abschreibung 2. Jahr　　　 2 555,55 EUR
   　　　 Buchwert Beginn 3. Jahr　　　　　　　12 777,78 EUR
   　　　 – $16^2/_3\,\%$ Abschreibung 3. Jahr　　　 2 129,63 EUR
   　　　 Buchwert Beginn 4. Jahr　　　　　　　10 648,15 EUR

Übungsaufgabe 14

1. 1.1 15,8 %　　　　　1.4 28,0 %
   1.2 7,0 %　　　　　 1.5 9,0 %
   1.3 14,2 %　　　　　1.6 25,0 %

2. 2.1 5,0 %　　　　　 2.4 25,0 %
   2.2 7,5 %　　　　　 2.5 6,25 %
   2.3 12,5 %　　　　　2.6 30,0 %

3. 1,25 ‰

4. 310,00 Liter ≙ 100 %　　　　$x = \dfrac{100 \cdot 7{,}75}{310} = \underline{\underline{2{,}5\,\%}}$
   　 7,75 Liter ≙　x %

5. 5.1 246,20 EUR ≙ 100 %　　　$x = \dfrac{100 \cdot 15{,}60}{246{,}20} \approx \underline{\underline{6{,}34\,\%}}$ (genau: 6,3363119)
   　　　15,60 EUR ≙　 x %

   5.2

	Fläche	Teile	Kostenanteile
I	76	38	77,55 EUR
II	42	21	42,85 EUR
III	108	54	110,20 EUR

   　　113 Teile ≙ 230,60 EUR
   　　　 1 Teil ≙　 2,040708 EUR

6. Monatseinkommen:　　　 6 000,00 EUR
   – Fixum　　　　　　　　　880,00 EUR
   Umsatzbeteiligung:　　　 5 120,00 EUR

   90 000,00 EUR ≙　100 %　　　$x = \dfrac{100 \cdot 5120}{90\,000} = \underline{\underline{5{,}69\,\%}}$
   　5 120,00 EUR ≙　 x %

7. 388,00 EUR ≙ 100 %
   318,16 EUR ≙   x %

   $x = \dfrac{100 \cdot 318{,}16}{388} = \underline{\underline{82\,\%}}$

8. 180 g ≙ 100 %
   153 g ≙   x %

   $x = \dfrac{100 \cdot 153}{180} = \underline{\underline{85\,\%}}$

   Die Preiserhöhung beträgt 15 %

9. Aktiva   Bilanz zum 31.12.20.. (in Mio. EUR)   Passiva

	Mio. EUR	%		Mio. EUR	%
Grundstück u. Bauten	65,40	46,35	Gezeichnetes Kapital	45,00	31,89
Techn. Anl. u. Masch.	9,50	6,73	Rücklagen	8,90	6,31
Roh-, Hilfs- u. Betr.-St.	37,40	26,51	Verb. g. Kreditinst.	62,30	44,15
Ford. a. Lief. u. Leist.	25,70	18,21	Verb. a. Lief. u. Leist.	24,90	17,65
Guth. b. Kreditinst.	3,10	2,20			
	141,10	100,00		141,10	100,00

Übungsaufgabe 15

1. 1.1 1 395,00 EUR   1.4 4 200,00 EUR
    1.2 3 500,00 EUR   1.5 2 700,00 EUR
    1.3 13 520,00 EUR   1.6 12 300,00 EUR

2. 2.1 53 680,00 EUR   2.4 65 000,00 EUR
    2.2 31 000,00 EUR   2.5 31 000,00 EUR
    2.3 226 275,00 EUR   2.6 71 000,00 EUR

3. Gebäude: 250 000,00 EUR   Lagereinrichtung: 54 850,00 EUR
    Büroeinrichtung: 36 800,00 EUR   Ladeneinrichtung: 95 620,00 EUR

4. 4.1 12 850,00 EUR
    4.2 12 850,00 EUR + 1 092,25 EUR = $\underline{\underline{13\,942{,}25\text{ EUR}}}$

5. 2,32 ‰ ≙ 533,60 EUR
    1 000 ‰ ≙   x EUR

    $x = \dfrac{533{,}60 \cdot 1000}{2{,}32} = \underline{\underline{230\,000{,}00\text{ EUR}}}$

6. 4,5 % ≙ 6 221,25 EUR
    100 % ≙   x EUR

    $x = \dfrac{6\,221{,}25 \cdot 100}{4{,}5} = \underline{\underline{138\,250{,}00\text{ EUR Umsatz Juli}}}$

7. 2 208,00 EUR

8. 35 400,00 EUR

9. Jahresprämie: 4 · 165,00 EUR = 660,00 EUR
    $1\tfrac{1}{4}\,\%$ ≙ 660,00 EUR
    100 % ≙   x EUR

    $x = \dfrac{660 \cdot 100 \cdot 4}{5} = \underline{\underline{52\,800{,}00\text{ EUR}}}$

Übungsaufgabe 16

1. 1.1 145,00 EUR (118,90 EUR ≙ 82 %)
   1.2 189,00 EUR (158,76 EUR ≙ 84 %)
   1.3 235,00 EUR (152,75 EUR ≙ 65 %)

2. 128,00 EUR (87,5 % ≙ EUR 112,00)

3. 160 kg (93,75 % ≙ 150 kg)

4.

	95 %	SV-Preis	57,00 EUR
	5 %	2. Ermäßigung	3,00 EUR
$83^1/_3$ %	100 %	Zwischenpreis	60,00 EUR
$16^2/_3$ %		1. Ermäßigung	12,00 EUR
100 %		Ursprünglicher Preis	72,00 EUR

5. 5.1

		100 %	1. Preis	270,00 EUR	· 60 Stück	= 16 200,00 EUR
		$16^2/_3$ %	1. Nachlass	45,00 EUR		
	100 %	$83^1/_3$ %	2. Preis	225,00 EUR	· 40 Stück	= 9 000,00 EUR
	20 %		2. Nachlass	45,00 EUR		
	80 %		3. Preis	180,00 EUR	· 100 Stück	= 18 000,00 EUR
5.2			Gesamterlös für 200 Anzüge			= 43 200,00 EUR

   5.3 Erlös ohne Umsatzeinbuße   200 Stück · 270,00 EUR = 54 000,00 EUR
   Gesamterlös mit Umsatzeinbuße   43 200,00 EUR
   Umsatzeinbuße   10 800,00 EUR

6.

6 Teile	→	100 %	Rohkaffee	1 684,2 kg
1 Teil	→	$16^2/_3$ %	Röstverlust	280,7 kg
5 Teile	→	$83^1/_3$ %	Röstkaffee	1 403,5 kg

7.

	100 %	Ursprünglicher Verkaufspreis	579,99 EUR
	12,5 %	− 1. Senkung	72,50 EUR
100 %	87,5 %	Preis nach 1. Senkung	507,49 EUR
15 %		2. Senkung	76,12 EUR
85 %		Jetziger Preis	431,37 EUR

8. 8.1

	100%	Ursprünglicher Preis	43,75 EUR
	20%	1. Ermäßigung	8,75 EUR
100%	80%	Ermäßigter Preis	35,00 EUR
30%		2. Ermäßigung	10,50 EUR
70%		Auszeichnungspreis	24,50 EUR

8.2 43,75 EUR ≙ 100 %
19,25 EUR ≙ x %   x = 44 %

9.

	100%	Rechnungsbetrag	3 186,00 EUR
	15%	− Nachlass (Mängelrüge)	477,90 EUR
100%	85%		2 708,10 EUR
3%		− Skonto	81,24 EUR
97%		Überweisungsbetrag	2 626,86 EUR

Übungsaufgabe 17

1. 1.1 184,00 EUR (192,28 EUR ≙ 104,5 %)

   1.2   32,50 EUR (33,15 EUR ≙ 102 %)

   1.3 264,00 EUR (297,00 EUR ≙ 112,5 %)

   1.4 365,00 EUR (419,75 EUR ≙ 115 %)

2. 2.1   4 917,00 EUR (5 507,04 EUR ≙ 112 %)

   2.2 12 568,00 EUR (14 704,56 EUR ≙ 117 %)

   2.3   1 365,00 EUR (1 433,25 EUR ≙ 105 %)

   2.4   853,00 EUR (912,71 EUR ≙ 107 %)

3. 2 180,00 EUR (2 316,25 EUR ≙ 106,25 %)

4. 119 % ≙ 4 630,29 EUR
   − 19 % ≙   739,29 EUR ≙ Umsatzsteuer
   100 % ≙ 3 891,00 EUR ≙ Nettowert

5. 5 624,00 EUR Umsatz Juni (6 087,98 EUR ≙ 108,25 %)
   6 087,98 EUR − 5 624,00 EUR = 463,98 EUR Umsatzsteigerung

6. 105 % ≙ 22,08 EUR
   5 % ≙   1,05 EUR
   100 % ≙ 21,03 EUR Listenverkaufspreis vor der Preiserhöhung

7.

	100 % 2,5 %		Ursprüngliches Gehalt 1. Erhöhung	2 519,38 EUR 80,62 EUR	7.2
100 % 2,5 %		103,2 %	2. Erhöhung	2 600,00 EUR 65,00 EUR	
102,5 %			Gehalt in diesem Jahr	2 665,00 EUR	7.1

8.

	100 % 8 %		Ursprüngliche Miete 1. Mieterhöhung	650,00 EUR 52,00 EUR	
100 % $6^2/_3$ %		108 %	Miete 2. Jahr 2. Mieterhöhung	702,00 EUR 46,80 EUR	
$106^2/_3$ %			Miete 3. Jahr	748,80 EUR	

9. 80 % $\triangleq$ 741,30 EUR
   45 % $\triangleq$ x EUR $x = \dfrac{741{,}30 \cdot 45}{80} = 416{,}98$ EUR

Übungsaufgabe 18

1. Vorjahr: Umsatz je Mitarbeiter: 2 400 000 : 40 = 60 000,00 EUR
   Geschäftsjahr: Umsatz je Mitarbeiter: 3 000 000 : 32 = 93 750,00 EUR

   60 000,00 EUR $\triangleq$ 100 %
   33 750,00 EUR $\triangleq$ x % $x = \dfrac{100 \cdot 33\,750}{60\,000} = 56{,}25$ % Umsatzsteigerung

2. 80 % $\triangleq$ 248,80 EUR
   100 % $\triangleq$ x EUR $x = \dfrac{248{,}80 \cdot 100}{80} = 311{,}00$ EUR

3. 35 % $\triangleq$ 178 500,00 EUR
   100 % $\triangleq$ x EUR $x = \dfrac{178\,500 \cdot 100}{35} = 510\,000{,}00$ EUR Gesamtvermögen

   100 % $\triangleq$ 510 000,00 EUR
   45 % $\triangleq$ x EUR $x = \dfrac{510\,000 \cdot 45}{100} = 229\,500{,}00$ EUR Eigenkapital

4. $66^2/_3$ % $\triangleq$ 17 066,00 EUR
   100 % $\triangleq$ x EUR $x = \dfrac{17\,066 \cdot 100}{66^2/_3} = 25\,599{,}00$ EUR Anschaffungskosten

5. Listenpreis: 14,20 · 156 Stück =   2 215,20 EUR
   – 5 % Mengenrabatt   110,76 EUR
   Zieleinkaufspreis   2 104,44 EUR
   + Frachtpauschale   45,00 EUR
   Bezugspreis   2 149,44 EUR

6. 19 % $\triangleq$ 64 239,00 EUR   Umsatz netto: 338 100,00 EUR
   100 % $\triangleq$ x EUR   + 19 % USt: 64 239,00 EUR
                                               Umsatz brutto: 402 339,00 EUR

   $x = \dfrac{64\,239 \cdot 100}{19} = 338\,100{,}00$ EUR

7. $\quad$ 64 % $\triangleq$ 789 760,00 EUR
$\quad$ 100 % $\triangleq$ $\quad$ x EUR $\qquad x = \dfrac{789\,760 \cdot 100}{64} = \underline{\underline{1\,234\,000,00 \text{ EUR Gesamtvermögen}}}$

$\quad$ 100 % $\triangleq$ 1 234 000,00 EUR
$\quad$ 28 % $\triangleq$ $\quad$ x EUR $\qquad x = \dfrac{1\,234\,000 \cdot 28}{100} = \underline{\underline{345\,520,00 \text{ EUR Fremdkapital}}}$

8. Kosten je Mitarbeiter im Vorjahr: $\dfrac{33\,614\,500}{851} = \underline{\underline{39\,500,00 \text{ EUR}}}$

$\quad$ Kosten je Mitarbeiter in diesem Jahr: $\dfrac{33\,957\,360}{796} = \underline{\underline{42\,660,00 \text{ EUR}}}$

$\quad$ 39 500,00 EUR $\triangleq$ 100 %
$\quad$ 42 660,00 EUR $\triangleq$ $\quad$ x % $\qquad x = \dfrac{100 \cdot 42\,660}{39\,500} = \underline{\underline{108\,\%}}$

$\quad$ Ergebnis: Die Personalkosten je Mitarbeiter stiegen um 8 % an.

9. $\quad$ 7 % $\triangleq$ 630,00 EUR
$\quad$ 100 % $\triangleq$ $\quad$ x EUR $\qquad x = \dfrac{630 \cdot 100}{7} = \underline{\underline{9\,000,00 \text{ EUR}}}$

$\quad$ 9 000,00 EUR : 18,00 EUR = $\underline{\underline{500 \text{ Stück}}}$

10. 528 750,00 : 6 = 88 125 Ø Umsatz 1. Halbjahr

$\quad$ 88 125,00 EUR $\triangleq$ 100 %
$\quad$ 93 412,50 EUR $\triangleq$ $\quad$ x % $\qquad x = \dfrac{100 \cdot 93\,412,50}{88\,125} = \underline{\underline{106\,\%}}$

$\quad$ Ergebnis: Der Juliumsatz übersteigt den Durchschnittsumsatz des 1. Halbjahres um 6 %.

11. 11.1 $\quad$ 100,0 % $\triangleq$ 520 000,00 EUR
$\quad\quad\quad$ 62,5 % $\triangleq$ $\quad$ x EUR $\qquad x = \dfrac{520\,000 \cdot 62,5}{100} = \underline{\underline{325\,000,00 \text{ EUR}}}$

$\quad$ 11.2 $\quad$ 62,5 % von 112 320,00 EUR = $\underline{\underline{70\,200,00 \text{ EUR}}}$

12. 110,95 % $\triangleq$ 637 518,70 EUR
$\quad$ 100,00 % $\triangleq$ $\quad$ x EUR $\qquad x = \dfrac{637\,518,70 \cdot 100}{110,95} = \underline{\underline{574\,600,00 \text{ EUR Umsatz im Mai}}}$

13. 2 212,00 EUR $\triangleq$ 100 %
$\quad$ 589,97 EUR $\triangleq$ $\quad$ x % $\qquad x = \dfrac{100 \cdot 589,97}{2\,212} = \underline{\underline{26,67\,\%}}$

14. 52 800,00 EUR : 4 = 13 200,00 EUR Ø Umsatz

$\quad$ 13 200,00 EUR $\triangleq$ 100 %
$\quad$ 12 474,00 EUR $\triangleq$ $\quad$ x % $\qquad x = \dfrac{100 \cdot 12\,474}{13\,200} = \underline{\underline{94,5\,\%}}$

$\quad$ Der Umsatz im Mai ist um 5,5 % zurückgegangen.

15. $\quad$ 4,5 % $\triangleq$ 85,50 EUR
$\quad$ 100 % $\triangleq$ $\quad$ x EUR $\qquad x = \dfrac{85,50 \cdot 100}{4,5} = \underline{\underline{1\,900,00 \text{ EUR}}}$

$\quad$ Neues Gehalt: 1 900,00 EUR + 85,50 EUR = $\underline{\underline{1\,985,50 \text{ EUR}}}$

16.

119 %	100 % 10 %	2 856,00 EUR 285,60 EUR
100 % 2 %	90 %	2 570,40 EUR 51,41 EUR
98 %		2 518,99 EUR

Berechnung der Vorsteuer:

119 % ≙ 2 856,00 EUR
19 % ≙ x EUR $x = \dfrac{2856 \cdot 19}{119} = \underline{\underline{456{,}00 \text{ EUR}}}$

17. 17.1

Umsatz im Jahr	Hauptgeschäft	Filiale
Geschäftsjahr Vorjahr	1 786 200,00 EUR 1 721 000,00 EUR	973 800,00 EUR 918 500,00 EUR
Zunahme	65 200,00 EUR	55 300,00 EUR

$\dfrac{65\,200 \cdot 100}{1\,721\,000}$ $\dfrac{55\,300 \cdot 100}{918\,500}$

$= \underline{\underline{3{,}79\,\%}}$ $= \underline{\underline{6{,}02\,\%}}$

17.2 Umsatz im Hauptgeschäft   1 786 200,00 EUR
Umsatz in der Filiale   973 800,00 EUR
Gesamtumsatz   2 760 000,00 EUR

Hauptgeschäft: $\dfrac{1\,786\,200 \cdot 100}{2\,760\,000} = \underline{\underline{64{,}72\,\%}}$ Filiale: $\dfrac{973\,800 \cdot 100}{2\,760\,000} = \underline{\underline{35{,}28\,\%}}$

Übungsaufgabe 19

1. Die Überprüfung des Lieferscheines führt zu dem Ergebnis, dass 4 Posten falsch berechnet wurden, wodurch sich auch der Endbetrag verändert.

Artikel-Nr.	Artikel-Bezeichnung	Menge	Einzelpreis	Bruttobetrag
.	.	.	.	.
.	.	.	.	.
.	.	.	.	.
12 440	Zwirn 2er schwarz	30	1,29 EUR	38,70 EUR
13 041	Klebefilm-Ersatzrolle	40	1,39 EUR	55,60 EUR
	.		.	.
40 020	Vokabelheft 32 Blatt A6	95	0,99 EUR	94,05 EUR
40 161	Spiralkassetten A7	60	1,02 EUR	61,20 EUR
.	.	.	.	.
	Rechnungsbetrag			460,94 EUR

2. 2.1

Rang	Warengruppe	Nettoumsatz		
		Gesamt in EUR	m² insgesamt	Nettoumsatz je m² in EUR
1	3	486 820,00	13	486 820 : 13 = 37 447,69
	2	461 617,00	14	461 617 : 14 = 32 972,64
	9	115 404,00	10	115 404 : 10 = 11 540,40
	5	34 489,00	3	34 489 : 3 = 11 496,33
	7	44 437,00	4	44 437 : 4 = 11 109,25
	1	44 437,00	5	44 437 : 5 = 8 887,40
	4	139 281,00	20	139 281 : 20 = 6 964,05
		1 326 485,00	69	

2.2

Warengruppe	Umsatz insgesamt in EUR	Anzahl der Mitarbeiter	Umsatz je Verkaufskraft in EUR
3, 4, 9, 7	785 942,00	4	785 942 : 4 = 196 485,50
2, 5, 1	540 543,00	3	540 543 : 3 = 180 181,00

3. Tag   Zugang   Abgang   Bestand
    01.02.   150
    02.02.   38
    03.02.   170   49
    04.02.   54
    05.02.   150
    06.02.   195   72
    07.02.   61
    08.02.   –   –   91

4. Fläche: 3,90 m · 2,40 m = 9,36 m²
   Kosten: 9,36 m² · 58,60 EUR =   548,50 EUR
            + Arbeitskosten   132,40 EUR
            Gesamtkosten   680,90 EUR

5. Warenwert insgesamt: 2 719,31 EUR

6.

Bruttogehalt	Lohnsteuer	Solidaritäts- zuschlag	Kirchensteuer	Sozial- versicherung	Auszahlungs- betrag
1 848,50 EUR	220,16 EUR	12,10 EUR	19,81 EUR	394,19 EUR	1 202,24 EUR
2 495,10 EUR	135,16 EUR	0,00 EUR	0,00 EUR	536,40 EUR	1 823,54 EUR

7. 7.1 5 079 dz

   7.2 157 179,00 EUR : 5 079 dz = 30,95 EUR

   7.3 7.3.1 0,50 EUR − 0,31 EUR = 0,19 EUR
        7.3.2 492 100 kg · 0,19 EUR = 93 499,00 EUR

Übungsaufgabe 20

1. 1.1 Das Wesen der Buchführung besteht im weiteren Sinne in dem Festhalten kaufmännischer Tatbestände; im engeren Sinne (d. h. im Sinne einer modernen kaufmännischen Buchführung) in der systematischen Erfassung aller Geschäftsvorfälle, durch die die Vermögensverhältnisse (einschließlich der Schulden) verändert werden.

   1.2 Geschäftsvorfälle

   1.3 Für die Unternehmensleitung dient die Buchführung:
   - als Gedächtnisstütze;
   - als Instrument der Vermögens- und Schuldenermittlung;
   - als Instrument der Ergebnisermittlung (Erfolgsermittlung);
   - als Grundlage der Kosten- und Leistungsrechnung (Kalkulation);
   - als Instrument der Betriebskontrolle.

   Zusammenfassend ist festzuhalten: die Buchführung bildet die Grundlage des gesamten Rechnungswesens.

   1.4 Außenstehenden dient die Buchführung bzw. deren Ergebnisse z.B.
   - als Grundlage für die Berechnung bestimmter Steuern (Finanzamt)
   - als Grundlage für die Einschätzung des Risikos bei der Vergabe von Krediten (Banken)
   - als Grundlage für die Einschätzung der zu erwartenden Rendite (Kapitalgeber)
   - als Beweisunterlage (vor Gericht)
   - als Grundlage für die Einschätzung ihres Unternehmens bzw. der Sicherheit ihres Arbeitsplatzes (Mitarbeiter).

2. 2.1 Die Vermögensrechnung ist eine Rechnung, die sich auf einen bestimmten Zeitpunkt bezieht (Zeitpunktrechnung); die Erfolgsrechnung bezieht sich auf einen bestimmten Zeitraum, z.B. einen Monat oder auf ein Jahr (Zeitraumrechnung).

   2.2 HGB, AO, Steuergesetze (insb. AO).

3. 3.1 **Beispiel 1**: Alle Warenlieferungen an die Kunden müssen aufgezeichnet werden, um den Eingang der Zahlungen überwachen zu können.

   Beispiel 2: Alle Warenlieferungen von unseren Lieferanten müssen aufgezeichnet werden, um die Zahlungen pünktlich leisten zu können.

   Beispiel 3: Die Geschäftsvorfälle sind aufzuzeichnen, um den Gewinn innerhalb einer Geschäftsperiode ermitteln zu können. Wichtig für die Ermittlung der Rentabilität, die Gewinnausschüttung, für Privatentnahmen und Aufnahme evtl. Bankkredite.

   3.2 Bestimmte Steuern werden aufgrund der Zahlenunterlagen der Buchführung ermittelt: z.B. Vermögensteuer, Einkommensteuer, Umsatzsteuer, Gewerbesteuer.

   3.3 Die Buchführung kann als ordnungsmäßig bezeichnet werden, wenn sie den handelsgesetzlichen und steuergesetzlichen Vorschriften entspricht. Sie muss so beschaffen sein, dass sie einem sachverständigen Dritten innerhalb angemessener Zeit einen Überblick über die Geschäftsvorfälle und über die Vermögenslage des Unternehmens vermitteln kann (§ 238 I; § 145 I AO).

4. [4]

Übungsaufgabe 21

Inventar für Max Weber e. Kfm. zum 31. Dezember 20..

Bezeichnung der Posten	EUR	EUR
A. VERMÖGEN		
I. Anlagevermögen		
1. Grundstücke bebaut (reiner Grundstückswert)		121 180,00
2. Bauten (Geschäftsgebäude)		535 925,00
3. Büroeinrichtung lt. Inventurliste 1		48 000,00
4. Fuhrpark (1 Kombi)		51 400,00
II. Umlaufvermögen		
1. Waren: 145 Videogeräte	15 000,00	
80 Fernsehgeräte	20 000,00	
48 Stereo-Anlagen	8 000,00	
210 Lampen	5 250,00	
Sonstiges Kleinmaterial lt. Inventurliste 2	3 000,00	51 250,00
2. Forderungen aus Lief. u. Leist. lt. bestätigter Saldenliste		60 510,00
3. Kassenbestand lt. Inventurliste 3		1 520,00
4. Guthaben bei Kreditinstituten lt. gegenseit. Saldenbestätigung		
– Kontokorrentkonto bei der A-Bank		27 790,00
– bei der Postbank in der X-Stadt		2 200,00
Summe des Vermögens		899 775,00
B. SCHULDEN (Verbindlichkeiten)		
1. Verbindlichkeiten gegenüber Kreditinstituten:		
– Darlehen bei der B-Bank		128 000,00
2. Verbindlichkeiten aus Lieferungen und Leistungen:		
– Nürnberger Teleblick AG	31 600,00	
– Berliner Funk-Fernseh GmbH	59 100,00	90 700,00
Summe der Schulden		218 700,00
C. ERMITTLUNG DES REINVERMÖGENS		
Summe des Vermögens		899 775,00
– Summe der Schulden		218 700,00
= Reinvermögen (Eigenkapital)		681 075,00

Übungsaufgabe 22

Inventar für Susanne Klein e. Kfr. zum 31. Dez. 20..

Bezeichnung der Posten	EUR	EUR
A. VERMÖGEN		
I. Anlagevermögen		
1. Grundstücke unbebaut		132 000,00
2. Betriebs- und Geschäftsausstattung:		
20 Büroschränke	18 500,00	
6 Regale	4 680,00	
2 PC	3 120,00	
4 Faxgeräte	1 150,00	27 450,00
II. Umlaufvermögen		
1. Waren:		
Wäsche lt. Inventurliste 2	3 750,00	
120 Kleider	5 000,00	
90 Röcke	2 500,00	
45 Mäntel	4 000,00	15 250,00
2. Forderungen aus Lieferungen und Leistungen:		
– Fritz Krause e. Kfm	1 200,00	
– Otto Selmig OHG	1 300,00	2 500,00
3. Kassenbestand lt. Inventurliste 1		1 370,00
4. Guthaben bei Kreditinstituten lt. gegenseit. Saldenbestätigung		
– Kontokorrentkonto bei der C-Bank		36 250,00
Summe des Vermögens		214 820,00
B. SCHULDEN (Verbindlichkeiten)		
1. Verbindlichkeiten gegenüber Kreditinstituten:		
– Darlehen bei der D-Bank		50 000,00
2. Verbindlichkeiten aus Lieferungen und Leistungen:		
– Otto Süß KG	9 000,00	
– Friedrich Sauer GmbH	4 000,00	
– Liane Selbach e. Kfr.	10 000,00	23 000,00
3. Liefererdarlehen der Kleider-Fritz GmbH		12 000,00
Summe der Schulden		85 000,00
C. ERMITTLUNG DES REINVERMÖGENS		
Summe des Vermögens		214 820,00
– Summe der Schulden		85 000,00
= Reinvermögen (Eigenkapital)		129 820,00

Übungsaufgabe 23

Bilanz zu Aufgabe 21

Aktiva		Schlussbilanz für Max Weber e. Kfm. zum 31. Dez. 20..		Passiva
I. Anlagevermögen		**I. Eigenkapital**		681 075,00
1. Grundstücke u. Bauten	657 105,00	**II. Verbindlichkeiten**		
2. And. Anl., Betr.- u. Gesch.-Ausst.	99 400,00	1. Verbindl. gegen. Kreditinstituten		128 000,00
II. Umlaufvermögen		2. Verbindl. a. Lief. u. Leist.		90 700,00
1. Waren	51 250,00			
2. Forderungen aus Lief. u. Leist.	60 510,00			
3. Kassenbestand	1 520,00			
4. Guthaben b. Kreditinstituten	29 990,00			
	899 775,00			899 775,00

Bilanz zu Aufgabe 22

Aktiva		Schlussbilanz für Susanne Klein e. Kfr. zum 31. Dez. 20..		Passiva
I. Anlagevermögen		**I. Eigenkapital**		129 820,00
1. Grundstücke u. Bauten	132 000,00	**II. Verbindlichkeiten**		
2. And. Anl., Betr.- u. Gesch.-Ausst.	27 450,00	1. Verbindl. gegen. Kreditinstituten		50 000,00
II. Umlaufvermögen		2. Verbindl. a. Lief. u. Leist.		23 000,00
1. Waren	15 250,00	3. Sonstige Verbindlichkeiten		12 000,00
2. Forderungen aus Lief. u. Leist.	2 500,00			
3. Kassenbestand	1 370,00			
4. Guthaben b. Kreditinstituten	36 250,00			
	214 820,00			214 820,00

Übungsaufgabe 24

Aktiva		Schlussbilanz zum 31. Dez.		Passiva
I. Anlagevermögen		**I. Eigenkapital**		232 280,00
1. Grundstücke u. Bauten	130 900,00	**II. Verbindlichkeiten**		
2. And. Anl., Betr.- u. Gesch.-Ausst.	47 450,00	1. Verbindl. gegen. Kreditinstituten		75 800,00
II. Umlaufvermögen		2. Verbindl. a. Lief. u. Leist.		77 700,00
1. Waren	110 000,00	3. Sonstige Verbindlichkeiten		25 000,00
2. Forderungen aus Lief. u. Leist.	115 000,00			
3. Kassenbestand	4 310,00			
4. Guthaben b. Kreditinstituten	3 120,00			
	410 780,00			410 780,00

Übungsaufgabe 25

Nr.	1.			2.
1.	Verbindl. a. Lief. u. Leist. Guth. b. Kreditinstituten	– –	4 500,00 EUR 4 500,00 EUR	Aktiv – Passivminderung
2.	Andere Anlagen, Betr.- u. Geschäftsausst. Kassenbestand	+ –	1 020,00 EUR 1 020,00 EUR	Aktivtausch
3.	Waren Kassenbestand	+ –	821,00 EUR 821,00 EUR	Aktivtausch
4.	Sonstige Verbindl. Guthaben b. Kreditinstituten	– –	9 500,00 EUR 9 500,00 EUR	Aktiv – Passivminderung
5.	Guthaben b. Kreditinstituten Ford. a. Lief. u. Leist.	+ –	1 100,00 EUR 1 100,00 EUR	Aktivtausch
6.	Andere Anlagen, Betr.- u. Geschäftsausst. Kassenbestand	+ –	845,00 EUR 845,00 EUR	Aktivtausch
7.	Kassenbestand Guthaben b. Kreditinstituten	+ –	3 000,00 EUR 3 000,00 EUR	Aktivtausch
8.	Verbindl. a. Lief. u. Leist. Sonstige Verbindl.	– +	12 000,00 EUR 12 000,00 EUR	Passivtausch

Übungsaufgabe 26

1.

Aktiva	Eröffnungsbilanz		Passiva
I. Anlagevermögen		**I. Eigenkapital**	55 250,00
1. And. Anl., Betr.- u. Gesch.-Ausst.	34 500,00	**II. Verbindlichkeiten**	
II. Umlaufvermögen		1. Verbindl. gegen. Kreditinst.	14 000,00
1. Waren	23 000,00	2. Verbindl. a. Lief. u. Leist.	9 700,00
2. Ford. a. Lief. u. Leist.	4 650,00		
3. Kassenbestand	4 200,00		
4. Guthaben b. Kreditinst.	12 600,00		
	78 950,00		78 950,00

2.

Nr.	Veränderungen der Bilanzpositionen	
1.	Verbindl. a. Lief. u. Leist.	− 2 450,00 EUR
	Guthaben b. Kreditinst.	− 2 450,00 EUR
2.	Verbindl. a. Lief. u. Leist.	− 3 100,00 EUR
	Sonstige Verbindl.	+ 3 100,00 EUR
3.	Waren	+ 2 000,00 EUR
	Verbindl. a. Lief. u. Leist.	+ 2 000,00 EUR
4.	Kassenbestand	+ 1 650,00 EUR
	Forderungen a. Lief. u. Leist.	− 1 650,00 EUR

Aktiva   1. veränderte Bilanz   Passiva

I. Anlagevermögen		**I. Eigenkapital**	55 250,00
1. And. Anl., Betr.- u. Gesch.-Ausst.	34 500,00	**II. Verbindlichkeiten**	
II. Umlaufvermögen		1. Verbindl. gegen. Kreditinst.	14 000,00
1. Waren	23 000,00	2. Verbindl. a. Lief. u. Leist.	7 250,00
2. Ford. a. Lief. u. Leist.	4 650,00		
3. Kassenbestand	4 200,00		
4. Guthaben b. Kreditinst.	10 150,00		
	76 500,00		76 500,00

Aktiva   2. veränderte Bilanz   Passiva

I. Anlagevermögen		**I. Eigenkapital**	55 250,00
1. And. Anl., Betr.- u. Gesch.-Ausst.	34 500,00	**II. Verbindlichkeiten**	
II. Umlaufvermögen		1. Verbindl. gegen. Kreditinst.	14 000,00
1. Waren	23 000,00	2. Verbindl. a. Lief. u. Leist.	4 150,00
2. Ford. a. Lief. u. Leist.	4 650,00	3. Sonstige Verbindlichkeiten	3 100,00
3. Kassenbestand	4 200,00		
4. Guthaben b. Kreditinst.	10 150,00		
	76 500,00		76 500,00

Aktiva   3. veränderte Bilanz   Passiva

I. Anlagevermögen		**I. Eigenkapital**	55 250,00
1. And. Anl., Betr.- u. Gesch.-Ausst.	34 500,00	**II. Verbindlichkeiten**	
II. Umlaufvermögen		1. Verbindl. gegen. Kreditinst.	14 000,00
1. Waren	25 000,00	2. Verbindl. a. Lief. u. Leist.	6 150,00
2. Ford. a. Lief. u. Leist.	4 650,00	3. Sonstige Verbindlichkeiten	3 100,00
3. Kassenbestand	4 200,00		
4. Guthaben b. Kreditinst.	10 150,00		
	78 500,00		78 500,00

Aktiva		4. veränderte Bilanz		Passiva
I. Anlagevermögen		**I. Eigenkapital**		55 250,00
1. And. Anl., Betr.- u. Gesch.-Ausst.	34 500,00	**II. Verbindlichkeiten**		
II. Umlaufvermögen		1. Verbindl. gegen. Kreditinst.		14 000,00
1. Waren	25 000,00	2. Verbindl. a. Lief. u. Leist.		6 150,00
2. Ford. a. Lief. u. Leist.	3 000,00	3. Sonstige Verbindlichkeiten		3 100,00
3. Kassenbestand	5 850,00			
4. Guthaben b. Kreditinst.	10 150,00			
	78 500,00			78 500,00

3. **Schlussfolgerung:** Das Eigenkapital ist unverändert, d. h., es ist weder ein Gewinn noch ein Verlust entstanden.

Übungsaufgabe 27

1.

Soll		Kasse		Haben
Anfangsbestand	2 160,00	Zeitungsinserat		190,00
Warenverkauf	3 070,00	Briefmarken		45,00
Kundenzahlung	910,00	Lieferantenrechnung		1 940,00
Mieteingang	300,00	Provisionszahlung		2 700,00
Warenverkauf	180,00	Schlussbestand		1 745,00
	6 620,00			6 620,00

Übungsaufgabe 28

Soll		Bank		Haben
Anfangsbestand	2 500,00	Überw. an Lieferanten		280,00
Überw. von Kunden	420,00	Barabhebung		350,00
Überw. von Kunden	365,00	Überw. an Finanzamt		750,00
		Schlussbestand		1 905,00
	3 285,00			3 285,00

Übungsaufgabe 29

Soll	Forderungen a. Lief. u. Leist.		Haben		Soll	Kasse		Haben
AB	4 150,00	bar	2 000,00		AB	560,00	Bareinkauf	1 350,00
		Bank	1 500,00		Barzahlung		SB	2 460,00
		SB	650,00		v. Kunden	2 000,00		
	4 150,00		4 150,00		Bareinzahl.	1 200,00		
=		=			Barverkauf	50,00		
						3 810,00		3 810,00
Soll	Betr.- u. Geschäftsausstattung		Haben		=		=	
AB	3 750,00	bar	50,00					
bar	1 350,00	SB	5 050,00		Soll	Bank		Haben
	5 100,00		5 100,00		AB	5 150,00	bar	1 200,00
=		=			Überw. v. Kd.	1 500,00	SB	5 450,00
						6 650,00		6 650,00
					=		=	

Übungsaufgabe 30

Nr.	Konten	Zugang/Abgang	Soll	Haben
1.	Kasse	Zugang	350,00	
	Forderungen a. L. u. L.	Abgang		350,00
2.	Betr.- u. Gesch.-Ausstattung	Zugang	1 250,00	
	Bank	Abgang		1 250,00
3.	Kasse	Zugang	150,00	
	Betr.- u. Geschäftsausstattung	Abgang		150,00
4.	Bank	Zugang	720,00	
	Forderungen a. L. u. L.	Abgang		720,00
5.	Kasse	Zugang	900,00	
	Bank	Abgang		900,00
6.	Betr.- u. Geschäftsausstattung	Zugang	4 310,00	
	Bank	Abgang		4 310,00
7.	Bank	Zugang	680,00	
	Betr.- u. Geschäftsausstattung	Abgang		680,00
8.	Bank	Zugang	165,00	
	Forderungen a. L. u. L.	Abgang		165,00
9.	Bank	Zugang	2 200,00	
	Kasse	Abgang		2 200,00
10.	Bank	Zugang	910,00	
	Forderungen a. L. u. L.	Abgang		910,00
			11 635,00	11 635,00

Übungsaufgabe 31

1. + 3.

Soll	Unbebaute Grundstücke		Haben
AB	420 000,00	SB	420 000,00

Soll	Waren		Haben
AB	35 900,00	SB	35 900,00

Soll	Kasse		Haben
AB	3 500,00	BGA	3 000,00
Bank	2 500,00	SB	3 250,00
BGA	250,00		
	6 250,00		6 250,00

Soll	Betr.- u. Geschäftsausstattung		Haben
AB	20 000,00	Kasse	250,00
Kasse	3 000,00	SB	26 500,00
Bank	1 750,00		
Bank	2 000,00		
	26 750,00		26 750,00

Soll	Forderungen a. L. u. L.		Haben
AB	16 450,00	Bank	2 000,00
		SB	14 450,00
	16 450,00		16 450,00

Soll	Bank		Haben
AB	9 100,00	Kasse	2 500,00
Ford.a.L.u.L.	2 000,00	BGA	1 750,00
		BGA	2 000,00
		SB	4 850,00
	11 100,00		11 100,00

2.

Nr.	Konten	Zugang/Abgang	Soll	Haben
1.	Betr.- u. Geschäftsausstattung	Zugang	3 000,00	
	Kasse	Abgang		3 000,00
2.	Kasse	Zugang	2 500,00	
	Bank	Abgang		2 500,00
3.	Betr.- u. Geschäftsausstattung	Zugang	1 750,00	
	Bank	Abgang		1 750,00
4.	Bank	Zugang	2 000,00	
	Forderungen a. L. u. L.	Abgang		2 000,00
5.	Betr.- u. Geschäftsausstattung	Zugang	2 000,00	
	Bank	Abgang		2 000,00
6.	Kasse	Zugang	250,00	
	Betr.- u. Geschäftsausstattung	Abgang		250,00
			11 500,00	11 500,00

Übungsaufgabe 32

1. + 3.

Soll	Betr.- u. Geschäftsausstattung		Haben
AB	12 400,00	Kasse	400,00
Bank	1 400,00	SB	13 860,00
Bank	460,00		
	14 260,00		14 260,00
=		=	

Soll	Forderungen a. L. u. L.		Haben
AB	10 400,00	Kasse	2 200,00
		Bank	400,00
		SB	7 800,00
	10 400,00		10 400,00
=		=	

Soll	Bank		Haben
AB	4 200,00	BGA	1 400,00
Ford.a.L.u.L.	400,00	BGA	460,00
		Kasse	900,00
		SB	1 840,00
	4 600,00		4 600,00
=		=	

Soll	Waren		Haben
AB	8 900,00	SB	8 900,00
=		=	

Soll	Kasse		Haben
AB	1 700,00	SB	5 200,00
Ford.a.L.u.L.	2 200,00		
Bank	900,00		
BGA	400,00		
	5 200,00		5 200,00
=		=	

2.

Nr.	Konten	Zugang/Abgang	Soll	Haben
1.	Betr.- u. Geschäftsausstattung	Zugang	1 400,00	
	Bank	Abgang		1 400,00
2.	Kasse	Zugang	2 200,00	
	Forderungen a. L. u. L.	Abgang		2 200,00
3.	Betr.- u. Geschäftsausstattung	Zugang	460,00	
	Bank	Abgang		460,00
4.	Kasse	Zugang	900,00	
	Bank	Abgang		900,00
5.	Bank	Zugang	400,00	
	Forderungen a. L. u. L.	Abgang		400,00
6.	Kasse	Zugang	400,00	
	Betr.- u. Geschäftsausstattung	Abgang		400,00
			5 760,00	5 760,00

Übungsaufgabe 33

Nr.	Konten	Kontoart	Zugang/Abgang	Soll	Haben
1.	Betr.- u. Geschäftsausstattung	Aktivkonto	Zugang	340,00	
	Verbindl. a. L. u. L.	Passivkonto	Zugang		340,00
2.	Verbindl. a. L. u. L.	Passivkonto	Abgang	1 210,00	
	Bank	Aktivkonto	Abgang		1 210,00
3.	Kurzfr. Bankverbindl.[1]	Passivkonto	Abgang	5 500,00	
	Langfr. Bankverbindl.	Passivkonto	Zugang		5 500,00
4.	BGA	Aktivkonto	Zugang	980,00	
	Verbindl. a. L. u. L.	Passivkonto	Zugang		980,00
5.	Langfr. Bankverbindl.	Passivkonto	Abgang	600,00	
	Bank	Aktivkonto	Abgang		600,00
6.	Kasse	Aktivkonto	Zugang	55,00	
	Forderungen a. L. u. L.	Aktivkonto	Abgang		55,00
7.	BGA	Aktivkonto	Zugang	3 980,00	
	Verbindl. a. L. u. L.	Passivkonto	Zugang		3 980,00
8.	Kasse	Aktivkonto	Zugang	500,00	
	Bank	Aktivkonto	Abgang		500,00
9.	Betr.- u. Geschäftsausstattung	Aktivkonto	Zugang	1 720,00	
	Verbindl. a. L. u. L.	Passivkonto	Zugang		1 720,00
10.	BGA	Aktivkonto	Zugang	598,00	
	Verbindl. a. L. u. L.	Passivkonto	Zugang		598,00
				15 483,00	15 483,00

Übungsaufgabe 34

2.

Nr.	Konten	Kontoart	Zugang/Abgang	Soll	Haben
1.	Kasse	Aktivkonto	Zugang	10 000,00	
	Forderungen a. L. u. L.	Aktivkonto	Abgang		10 000,00
2.	Fuhrpark	Aktivkonto	Zugang	10 200,00	
	Kasse	Aktivkonto	Abgang		10 200,00
3.	Betr.- u. Geschäftsausstattung	Aktivkonto	Zugang	5 000,00	
	Verbindl. a. L. u. L.	Passivkonto	Zugang		5 000,00
4.	Kasse	Aktivkonto	Zugang	1 500,00	
	Forderungen a. L. u. L.	Aktivkonto	Abgang		1 500,00
5.	Verbindl. a. L. u. L.	Passivkonto	Abgang	1 000,00	
	Kasse	Aktivkonto	Abgang		1 000,00
				27 700,00	27 700,00

---

[1] Damit die Schüler nicht umlernen müssen, werden für die Bankverbindlichkeiten die im Kontenrahmen vorgesehenen Bezeichnungen verwendet:
 – Langfristige Bankschulden: Konto: **Langfristige Bankverbindlichkeiten**
 – Kurzfristige Bankschulden: Konto: **Kurzfristige Bankverbindlichkeiten**
Wird aus der Aufgabenstellung nicht erkennbar, ob es sich um langfristige oder kurzfristige Bankverbindlichkeiten handelt, wird auf dem Gruppenkonto: **Verbindlichkeiten gegenüber Kreditinstituten** gebucht.

1. + 3.

Soll	Kasse		Haben
AB	300,00	Fuhrpark	10 200,00
Ford.a.L.u.L.	10 000,00	Verb.a.L.u.L	1 000,00
Ford.a.L.u.L.	1 500,00	SB	600,00
	11 800,00		11 800,00

Soll	Forderungen a. L. u. L.		Haben
AB	12 000,00	Kasse	10 000,00
		Kasse	1 500,00
		SB	500,00
	12 000,00		12 000,00

Soll	Eigenkapital		Haben
SB	12 300,00	AB	12 300,00

Soll	Fuhrpark		Haben
Kasse	10 200,00	AB	10 200,00

Soll	Verbindl. a. Lief. u. Leist.		Haben
Kasse	1 000,00	BGA	5 000,00
SB	4 000,00		
	5 000,00		5 000,00

Soll	Betr.- u. G.- Ausst.		Haben
Verb.a.L.u.L	5 000,00	SB	5 000,00

Übungsaufgabe 35

Nr.	Konten	Zugang/Abgang	Soll	Haben
1.	Kasse	Zugang	14 950,00	
	Ford. a. Lief. u. Leist.	Abgang		14 950,00
2.	Maschine	Zugang	21 748,00	
	Bank	Abgang		21 748,00
3.	Verb. a. Lief. u. Leist.	Abgang	950,00	
	Bank	Abgang		950,00
4.	Langfr. Bankverbindlichkeiten	Abgang	7 000,00	
	Bank	Abgang		7 000,00
5.	Kasse	Zugang	1 745,00	
	Maschinen	Abgang		1 745,00
6.	Bank	Zugang	10 800,00	
	Kasse	Abgang		10 800,00
7.	Bank	Zugang	14 500,00	
	Ford. a. Lief. u. Leist.	Abgang		14 500,00
8.	Betr.- u. Geschäftsausst.	Zugang	920,00	
	Kasse	Abgang		920,00
9.	Bank	Zugang	50 000,00	
	Langfr. Bankverbindlichkeiten	Zugang		50 000,00
			108 113,00	108 113,00

Übungsaufgabe 36

Nr.	Geschäftsvorfälle	Konten	Soll	Haben
1.		Bank	500,00	
		an Kasse		500,00
2.		Verb. a. Lief. u. Leist.	375,00	
		an Bank		375,00
3.		Kasse	570,00	
		an Ford. a. Lief. u. Leist.		570,00
4.		Betr.- u. Geschäftsausst.	1 250,00	
		an Kasse		1 250,00
5.		Betr.- u. Geschäftsausst.	1 320,00	
		an Kasse		1 320,00
6.		Langfr. Bankverbindl.	500,00	
		an Kasse		500,00
7.		Bank	650,00	
		an Ford. a. Lief. u. Leist.		650,00
8.		Kasse	750,00	
		an Bank		750,00
9. 9.1	Wir zahlen eine Lieferantenrechnung über 900,00 EUR durch Banküberweisung	Verb. a. Lief. u. Leist.	900,00	
		an Bank		900,00
9.2	Wir heben vom Bankkonto 500,00 EUR bar ab und legen das Geld in die Geschäftskasse	Kasse	500,00	
		an Bank		500,00
			7 315,00	7 315,00

Übungsaufgabe 37

Nr.	Geschäftsvorfälle	Konten	Soll	Haben
1.		Betr.- u. Geschäftsausst.	1 500,00	
		an Verb. a. Lief. u. Leist.		1 500,00
2.		Verb. a. Lief. u. Leist.	300,00	
		an Betr.- u. Geschäftsausst.		300,00
3.		Bank	500,00	
		an Ford. a. Lief. u. Leist.		500,00
4.		Bank	700,00	
		an Ford. a. Lief. u. Leist.		700,00
5.		Verb. a. Lief. u. Leist.	450,00	
		an Bank		450,00
6. 6.1	Wir kaufen einen Kombiwagen auf Ziel 21 800,00 EUR	Fuhrpark	21 800,00	
		Verb. a. Lief. u. Leist.		21 800,00
6.2	Ein Kunde zahlt einen Rechnungsbetrag bar 470,00 EUR	Kasse	470,00	
		an Ford. a. Lief. u. Leist.		470,00
			25 720,00	25 720,00

Übungsaufgabe 38

Belege	Geschäftsvorfälle	Konten	Soll	Haben
1	Wir kaufen Lagerregale auf Ziel.	Betr.- u. Geschäftsausst. an Verb. a. Lief. u. Leist.	15 350,00	15 350,00
2	Ein Kunde zahlt eine Rechnung durch Banküberweisung.	Bank an Ford. a. Lief. u. Leist.	1 450,50	1 450,50
	Wir zahlen eine Liefererrechnung durch Banküberweisung.	Verb. a. Lief. u. Leist. an Bank	3 120,80	3 120,00
	Bareinzahlung auf das Bankkonto.	Bank an Kasse	2 100,00	2 100,00
3	Ein Kunde zahlt einen Rechnungsbetrag bar.	Kasse an Ford. a. Lief. u. Leist.	380,40	380,40
4	Wir zahlen eine Lieferantenrechnung durch Banküberweisung.	Verb. a. Lief. u. Leist. an Bank	460,94	460,94
5	Ein Kunde zahlt einen Rechnungsbetrag durch Bankscheck.	Bank an Ford. a. Lief. u. Leist.	240,20	240,20
			23 102,84	23 102,84

Übungsaufgabe 39

Nr.	Konten	Soll	Haben
1.	Kasse	225,00	
	Bank	500,00	
	an Ford. a. Lief. u. Leist.		725,00
2.	Betr.- u. Geschäftsausst.	3 500,00	
	an Kasse		1 500,00
	an Verb. a. Lief. u. Leist.		2 000,00
3.	Kasse	800,00	
	Ford. a. Lief. u. Leist.	3 000,00	
	an Fuhrpark		3 800,00
4.	Bank	1 000,00	
	Kasse	750,00	
	an Ford. a. Lief. u. Leist.		1 750,00
5.	Verb. a. Lief. u. Leist.	2 550,00	
	an Kasse		550,00
	an Bank		2 000,00
6.	Fuhrpark	25 000,00	
	an Kasse		5 500,00
	an Bank		10 000,00
	an Verb. a. Lief. u. Leist.		9 500,00
		37 325,00	37 325,00

Übungsaufgabe 40

Nr.	Geschäftsvorfälle	Konten	Soll	Haben
1.		Langfr. Bankverbindl. an Kasse an Bank	5 000,00	 1 500,00 3 500,00
2.		Betriebs.- u. Geschäftsausst. an Kasse an Bank an Verb. a. Lief. u. Leist.	20 000,00	 5 000,00 10 000,00 5 000,00
3.		Bank an Kasse an Ford. a. Lief. u. Leist.	2 250,00	 1 500,00 750,00
4.4.1	Wir kaufen ein Fahrzeug für 33 750,00 EUR gegen Banküberweisung 20 000,00 gegen Barzahlung 13 750,00	Fuhrpark an Bank an Kasse	33 750,00	 20 000,00 13 750,00
4.2	Wir zahlen eine Lieferantenrechnung über 2 350,00 EUR durch Banküberweisung 2 000,00 durch Barzahlung 350,00	Verb. a. Lief. u. Leist. an Bank an Kasse	2 350,00	 2 000,00 350,00
4.3	Ein Kunde zahlt eine Rechnung über 1 000,00 EUR durch Banküberweisung 750,00 durch Barzahlung 250,00	Bank Kasse an Ford. a. Lief. u. Leist.	750,00 250,00	 1 000,00
4.4	Wir kaufen ein Grundstück zum Preis von 40 000,00 EUR unter folgenden Zahlungsbedingungen: Banküberweisung 37 000,00 Barzahlung 3 000,00	Unbebaute Grundstücke an Bank an Kasse	40 000,00	 37 000,00 3 000,00
			104 350,00	104 350,00

Übungsaufgabe 41

2.

Nr.	Konten	Soll	Haben
1.	Kasse an Betriebs.- u. Geschäftsausst.	2 500,00	 2 500,00
2.	Betriebs.- u. Geschäftsausst. an Bank	30 000,00	 30 000,00
3.	Betriebs.- u. Geschäftsausst. an Verb. a. Lief. u. Leist.	5 200,00	 5 200,00
4.	Bank an Ford. a. Lief. u. Leist.	2 120,00	 2 120,00
5.	Kasse an Bank	500,00	 500,00
6.	Verb. a. Lief. u. Leist. an Kasse	1 200,00	 1 200,00
7.	Langfr. Bankverbindl. an Kasse	1 000,00	 1 000,00
		42 520,00	42 520,00

1., 3. + 4.

Soll	Betr.- u. Geschäftsausst.		Haben
AB	41 355,00	Ka	2 500,00
Ba	30 000,00	SB	74 055,00
Verb.a.L.u.L.	5 200,00		
	76 555,00		76 555,00
=		=	

Soll	Kasse		Haben
AB	1 670,00	Verb.a.L.u.L.	1 200,00
BGA	2 500,00	L. Bankv.	1 000,00
Ba	500,00	SB	2 470,00
	4 670,00		4 670,00
=		=	

Soll	Bank		Haben
AB	33 975,00	BGA	30 000,00
Ford.a.L.u.L.	2 120,00	Ka	500,00
		SB	5 595,00
	36 095,00		36 095,00
=		=	

Soll	Forderungen a. Lief. u. Leist.		Haben
AB	12 150,00	Ba	2 120,00
		SB	10 030,00
	12 150,00		12 150,00
=		=	

Soll	Waren		Haben
AB	24 570,00	SB	24 570,00
=		=	

Soll	Verbindlichkeiten a. Lief. u. Leist.		Haben
Ka	1 200,00	AB	13 220,00
SB	17 220,00	BGA	5 200,00
	18 420,00		18 420,00
=		=	

Soll	Langfr. Bankverbindlichk.		Haben
Ka	1 000,00	AB	5 000,00
SB	4 000,00		
	5 000,00		5 000,00
=		=	

Soll	Eigenkapital		Haben
SB	95 500,00	AB	95 500,00
=		=	

Übungsaufgabe 42

2.

Nr.	Konten	Soll	Haben
1.	Betriebs- u. Geschäftsausstattung	27 500,00	
	an Verbindlichkeiten a. Lief. u. Leist.		27 500,00
2.	Verbindlichkeiten a. Lief. u. Leist.	4 000,00	
	an Betriebs- u. Geschäftsausstattung		4 000,00
3.	Bank	32 000,00	
	an Forderungen a. Lief. u. Leist.		32 000,00
4.	Langfr. Bankverbindlichkeiten	7 200,00	
	an Bank		7 200,00
5.	Maschinen	87 700,00	
	an Verbindlichkeiten a. Lief. u. Leist.		87 700,00
6.	Verbindlichkeiten a. Lief. u. Leist.	28 570,00	
	an Kasse		6 570,00
	an Bank		22 000,00
7.	Betriebs- u. Geschäftsausstattung	2 600,00	
	an Kasse		2 600,00
8.	Unbebaute Grundstücke	67 000,00	
	an Verbindlichkeiten a. Lief. u. Leist.		67 000,00
		256 570,00	256 570,00

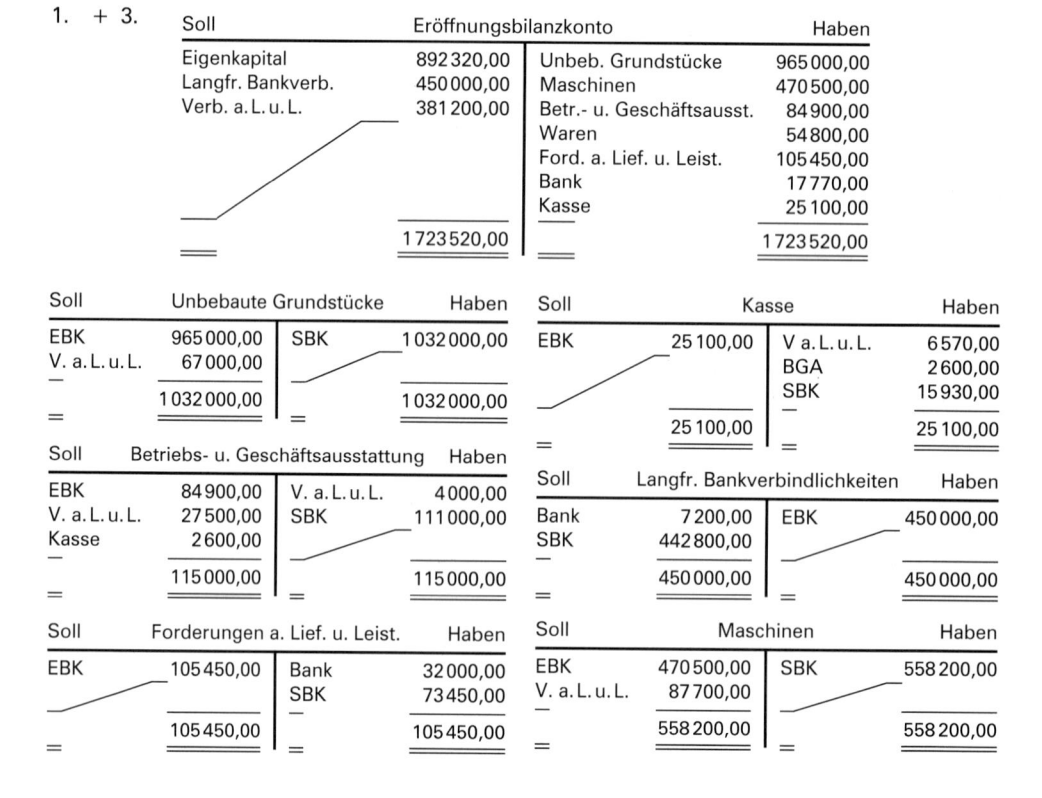

1. + 3.

Soll	Eröffnungsbilanzkonto		Haben
Eigenkapital	892 320,00	Unbeb. Grundstücke	965 000,00
Langfr. Bankverb.	450 000,00	Maschinen	470 500,00
Verb. a. L. u. L.	381 200,00	Betr.- u. Geschäftsausst.	84 900,00
		Waren	54 800,00
		Ford. a. Lief. u. Leist.	105 450,00
		Bank	17 770,00
		Kasse	25 100,00
	1 723 520,00		1 723 520,00

Soll	Unbebaute Grundstücke		Haben
EBK	965 000,00	SBK	1 032 000,00
V. a. L. u. L.	67 000,00		
	1 032 000,00		1 032 000,00

Soll	Kasse		Haben
EBK	25 100,00	V a. L. u. L.	6 570,00
		BGA	2 600,00
		SBK	15 930,00
	25 100,00		25 100,00

Soll	Betriebs- u. Geschäftsausstattung		Haben
EBK	84 900,00	V. a. L. u. L.	4 000,00
V. a. L. u. L.	27 500,00	SBK	111 000,00
Kasse	2 600,00		
	115 000,00		115 000,00

Soll	Langfr. Bankverbindlichkeiten		Haben
Bank	7 200,00	EBK	450 000,00
SBK	442 800,00		
	450 000,00		450 000,00

Soll	Forderungen a. Lief. u. Leist.		Haben
EBK	105 450,00	Bank	32 000,00
		SBK	73 450,00
	105 450,00		105 450,00

Soll	Maschinen		Haben
EBK	470 500,00	SBK	558 200,00
V. a. L. u. L.	87 700,00		
	558 200,00		558 200,00

Soll	Waren		Haben		Soll	Eigenkapital		Haben
EBK	54 800,00	SBK	54 800,00		SBK	892 320,00	EBK	892 320,00

Soll	Bank		Haben		Soll	Verbindlichkeiten a. Lief. u. Leist.		Haben
EBK	17 770,00	V. a. L. u. L.	22 000,00		BGA	4 000,00	EBK	381 200,00
F. a. L. u. L.	32 000,00	L. Bankverb.	7 200,00		Ka/Ba	28 570,00	BGA	27 500,00
		SBK	20 570,00		SBK	530 830,00	Maschinen	87 700,00
							Unb. Gr.	67 000,00
	49 770,00		49 770,00			563 400,00		563 400,00

Soll	SBK		Haben
Unbeb. Grundstücke	1 032 000,00	Eigenkapital	892 320,00
Maschinen	558 200,00	L. Bankverb.	442 800,00
BGA	111 000,00	Verb. a. Lief. u. Leist.	530 830,00
Waren	54 800,00		
Ford. a. Lief. u. Leist.	73 450,00		
Bank	20 570,00		
Kasse	15 930,00		
	1 865 950,00		1 865 950,00

Übungsaufgabe 43

2.

Nr.	Konten	Soll	Haben
1.	Maschinen	23 500,00	
	an Bank		12 000,00
	an Verb. a. Lief. u. Leist.		11 500,00
2.	Kasse	750,00	
	Bank	500,00	
	an Ford. a. Lief. u. Leist.		1 250,00
3.	Betriebs- u. Geschäftsausstattung	950,00	
	an Kasse		950,00
4.	Langfr. Bankverbindlichkeiten	4 500,00	
	an Bank		4 500,00
5.	Kasse	650,00	
	an Betriebs- u. Geschäftsausstattung		650,00
6.	Verb. a. Lief. u. Leist.	7 820,00	
	an Kasse		2 350,00
	an Bank		5 470,00
		38 670,00	38 670,00

1. + 3.

Soll	EBK		Haben
Verb. a. L. u. L.	154 820,00	Beb. Grundst.	200 000,00
L. Bankverb.	200 000,00	Betr.-Gebäude	335 850,00
Eigenkapital	744 110,00	BGA	228 710,00
		Kasse	7 350,00
		Bank	62 550,00
		Ford. a. L. u. L.	98 720,00
		Waren	165 750,00
	1 865 930,00		1 865 930,00

Soll	Bebaute Grundstücke		Haben
EBK	200 000,00	SBK	200 000,00

Soll	Betriebsgebäude		Haben
EBK	335 850,00	SBK	335 850,00

Soll	Kasse		Haben
EBK	7 350,00	BGA	950,00
Ford. a. L. u. L.	750,00	Verb. a. L. u. L.	2 350,00
BGA	650,00	SBK	5 450,00
	8 750,00		8 750,00

Soll	Waren		Haben
EBK	165 750,00	SBK	165 750,00

Soll	Betriebs- u. Geschäftsausstattung		Haben
EBK	228 710,00	Ka	650,00
Ka	950,00	SBK	229 010,00
	229 660,00		229 660,00

Soll	Maschinen		Haben
Ba/V. a. L. u. L.	23 500,00	SBK	23 500,00

Soll	Bank		Haben
EBK	62 550,00	Maschinen	12 000,00
Ford. a. L. u. L.	500,00	L. B-Verb.	4 500,00
		Verb. a. L. u. L.	5 470,00
		SBK	41 080,00
	63 050,00		63 050,00

Soll	Langfr. Bankverbindlichkeiten		Haben
Ba	4 500,00	EBK	200 000,00
SBK	195 500,00		
	200 000,00		200 000,00

Soll	Forderungen a. Lief. u. Leist.		Haben
EBK	98 720,00	Ka/Ba	1 250,00
		SBK	97 470,00
	98 720,00		98 720,00

Soll	Verbindlichkeiten a. Lief. u. Leist.		Haben
Ka/Ba	7 820,00	EBK	154 820,00
SBK	158 500,00	Maschinen	11 500,00
	166 320,00		166 320,00

Soll	Eigenkapital		Haben
SBK	744 110,00	EBK	744 110,00

Soll	SBK		Haben
Beb. Grundst.	200 000,00	Verb. a. L. u. L.	158 500,00
Betr.-Gebäude	335 850,00	L. B-Verb.	195 500,00
Maschinen	23 500,00	Eigenkapital	744 110,00
BGA	229 010,00		
Kasse	5 450,00		
Bank	41 080,00		
Waren	165 750,00		
Ford. a. L. u. L.	97 470,00		
	1 098 110,00		1 098 110,00

Übungsaufgabe 44

Belege	Geschäftsvorfälle	Konten	Soll	Haben
1	Wir kaufen Maschinen auf Ziel 5 680,00 EUR.	Maschinen an Verb. a. Lief. u. Leist.	5 680,00	5 680,00
2	Wir kaufen einen Kombiwagen auf Ziel 21 800,00 EUR.	Fuhrpark an Verb. a. Lief. u. Leist.	21 800,00	21 800,00
3	Wir zahlen eine Rechnung durch Banküberweisung 5 680,00 EUR.	Verb. a. Lief. u. Leist. an Bank	5 680,00	5 680,00
4	Kauf von Aktenvernichtern bar 1 245,00 EUR.	Betr.- u. Geschäftsausst. an Kasse	1 245,00	1 245,00
			34 405,00	34 405,00

Übungsaufgabe 45

Aktiva	Eröffnungsbilanz		Passiva
I. Anlagevermögen		**I. Eigenkapital**	219 430,00
1. Grundstücke u. Bauten	100 000,00	**II. Verbindlichkeiten**	
2. And. Anl., Betr.- u. Gesch.-Ausst.	115 000,00	1. Verbindl. gegen. Kreditinstituten	200 000,00
II. Umlaufvermögen		2. Verbindl. a. Lief. u. Leist.	98 270,00
1. Waren	114 890,00		
2. Forderungen aus Lief. u. Leist.	160 780,00		
3. Kassenbestand	12 800,00		
4. Guthaben b. Kreditinstituten	14 230,00		
	517 700,00		517 700,00

Nr.	Konten	Soll	Haben
1.	Betriebs- und Geschäftsausstattung an Kasse	1 800,00	1 800,00
2.	Kasse an Ford. a. Lief. u. Leist.	12 320,00	12 320,00
3.	Verbindl. a. Lief. u. Leist. an Bank	11 700,00	11 700,00
4.	Betriebs- und Geschäftsausstattung an Kasse	4 850,00	4 850,00
5.	Betriebs- und Geschäftsausstattung an Verbindl. a. Lief. u. Leist.	12 300,00	12 300,00
6.	Bank an Kasse	10 250,00	10 250,00
7.	Langfristige Bankverbindlichkeiten an Bank	5 500,00	5 500,00
		58 720,00	58 720,00

Soll	Unbebaute Grundstücke		Haben
EBK	100 000,00	SBK	100 000,00

Soll	Waren		Haben
EBK	114 890,00	SBK	114 890,00

Soll	Betriebs- u. Geschäftsausstattung		Haben
EBK	115 000,00	SBK	133 950,00
Kasse	1 800,00		
Kasse	4 850,00		
Verb.a.L.u.L.	12 300,00		
	133 950,00		133 950,00

Soll	Verbindl. a. Lief. u. Leist.		Haben
Bank	11 700,00	EBK	98 270,00
SBK	98 870,00	BGA	12 300,00
	110 570,00		110 570,00

Soll	Kasse		Haben
EBK	12 800,00	BGA	1 800,00
Ford.a.L.u.L.	12 320,00	BGA	4 850,00
		Bank	10 250,00
		SBK	8 220,00
	25 120,00		25 120,00

Soll	Bank		Haben
EBK	14 230,00	Verb.a.L.u.L.	11 700,00
Kasse	10 250,00	Lfr.B-Verb.	5 500,00
		SBK	7 280,00
	24 480,00		24 480,00

Soll	SBK		Haben
Unb.Gr.	100 000,00	Eigenkapital	219 430,00
BGA	133 950,00	Verb.a.L.u.L.	98 870,00
Kasse	8 220,00	Lfr.BVerb.	194 500,00
Bank	7 280,00		
Ford.a.L.u.L.	148 460,00		
Waren	114 890,00		
	512 800,00		512 800,00

Soll	Forderungen a. Lief. u. Leist.		Haben
EBK	160 780,00	Kasse	12 320,00
		SBK	148 460,00
	160 780,00		160 780,00

Soll	Langfristige Bankverbindlichkeiten		Haben
Bank	5 500,00	EBK	200 000,00
SBK	194 500,00		
	200 000,00		200 000,00

Soll	Eigenkapital		Haben
SBK	219 430,00	EBK	219 430,00

Aktiva	Schlussbilanz		Passiva
I. **Anlagevermögen**		I. **Eigenkapital**	219 430,00
1. Grundstücke u. Bauten	100 000,00	II. **Verbindlichkeiten**	
2. And. Anl., Betr.- u. Gesch.-Ausst.	133 950,00	1. Verbindl. gegen. Kreditinstituten	194 500,00
II. **Umlaufvermögen**		2. Verbindl. a. Lief. u. Leist.	98 870,00
1. Waren	114 890,00		
2. Forderungen aus Lief. u. Leist.	148 460,00		
3. Kassenbestand	8 220,00		
4. Guthaben b. Kreditinstituten	7 280,00		
	512 800,00		512 800,00

Übungsaufgabe 46

Nr.	Konten	Soll	Haben
1.	Mieten, Pachten	4 000,00	
	an Bank		4 000,00
2.	Bank	210,00	
	an Zinserträge		210,00
3.	Gehälter	550,00	
	an Kasse		550,00
4.	Vertriebsprovision	8 445,00	
	an Kasse		6 100,00
	an Bank		2 345,00
5.	Zinsaufwendungen	651,00	
	an Bank		651,00
6.	Aufwend. für Energie	745,00	
	an Bank		745,00
7.	Grundsteuer	2 380,00	
	an Bank		2 380,00
8.	Büromaterial	123,00	
	an Kasse		123,00
9.	Kfz-Steuer	630,00	
	an Bank		630,00
10.	Aufwend. für Energie	2 200,00	
	an Bank		2 200,00
		19 934,00	19 934,00

Anmerkung:
Damit die Schüler nicht umlernen müssen, werden auch bei den Aufwendungen und Erträgen jeweils die im Kontenrahmen vorgesehenen Kontenbezeichnungen verwandt.

Übungsaufgabe 47

Nr.	Konten	Soll	Haben	Charakterisierung
1.	Reisekosten	6 000,00		erfolgs-
	an Bank		6 000,00	wirksam
2.	Bank	200,00		erfolgs-
	an Zinserträge		200,00	wirksam
3.	Gehälter	2 850,00		erfolgs-
	an Bank		2 850,00	wirksam
4.	Betr.- u. Gesch.-Ausst.	500,00		erfolgs-
	an Kasse		500,00	neutral
5.	So. Aufw. f. bez. Leist.	8 750,00		erfolgs-
	an Bank		8 750,00	wirksam
6.	Betr.- u. Gesch.-Ausst.	850,00		erfolgs-
	an Kasse		850,00	neutral
7.	Zinsaufwendungen	125,00		erfolgs-
	an Bank		125,00	wirksam
8.	Aufw. für Energie	5 300,00		erfolgs-
	an Bank		5 300,00	wirksam
9.	Bank	450,00		erfolgs-
	an Ford. a. Lief. u. Leist.		450,00	neutral
		25 025,00	25 025,00	

Übungsaufgabe 48

Nr.	Konten	Soll	Haben	Charakterisierung
1.	Betr.- u. Geschäftsausstattung	1 500,00		erfolgs-
	an Kasse		1 500,00	neutral
2.	Bank	500,00		erfolgs-
	an Kasse		500,00	neutral
3.	Fremdinstandhaltung	4 000,00		erfolgs-
	an Bank		4 000,00	wirksam
4.	Bank	250,00		erfolgs-
	an Forderungen a. Lief. u. Leist.		250,00	neutral
5.	Bank	200,00		erfolgs-
	an Provisionserlöse		200,00	wirksam
6.	Postgebühren	20,40		erfolgs-
	an Kasse		20,40	wirksam
7.	Betr.- u. Geschäftsausstattung	3 000,00		erfolgs-
	an Kasse		3 000,00	neutral
8.	Verbindlichkeiten a. Lief. u. Leist.	350,00		erfolgs-
	an Bank		350,00	neutral
9.	Löhne	650,00		erfolgs-
	an Bank		650,00	wirksam
10.	Aufwend. f. Energie	5 300,00		erfolgs-
	an Bank		5 300,00	wirksam
11.	Reisekosten	6 000,00		erfolgs-
	an Bank		6 000,00	wirksam
12.	Leasing	410,00		erfolgs-
	an Kasse		410,00	wirksam
13.	Verbindlichkeiten a. Lief. u. Leist.	2 720,00		erfolgs-
	an Bank		2 720,00	unwirksam
14.	Telefon	140,00		erfolgs-
	an Bank		140,00	wirksam
15.	Fuhrpark	7 980,00		erfolgs-
	an Verbindlichkeiten a. Lief. u. Leist.		7 980,00	unwirksam
		33 020,40	33 020,40	

Übungsaufgabe 49

Nr.	Konten	Soll	Haben	Charakterisierung
1.	Bank	7 140,00		erfolgs-
	an Provisionserlöse		7 140,00	wirksam
	Bank	1 000,00		erfolgs-
	an Zinserträge		1 000,00	wirksam
	Versicherungsbeiträge	4 651,71		erfolgs-
	an Bank		4 651,71	wirksam
	Zinsaufwendungen	5 000,00		erfolgs-
	an Bank		5 000,00	wirksam
	Gehälter	5 175,00		erfolgs-
	an Bank		5 175,00	wirksam
	Leasing	1 230,00		erfolgs-
	an Bank		1 230,00	wirksam
2.	Verbindlichkeiten a. Lief. u. Leist.	408,17		erfolgs-
	an Bank		408,17	unwirksam
		76 676,78	76 676,78	

Übungsaufgabe 50

Nr.	Konten	Soll	Haben
1.	Beitr. z. Wirtschaftsverb. u. Berufsvertr. an Bank	2 800,00	2 800,00
2.	Bank an Zinserträge	490,00	490,00
3.	Fremdinstandhaltung an Bank	512,00	512,00
4.	Löhne an Bank	1 290,00	1 290,00
5.	Verbrauchssteuern an Bank	950,00	950,00
6.	Bank an Nebenerl. aus Verm. u. Verpachtung	4 650,00	4 650,00
7.	Versicherungsbeiträge an Bank	460,00	460,00
8.	Büromaterial an Bank	370,00	370,00
9.	Bank an Provisionserlöse	9 980,00	9 980,00
10.	Werbung an Bank	290,00	290,00
		21 792,00	21 792,00

Soll	Beiträge zu Wirtschafts- verbänden u. Berufsvertretungen		Haben
Ba	2 800,00	GuV	2 800,00
=		=	

Soll	Fremdinstandhaltung		Haben
Ba	512,00	GuV	512,00
=		=	

Soll	Löhne		Haben
Ba	1 290,00	GuV	1 290,00
=		=	

Soll	Versicherungsbeiträge		Haben
Ba	460,00	GuV	460,00
=		=	

Soll	Provisionserlöse		Haben
GuV	9 980,00	Bank	9 980,00
=		=	

Soll	Bank		Haben
AB	150 000,00	B. zu Wirtsch.	2 800,00
ZiErtr.	490,00	Fr. Instandh.	512,00
Vermietung	4 650,00	Löhne	1 290,00
Prov. Erlöse	9 980,00	Verbr. Steuern	950,00
		Versich.	460,00
		Büromaterial	370,00
		Werbung	290,00
		SBK	158 448,00
	165 120,00		165 120,00
=		=	

Soll	Eigenkapital		Haben
SBK	158 448,00	AB	150 000,00
		GuV	8 448,00
	158 448,00		158 448,00
=		=	

Soll	Büromaterial		Haben
Ba	370,00	GuV	370,00
=		=	

Soll	Werbung		Haben		Soll	GuV-Rechnung		Haben
Ba	290,00	GuV	290,00		B. z. Wirtsch.	2 800,00	ZiErtr.	490,00
=		=			Fr. Instandh.	512,00	Neb. a. V./V.	4 650,00
					Löhne	1 290,00	Provisionserl.	9 980,00
Soll	Zinserträge		Haben		Verbrauchsst.	950,00		
GuV	490,00	Ba	490,00		Versich.	460,00		
=		=			Büromat.	370,00		
					Werbung	290,00		
					Eigenkap.	8 448,00		
Soll	Nebenerlöse aus Vermietung und Verpachtung		Haben			15 120,00		15 120,00
GuV	4 650,00	Ba	4 650,00		=		=	
=		=			Soll	SBK		Haben
					Bank	158 448,00	Eigenkap.	158 448,00
Soll	Verbrauchssteuern		Haben		=		=	
Ba	950,00	GuV	950,00					
=		=						

Übungsaufgabe 51

Nr.	Konten	Soll	Haben
1.	Werbung	5 300,00	
	an Bank		5 300,00
2.	Büromaterial	120,00	
	an Kasse		120,00
3.	Bank	350,00	
	an Zinserträge		350,00
4.	Bank	11 350,00	
	an Provisionserlöse		11 350,00
5.	Mieten, Pachten	1 100,00	
	an Bank		1 100,00
6.	Telefon	215,00	
	an Bank		215,00
		18 435,00	18 435,00

Aktiva	Eröffnungsbilanz		Passiva
I. Anlagevermögen		**I. Eigenkapital**	96 600,00
1. Grundstücke u. Bauten	85 000,00	**II. Verbindlichkeiten**	
2. And. Anl., Betr.- u. Gesch.-Ausst.	15 000,00	1. Verbindl. a. Lief. u. Leist.	25 000,00
II. Umlaufvermögen			
1. Kassenbestand	5 400,00		
2. Guthaben b. Kreditinstituten	16 200,00		
	121 600,00		121 600,00

Soll	Unbebaute Grundstücke		Haben		Soll	Werbung		Haben
AB	85 000,00	SBK	85 000,00		Bank	5 300,00	GuV	5 300,00

Soll	Kasse		Haben		Soll	Provisionserlöse		Haben
AB	5 400,00	Büromat.	120,00		GuV	11 350,00	Bank	11 350,00
		SBK	5 280,00					
	5 400,00		5 400,00					

Soll	Mieten, Pachten		Haben
Bank	1 100,00	GuV	1 100,00

Soll	Verbindl. a. Lief. u. Leist.		Haben
SBK	25 000,00	AB	25 000,00

Soll	Eigenkapital		Haben
SBK	101 565,00	AB	96 600,00
		GuV	4 965,00
	101 565,00		101 565,00

Soll	Zinserträge		Haben
GuV	350,00	Bank	350,00

Soll	Büromaterial		Haben
Kasse	120,00	GuV	120,00

Soll	GuV		Haben
Werbung	5 300,00	Zinserträge	350,00
Büromaterial	120,00	Prov.-Erl.	11 350,00
Telefon	215,00		
Miet./Pacht.	1 100,00		
Eigenk.	4 965,00		
	11 700,00		11 700,00

Soll	Telefon		Haben
Ba	215,00	GuV	215,00

Soll	Betr.- u. Geschäftsausstattung		Haben
AB	15 000,00	SBK	15 000,00

Soll	SBK		Haben
Unb. Gr.	85 000,00	Verb.a.L.u.L.	25 000,00
BGA	15 000,00	Eigenk.	101 565,00
Kasse	5 280,00		
Bank	21 285,00		
	126 565,00		126 565,00

Soll	Bank		Haben
AB	16 200,00	Werbung	5 300,00
ZiErtr.	350,00	Miet./Pacht.	1 100,00
Prov.-Erl.	11 350,00	Telefon	215,00
		SBK	21 285,00
	27 900,00		27 900,00

Übungsaufgabe 52

Aktiva	Eröffnungsbilanz		Passiva
I. Anlagevermögen		I. Eigenkapital	104 520,00
1. Grundstücke u. Bauten	96 000,00	II. Verbindlichkeiten	
2. And. Anl., Betr.- u. Gesch.-Ausst.	23 600,00	1. Verbindl. g. Kreditinst.	35 900,00
II. Umlaufvermögen		2. Verbindl. a. Lief. u. Leist.	19 900,00
1. Forderungen a. Lief. u. Leist.	21 000,00		
2. Kassenbestand	6 100,00		
3. Guthaben b. Kreditinstituten	13 620,00		
	160 320,00		160 320,00

Nr.	Konten	Soll	Haben
1.	Büromaterial	90,00	
	an Kasse		90,00
2.	Vertriebsprovisionen	7 120,00	
	an Bank		7 120,00
3.	Bank	1 300,00	
	an Zinserträge		1 300,00
4.	Werbung	120,00	
	an Bank		120,00
5.	Verb. a. Lief. u. Leist.	450,00	
	an Kasse		450,00
6.	Bank	920,00	
	an Ford. a. Lief. u. Leist.		920,00
7.	Mieten, Pachten	500,00	
	an Bank		500,00
8.	Aufw. für Energie	210,00	
	an Bank		210,00
9.	Bank	6 300,00	
	an Provisionserlöse		6 300,00
		17 010,00	17 010,00

Soll	Unbebaute Grundstücke		Haben
AB	96 000,00	SBK	96 000,00

Soll	Betr.- u. Geschäftsausstattung		Haben
AB	23 600,00	SBK	23 600,00

Soll	Ford. a. Lief. u. Leist.		Haben
AB	21 000,00	Bank	920,00
		SBK	20 080,00
	21 000,00		21 000,00

Soll	Kasse		Haben
AB	6 100,00	Büromat.	90,00
		Verbindl.	450,00
		SBK	5 560,00
	6 100,00		6 100,00

Soll	Bank		Haben
AB	13 620,00	V.-Provision	7 120,00
ZiErtr.	1 300,00	Werbung	120,00
Ford.a.L.u.L.	920,00	Miet./Pacht.	500,00
Prov.-Erl.	6 300,00	Aufw. Energie	210,00
		SBK	14 190,00
	22 140,00		22 140,00

Soll	Langfristige Bankverbindlichkeiten		Haben
SBK	35 900,00	AB	35 900,00

Soll	Verbindl. a. Lief. u. Leist.		Haben
Kasse	450,00	AB	19 900,00
SBK	19 450,00		
	19 900,00		19 900,00

Soll	Büromaterial		Haben
Kasse	90,00	GuV	90,00

Soll	Vertriebsprovision		Haben
Bank	7 120,00	GuV	7 120,00

Soll	Zinserträge		Haben
GuV	1 300,00	Bank	1 300,00

Soll	Werbung		Haben
Bank	120,00	GuV	120,00

Soll	Mieten, Pachten		Haben
Bank	500,00	GuV	500,00

Soll	Aufw. für Energie		Haben		Soll	Eigenkapital		Haben
Bank	210,00	GuV	210,00		GuV	440,00	AB	104 520,00
					SBK	104 080,00		
						104 520,00		104 520,00

Soll	Provisionserlöse		Haben
GuV	6 300,00	Bank	6 300,00

Soll	SBK		Haben
Unb. Gr.	96 000,00	Lfr. Bankv.	35 900,00
BGA	23 600,00	Verb.a.L.u.L.	19 450,00
Ford.a.L.u.L.	20 080,00	Eigenk.	104 080,00
Kasse	5 560,00		
Bank	14 190,00		
	159 430,00		159 430,00

Soll	GuV		Haben
Büromaterial	90,00	Zinserträge	1 300,00
Vertriebsprov.	7 120,00	Prov.-Erlöse	6 300,00
Werbung	120,00	Eigenkap.	440,00
Miet./Pacht.	500,00		
Aufw. Energie	210,00		
	8 040,00		8 040,00

Übungsaufgabe 53

Nr.	Konten	Soll	Haben
1.	Verbindl. a. Lief u. Leist.	1 825,30	
	an Bank		1 825,30
2.	Bank	841,70	
	an Forderungen a. Lief. u. Leist.		841,70
3.	Langfr. Bankverbindlichkeiten	2 500,00	
	Zinsaufwendungen	970,20	
	an Bank		3 470,20
4.	Büromaterial	721,70	
	an Verbindl. a. Lief. u. Leist.		721,70
5.	Aufwendungen f. Energie	1 140,00	
	an Bank		1 140,00
6.	Vertriebsprovisionen	1 460,00	
	an Bank		1 460,00
7.	Fremdinstandhaltung	3 910,00	
	an Bank		3 910,00
8.	Betriebs- u. Geschäftsausstattung	8 825,80	
	an Kasse		8 825,80
9.	Fremdinstandhaltung	571,80	
	an Kasse		571,80
10.	Mieten, Pachten	3 500,00	
	an Bank		3 500,00
11.	Bank	4 100,00	
	an Kasse		4 100,00
12.	Rechts- u. Beratungskosten	1 154,00	
	an Kasse		1 154,00
13.	Beitr. zu Wirtschaftsverb. u. Berufsvertr.	620,00	
	an Bank		620,00
14.	Betriebs- u. Geschäftsausstattung	7 730,00	
	an Verbindl. a. Lief. u. Leist.		7 730,00
15.	Betriebs- u. Geschäftsausstattung	2 200,00	
	an Kasse		2 200,00
		42 070,50	42 070,50

Übungsaufgabe 54

Nr. 2

Nr. 4

Übungsaufgabe 55

Belege	Konten	Soll	Haben
1	Bank	8 140,20	
	an Verb. a. Lief. u. Leist.		8 140,20
2	Büromaterial	16,27	
	an Kasse		16,27
3	Postgebühren	4,70	
	an Kasse		4,70
		8 161,17	8 161,17

Übungsaufgabe 56

1. 1.1

Konten	Soll	Haben
Für die Geschäftsvorfälle		
Aufwendungen f. Waren	5 000,00	
an Verbindlichkeiten a. Lief. u. Leist.		5 000,00
Forderungen a. Lief. u. Leist.	7 000,00	
an Umsatzerlöse f. Handelswaren		7 000,00
Für den Abschluss der Warenkonten		
SBK	30 000,00	
an Waren		30 000,00
GuV	5 000,00	
an Aufwendungen f. Waren		5 000,00
Umsatzerlöse f. Handelswaren	7 000,00	
an GuV		7 000,00
	54 000,00	54 000,00

Soll	Waren	Haben		Soll	Aufwendungen für Waren	Haben
AB	30 000,00	SBK 30 000,00		Verb. a.L.u.L.	5 000,00	GuV 5 000,00

Soll	SBK	Haben		Soll	Umsatzerlöse f. Handelswaren	Haben
Waren	30 000,00			GuV	7 000,00	Ford. a.L.u.L. 7 000,00

Soll	GuV	Haben
A. f. Waren	5 000,00	UErl. f. H.-Waren 7 000,00

1.2 Umsatzerlöse für Handelswaren: 7 000,00 EUR − Aufwendungen für Waren 5 000,00 EUR
= Rohgewinn 2 000,00 EUR

1.3 Der Rohgewinn erfasst nur den „Warengewinn", während der Reingewinn die Differenz zwischen allen Erträgen und allen Aufwendungen darstellt.

2. 2.1

Nr.	Konten	Soll	Haben
1.	Aufwendungen für Waren an Verb. a. Lief. u. Leist.	160 500,00	160 500,00
2.	Ford. a. Lief. u. Leist. an Umsatzerlöse für Handelswaren	197 800,00	197 800,00

Soll	Waren	Haben		Soll	Aufwendungen für Waren	Haben
AB	45 000,00	SBK	45 000,00	Verb. a.L.u.L. 160 500,00	GuV	160 500,00

Soll	Umsatzerlöse für Handelswaren	Haben		Soll	Summe sonst. Aufwend.	Haben
GuV	197 800,00	Ford. a.L.u.L. 197 800,00		Summe	27 700,00	GuV	27 700,00

Soll	Summe sonst. Erträge	Haben		Soll	GuV	Haben
GuV	8 100,00	Summe	8 100,00	A. f. Waren 160 500,00	UErl. f. HW 197 800,00
				So. Aufw. 27 700,00	So. Erträge 8 100,00
Soll	SBK	Haben		Reingewinn 17 700,00	
Waren	45 000,00			205 900,00	205 900,00

3. Nr. 3

Übungsaufgabe 57

1.

Soll	Waren	Haben		Soll	Umsatzerlöse für Handelswaren	Haben
AB	17 800,00	SBK	12 100,00	GuV	240 720,00	Su	240 720,00
		A. f. Waren	5 700,00			
	17 800,00		17 800,00			

Soll	SBK	Haben
Waren	12 100,00	

Soll	Aufwend. f. Waren	Haben		Soll	GuV	Haben
Su	185 410,00	GuV	191 110,00	A. f. Waren 191 110,00	UErl. f. HW 240 720,00
Waren	5 700,00			Rohgewinn 49 610,00	
	191 110,00		191 110,00		

2.

Konten	Soll	Haben
Aufwendungen f. Waren an Waren	5 700,00	5 700,00

Übungsaufgabe 58

Soll	Eigenkapital		Haben
SBK	95 700,00	AB	85 000,00
		GuV	10 700,00
	95 700,00		95 700,00

Soll	Waren		Haben
AB	108 700,00	SBK	95 700,00
		Aufw. f. W.	13 000,00
	108 700,00		108 700,00

Soll	Aufwendungen f. Waren		Haben
Kasse	7 500,00	GuV	31 000,00
Verb.a.L.u.L.	10 500,00		
Waren	13 000,00		
	31 000,00		31 000,00

Soll	Umsatzerlöse f. Handelswaren		Haben
GuV	41 700,00	Kasse	9 500,00
		Ford.a.L.u.L.	25 650,00
		Bank	6 550,00
	41 700,00		41 700,00

Soll	SBK		Haben
Waren	95 700,00	Eigenk.	95 700,00

Soll	GuV		Haben
Aufw. f. W.	31 000,00	UErl. f. HW	41 700,00
Eigenk.	10 700,00		
	41 700,00		41 700,00

Übungsaufgabe 59

Soll	Eigenkapital		Haben
SBK	114 300,00	AB	90 000,00
		GuV	24 300,00
	114 300,00		114 300,00

Soll	Umsatzerlöse f. Handelswaren		Haben
GuV	62 500,00	Kasse	12 950,00
		Ford.a.L.u.L.	45 800,00
		Bank	3 750,00
	62 500,00		62 500,00

Soll	Aufwendungen f. Waren		Haben
Kasse	23 500,00	Waren	5 000,00
Verb.a.L.u.L.	19 700,00	GuV	38 200,00
	43 200,00		43 200,00

Soll	SBK		Haben
Waren	114 300,00	Eigenk.	114 300,00

Soll	Waren		Haben
AB	109 300,00	SBK	114 300,00
Aufw. f. Waren	5 000,00		
	114 300,00		114 300,00

Soll	GuV		Haben
Aufw. f. W.	38 200,00	UErl. f. HW	62 500,00
Eigenk.	24 300,00		
	62 500,00		62 500,00

Übungsaufgabe 60

Soll	Eigenkapital		Haben
GuV	2 750,00	AB	47 400,00
SBK	44 650,00		
	47 400,00		47 400,00

Soll	Waren		Haben
AB	43 650,00	SBK	44 650,00
Aufw. f. W.	1 000,00		
	44 650,00		44 650,00

Soll	Aufwendungen f. Waren		Haben
Kasse	47 100,00	Waren	1 000,00
Verb.a.L.u.L.	2 300,00	GuV	48 400,00
	49 400,00		49 400,00

Soll	Umsatzerlöse f. Handelswaren		Haben
GuV	45 650,00	Ford.a.L.u.L.	16 850,00
		Kasse	25 700,00
		Bank	3 100,00
	45 650,00		45 650,00

Soll	SBK		Haben
Waren	44 650,00	Eigenk.	44 650,00

Soll	GuV		Haben
Aufw. f. W.	48 400,00	UErl f. HW.	45 650,00
		Eigenk.	2 750,00
	48 400,00		48 400,00

Übungsaufgabe 61

Soll	Eigenkapital		Haben
SBK	40 500,00	AB	12 250,00
		GuV	28 250,00
	40 500,00		40 500,00

Soll	Umsatzerlöse f. Handelswaren		Haben
GuV	81 750,00	Ford.a.L.u.L.	43 750,00
		Kasse	12 200,00
		Bank	25 800,00
	81 750,00		81 750,00

Soll	Aufwendungen f. Waren		Haben
Kasse	7 850,00	GuV	53 500,00
Verb.a.L.u.L.	25 650,00		
Waren	20 000,00		
	53 500,00		53 500,00

Soll	Waren		Haben
AB	60 500,00	SBK	40 500,00
		Aufw. f. W.	20 000,00
	60 500,00		60 500,00

Soll	SBK		Haben
Waren	40 500,00	Eigenk.	40 500,00

Soll	GuV		Haben
Aufw. f. W.	53 500,00	UE f. HW.	81 750,00
Eigenk.	28 250,00		
	81 750,00		81 750,00

Übungsaufgabe 62

Nr.	Konten	Soll	Haben
1.	Bank	15 000,00	
	an Kasse		15 000,00
2.	Kasse	17 100,00	
	an Umsatzerlöse für Handelswaren		17 100,00
3.	Löhne	4 200,00	
	an Kasse		4 200,00
4.	Aufwendungen für Waren	27 400,00	
	an Verbindl. a. Lief. u. Leist.		27 400,00
5.	Leasing	14 400,00	
	an Bank		14 400,00
6.	Ford. a. Lief. u. Leist.	28 660,00	
	an Umsatzerlöse für Handelswaren		28 660,00
7.	Verbindl. a. Lief. u. Leist.	21 720,00	
	an Bank		21 720,00
8.	Bank	2 480,00	
	an Zinserträge		2 480,00
9.	Büromaterial	1 120,00	
	an Kasse		1 120,00
10.	Bank	32 490,00	
	an Ford. a. Lief. u. Leist.		32 490,00
11.	Kasse	19 400,00	
	an Umsatzerlöse für Handelswaren		19 400,00
		183 970,00	183 970,00

Soll	Betriebs- u. Geschäftsausstattung		Haben
AB	175 000,00	SBK	175 000,00

Soll	Kasse		Haben
AB	35 710,00	Bank	15 000,00
UErl. f. H.-W.	17 100,00	Löhne	4 200,00
UErl. f. H.-W.	19 400,00	Bürom.	1 120,00
		SBK	51 890,00
	72 210,00		72 210,00

Soll	Bank		Haben
AB	42 400,00	Leasing	14 400,00
Kasse	15 000,00	Verb.a.L.u.L.	21 720,00
ZiErtr.	2 480,00	SBK	56 250,00
Ford.a.L.u.L.	32 490,00		
	92 370,00		92 370,00

Soll	Waren		Haben
AB	321 720,00	SBK	312 520,00
		Aufw. f. W.	9 200,00
	321 720,00		321 720,00

Soll	Langfr. Bankverbindlichkeiten		Haben
SBK	190 000,00	AB	190 000,00

Soll	Aufwendungen für Waren		Haben
Verb.a.L.u.L	27 400,00	GuV	36 600,00
Waren	9 200,00		
	36 600,00		36 600,00

Soll	Forderungen a. Lief. u. Leist.		Haben
AB	82 900,00	Bank	32 490,00
UErl. f. H.-W.	28 660,00	SBK	79 070,00
	111 560,00		111 560,00

Soll	Verbindl. a. Lief. u. Leist.		Haben		Soll	Umsatzerlöse für Handelswaren		Haben
Bank	21 720,00	AB	112 800,00		GuV	65 160,00	Kasse	17 100,00
SBK	118 480,00	Aufw. f. W.	27 400,00				Ford.a.L.u.L.	28 660,00
							Kasse	19 400,00
	140 200,00		140 200,00			65 160,00		65 160,00

Soll	Eigenkapital		Haben		Soll	GuV		Haben
SBK	366 250,00	AB	354 930,00		Aufw. f. W.	36 600,00	ZiErträge	2 480,00
		GuV	11 320,00		Löhne	4 200,00	UErl. f. H.-W.	65 160,00
	366 250,00		366 250,00		Leasing	14 400,00		
					Büromat.	1 120,00		
Soll	Leasing		Haben		Eigenk.	11 320,00		
Bank	14 400,00	GuV	14 400,00			67 640,00		67 640,00

Soll	Büromaterial		Haben		Soll	SBK		Haben
Kasse	1 120,00	GuV	1 120,00		Waren	312 520,00	Verb.a.L.u.L.	118 480,00
					BGA	175 000,00	L. Bankv.	190 000,00
Soll	Löhne		Haben		Kasse	51 890,00	Eigenk.	366 250,00
Kasse	4 200,00	GuV	4 200,00		Bank	56 250,00		
					Ford.a.L.u.L.	79 070,00		
						674 730,00		674 730,00

Soll	Zinserträge		Haben
GuV	2 480,00	Bank	2 480,00

Übungsaufgabe 63

Nr.	Konten	Soll	Haben
1.	Aufwendungen für Waren	22 500,00	
	an Kasse		10 000,00
	an Verbindl. a. Lief. u. Leist.		12 500,00
2.	Betr.- u. Geschäftsausstattung	1 500,00	
	an Bank		1 500,00
3.	Zinsaufwendungen	4 800,00	
	an Kasse		4 800,00
4.	Verbindl. a. Lief. u. Leist.	19 450,00	
	an Kasse		9 800,00
	an Bank		9 650,00
5.	Forderungen a. Lief. u. Leist.	25 000,00	
	Kasse	9 780,00	
	an Umsatzerlöse für Handelswaren		34 780,00
6.	Langfr. Bankverbindl	4 000,00	
	an Kasse		4 000,00
7.	Büromaterial	2 200,00	
	an Kasse		2 200,00
8.	Kasse	8 400,00	
	Bank	9 350,00	
	an Forderungen a. Lief. u. Leist.		17 750,00
9.	Gehälter*	300,00	
	an Kasse		300,00
10.	Forderungen a. Lief. u. Leist.	32 500,00	
	an Umsatzerlöse für Handelswaren		32 500,00
11.	Bank	2 150,00	
	an Zinserträge		2 150,00
12.	Werbung	10 160,00	
	an Kasse		10 160,00
		152 090,00	152 090,00

* Das Konto „freiwillige Zuwendungen" ist den Schülern noch nicht bekannt, weil der Kontenrahmen noch nicht eingeführt ist.

Soll	Betriebs- u. Geschäftsausstattung		Haben
AB	118 700,00	SBK	120 200,00
Bank	1 500,00		
	120 200,00		120 200,00

Soll	Eigenkapital		Haben
SBK	274 410,00	AB	254 930,00
		GuV	19 480,00
	274 410,00		274 410,00

Soll	Waren		Haben
AB	216 800,00	SBK	206 810,00
		Aufw. f. W.	9 990,00
	216 800,00		216 800,00

Soll	Langfr. Bankverbindlichkeiten		Haben
Kasse	4 000,00	AB	120 000,00
SBK	116 000,00		
	120 000,00		120 000,00

Soll	Ford. a. Lief. u. Leist.		Haben
AB	108 100,00	Ka/Ba	17 750,00
UErl. f. H.-W.	25 000,00	SBK	147 850,00
UErl. f. H.-W.	32 500,00		
	165 600,00		165 600,00

Soll	Verbind. a. Lief. u. Leist.		Haben
Ka/Ba	19 450,00	AB	155 600,00
SBK	148 650,00	Aufw. f. W.	12 500,00
	168 100,00		168 100,00

Soll	Bank		Haben		Soll	Büromaterial		Haben
AB	59 710,00	BGA	1 500,00		Kasse	2 200,00	GuV	2 200,00
Ford.a.L.u.L.	9 350,00	Verb.a.L.u.L.	9 650,00					
ZiErtr.	2 150,00	SBK	60 060,00					
	71 210,00		71 210,00		Soll	Werbung		Haben
					Kasse	10 160,00	GuV	10 160,00

Soll	Kasse		Haben
AB	27 220,00	Aufw. f. W.	10 000,00
UE. f. H.-W.	9 780,00	ZiAufw.	4 800,00
Ford.a.L.u.L.	8 400,00	Verb.a.L.u.L.	9 800,00
		Lfr. BVerb.	4 000,00
		Büromat.	2 200,00
		Gehälter	300,00
		Werbung	10 160,00
		SBK	4 140,00
	45 400,00		45 400,00

Soll	Zinsaufwendungen		Haben
Kasse	4 800,00	GuV	4 800,00

Soll	Zinserträge		Haben
GuV	2 150,00	Ba	2 150,00

Soll	Umsatzerlöse für Handelswaren		Haben
GuV	67 280,00	F.a.L.u.L./Ka	34 780,00
		F.a.L.u.L.	32 500,00
	67 280,00		67 280,00

Soll	SBK		Haben
Waren	206 810,00	Verb.a.L.u.L.	148 650,00
BGA	120 200,00	Lfr. BVerb.	116 000,00
F.a.L.u.L.	147 850,00	Eigenk.	274 410,00
Bank	60 060,00		
Kasse	4 140,00		
	539 060,00		539 060,00

Soll	Aufw. f. Waren		Haben
Ka/V.a.L.u.L.	22 500,00	GuV	32 490,00
Waren	9 990,00		
	32 490,00		32 490,00

Soll	GuV		Haben
Aufw. Waren	32 490,00	ZiErtr.	2 150,00
ZiAufw.	4 800,00	UErl. f. H.-W.	67 280,00
Bürom.	2 200,00		
Gehälter	300,00		
Werbung	10 160,00		
Eigenk.	19 480,00		
	69 430,00		69 430,00

Soll	Gehälter		Haben
Kasse	300,00	GuV	300,00

Übungsaufgabe 64

1.

	Rohstoffe	Vorprodukte	Hilfsstoffe	Betriebsstoffe
Einkauf	112 700,00 EUR	21 100,00 EUR	33 300,00 EUR	42 100,00 EUR
+/− Bestandsveränd.	− 5 000,00 EUR	− 6 200,00 EUR	+ 2 700,00 EUR	+ 4 600,00 EUR
= Verbrauch	107 700,00 EUR	14 900,00 EUR	36 000,00 EUR	46 700,00 EUR

2.

	Umsatzerlöse	480 000,00 EUR
−	Materialaufwand	205 300,00 EUR
		274 700,00 EUR

3. Buchungen im Hauptbuch

Soll	Rohstoffe		Haben
AB	310 000,00	SBK	315 000,00
A. f. Rohst.	5 000,00		
	315 000,00		315 000,00

Soll	Vorprodukte		Haben
AB	85 000,00	SBK	91 200,00
A. f. Vorprod.	6 200,00		
	91 200,00		91 200,00

Soll	Hilfsstoffe		Haben
AB	47 700,00	SBK	45 000,00
		A. f. Hilfsst.	2 700,00
	47 700,00		47 700,00

Soll	Betriebsstoffe		Haben
AB	64 400,00	SBK	59 800,00
		A. f. Betriebsst.	4 600,00
	64 400,00		64 400,00

Soll	Umsatzerlöse f. eig. Erzeugn.		Haben
GuV	480 000,00	F.a.L.u.L.	480 000,00

Soll	Aufw. f. Rohstoffe		Haben
V.a.L.u.L.	112 700,00	Rohstoffe	5 000,00
		GuV	107 700,00
	112 700,00		112 700,00

Soll	Aufw. f. Vorprodukte		Haben
V.a.L.u.L.	21 100,00	Vorprodukte	6 200,00
		GuV	14 900,00
	21 100,00		21 100,00

Soll	Aufw. f. Hilfsstoffe		Haben
Bank	33 300,00	GuV	36 000,00
Hilfsstoffe	2 700,00		
	36 000,00		36 000,00

Soll	Aufw. f. Betriebsstoffe		Haben
V.a.L.u.L.	42 100,00	GuV	46 700,00
Betriebsstoffe	4 600,00		
	46 700,00		46 700,00

Soll	SBK		Haben
Rohstoffe	315 000,00		
Vorprodukte	91 200,00		
Hilfsstoffe	45 000,00		
Betriebsst.	59 800,00		

Soll	GuV		Haben
A. f. Rohst.	107 700,00	UErl. e. Erz.	480 000,00
A. f. Vorprod.	14 900,00		
A. f. Hilfsst.	36 000,00		
A. f. Betriebs.	46 700,00		
Rohgew.	274 700,00		
	480 000,00		480 000,00

Buchungssätze

I.	Geschäftsvorfälle	Konten	Soll	Haben
1.		Aufw. f. Rohstoffe	112 700,00	
		an Verb. a. L. u. L.		112 700,00
2.		Aufw. f. Vorprodukte	21 100,00	
		an Verb. a. L. u. L.		21 100,00
3.		Aufw. f. Hilfsstoffe	33 300,00	
		an Bank		33 300,00
4.		Aufw. f. Betriebsstoffe	42 100,00	
		an Verb. a. L. u. L.		42 100,00
5.		Ford. a. L. u. L.	480 000,00	
		an UE f. eig. Erzeugn.		480 000,00
			689 200,00	689 200,00
II.	Buchung der Schlussbestände			
1.	Rohstoffe	SBK	315 000,00	
		an Rohstoffe		315 000,00
2.	Vorprodukte	SBK	91 200,00	
		an Vorprodukte		91 200,00
3.	Hilfsstoffe	SBK	45 000,00	
		an Hilfsstoffe		45 000,00
4.	Betriebsstoffe	SBK	59 800,00	
		an Betriebsstoffe		59 800,00
III.	Umbuchungen			
1.		Rohstoffe	5 000,00	
		an Aufw. f. Rohstoffe		5 000,00
2.		Vorprodukte	6 200,00	
		an Aufw. f. Vorprodukte		6 200,00
3.		Aufw. f. Hilfsstoffe	2 700,00	
		an Hilfsstoffe		2 700,00
4.		Aufw. f. Betriebsstoffe	4 600,00	
		an Betriebsstoffe		4 600,00
			529 500,00	529 500,00
IV.	Abschluss der Aufwandskonten			
1.	Aufw. für Rohstoffe	GuV	107 700,00	
		an Aufw. f. Rohstoffe		107 700,00
2.	Aufw. für Vorprodukte	GuV	14 900,00	
		an Aufw. f. Vorprodukte		14 900,00
3.	Aufw. für Hilfsstoffe	GuV	36 000,00	
		an Aufw. f. Hilfsstoffe		36 000,00
4.	Aufw. für Betriebsstoffe	GuV	46 700,00	
		an Aufw. f. Betriebsstoffe		46 700,00
V.	Abschluss des Ertragskontos			
	Umsatzerlöse für eigene Erzeugnisse	Umsatzerl. f. eig. Erzeugn. an GuV	480 000,00	480 000,00
			685 300,00	685 300,00

Übungsaufgabe 65

1. Es wurden mehr Vorprodukte eingekauft als verarbeitet. Es liegt eine **Bestandsmehrung** vor. Beim Just-in-time-Verfahren muss dieser Wert von dem direkt auf dem Konto Aufwendungen für Vorprodukte gebuchten Wert der Einkäufe abgezogen werden, um die Aufwendungen für Vorprodukte zu erhalten. Buchtechnisch erfolgt das durch die Buchung:

   Vorprodukte   an   Aufwendungen für Vorprodukte

2. Es wurden in der Geschäftsperiode mehr Rohstoffe verbraucht als eingekauft. Es liegt somit eine **Bestandsminderung** vor.

   Um zu den periodengerechten Aufwendungen für Rohstoffe zu gelangen, muss dieser Wert den bereits als Aufwand gebuchten Rohstoffeinkäufen hinzugerechnet werden. Buchtechnisch erfolgt das durch die Buchung:

   Aufwendungen für Rohstoffe   an   Rohstoffe

3. Dann liegt eine **Bestandsmehrung** in Höhe dieses Wertes vor. Um diesen Wert muss der bereits als Aufwand gebuchte Einkauf an Hilfsstoffen gemindert werden.

   Hilfsstoffe   an   Aufwendungen für Hilfsstoffe

4. Weil die gesamten Werkstoffe, unabhängig davon, ob die Werkstoffe später in die Produktion eingehen oder nicht, sofort als Aufwand gebucht werden.

Übungsaufgabe 66

Nr.	Konten	Soll	Haben
1.	Aufwend. f. Rohstoffe an Rohstoffe	30 510,00	30 510,00
2.	Hilfsstoffe an Aufwend. f. Hilfsstoffe	7 850,00	7 850,00
3.	Aufwend. f. Vorprodukte an Vorprodukte	18 150,00	18 150,00
4.	Betriebsstoffe an Aufwend. f. Betriebsstoffe	8 570,00	8 570,00
		65 080,00	65 080,00

Übungsaufgabe 67

Nr.	Konten	Soll	Haben
1.	Aufwend. f. Rohstoffe an Verbindl. a. Lief. u. Leist.	40 500,00	40 500,00
2.	Ford. a. Lief. u. Leist. an UE f. eig. Erzeugnisse	150 500,00	150 500,00
3.	Aufwend. f. Hilfsstoffe an Verbindl. a. Lief. u. Leist.	25 700,00	25 700,00
4.	Bank an UE f. eig. Erzeugnisse	8 500,00	8 500,00
5.	Aufwend. f. Betriebsstoffe an Bank	1 250,00	1 250,00
		226 450,00	226 450,00

Soll	Rohstoffe		Haben		Soll	Umsatzerlöse f. eig. Erz.		Haben
AB	150 600,00	SBK	80 750,00		GuV	159 000,00	F.a.L.u.L.	150 500,00
		A. f. Rohst.	69 850,00				Bank	8 500,00
	150 600,00		150 600,00			159 000,00		159 000,00

Soll	Hilfsstoffe		Haben		Soll	Aufwend. f. Rohstoffe		Haben
AB	71 300,00	SBK	90 500,00		V.a.L.u.L.	40 500,00	GuV	110 350,00
A. f. Hilfsst.	19 200,00				Rohst.	69 850,00		
	90 500,00		90 500,00			110 350,00		110 350,00

Soll	Betriebsstoffe		Haben		Soll	Aufwend. f. Hilfsstoffe		Haben
AB	25 200,00	SBK	20 600,00		V.a.L.u.L.	25 700,00	Hilfsst.	19 200,00
		A.f.Betriebsst.	4 600,00				GuV	6 500,00
	25 200,00		25 200,00			25 700,00		25 700,00

Soll	Ford. a. Lief. u. Leist.		Haben		Soll	Aufwend. f. Betriebsstoffe		Haben
UErl.f. eig. Erz.	150 500,00	SBK	150 500,00		Bank	1 250,00	GuV	5 850,00
					Betriebsst.	4 600,00		
						5 850,00		5 850,00

Soll	Bank		Haben
AB	25 000,00	A.f.Betriebsst.	1 250,00
UErl. f. eig. Erz.	8 500,00	SBK	32 250,00
	33 500,00		33 500,00

Soll	GuV		Haben
A. f. Rohst.	110 350,00	UErl. f. eig. Erz.	159 000,00
A. f. Hilfsst.	6 500,00		
A.f.Betriebsst.	5 850,00		
Eigenkap.	36 300,00		
	159 000,00		159 000,00

Soll	Eigenkapital		Haben
SBK	308 400,00	AB	272 100,00
		GuV	36 300,00
	308 400,00		308 400,00

Soll	SBK		Haben
Rohstoffe	80 750,00	Eigenkapital	308 400,00
Hilfsst.	90 500,00	Verb.a.L.u.L.	66 200,00
Betriebsst.	20 600,00		
Ford.a.L.u.L	150 500,00		
Bank	32 250,00		
	374 600,00		374 600,00

Soll	Verbindlichkeiten a. L. u. L.		Haben
SBK	66 200,00	A. f. Rohst.	40 500,00
		A. f. Hilfsst.	25 700,00
	66 200,00		66 200,00

Übungsaufgabe 68

Nr.	Konten	Soll	Haben
1.	Aufwendungen für Waren Vorsteuer an Verbindl. a. Lief. u. Leist.	1 350,00 256,50	1 606,50
2.	Aufwendungen für Rohstoffe Vorsteuer an Bank	3 198,00 607,62	3 805,62
3.	Aufwendungen für Vorprodukte Vorsteuer an Kasse	7 479,00 1 421,01	8 900,01
4.	Kasse an Umsatzerlöse für Handelswaren an Umsatzsteuer	12 365,53	10 391,20 1 974,33
5.	Ford. a. Lief. u. Leist. an Umsatzerlöse f. eig. Erzeugn. an Umsatzsteuer	7 401,80	6 220,00 1 181,80
6.	Aufwendungen für Hilfsstoffe Vorsteuer an Verbindl. a. Lief. u. Leist.	917,00 174,23	1 091,23
7.	Ford. a. Lief. u. Leist. an Sonstige Nebenerlöse an Umsatzsteuer	925,82	778,00 147,82
		36 096,51	36 096,51

Übungsaufgabe 69

Nr.	Konten	Soll	Haben
1.	Aufwendungen für Waren Vorsteuer an Verbindl. a. Lief. u. Leist.	1 000,00 190,00	1 190,00
2.	Verbindl. a. Lief. u. Leist. an Kasse	1 700,00	1 700,00
3.	Aufwendungen für Waren Vorsteuer an Bank	2 300,00 437,00	2 737,00
4.	Bank an Forderungen a. Lief. u. Leist.	2 200,00	2 200,00
5.	Fremdinstandhaltung Vorsteuer an Kasse	300,00 57,00	357,00
6.	Betr.- u. Geschäftsausstattung Vorsteuer an Kasse	1 300,00 247,00	1 547,00

Nr.	Konten	Soll	Haben
7.	Forderungen a. Lief. u. Leist.	1 166,20	
	an Umsatzerlöse für Handelswaren		980,00
	an Umsatzsteuer		186,20
8.	Büromaterial	685,00	
	Vorsteuer	130,15	
	an Kasse		815,15
9.	Telefon	1 200,00	
	Vorsteuer	228,00	
	an Bank		1 428,00
10.	Aufw. für Energie	2 210,00	
	Vorsteuer	419,90	
	an Bank		2 629,90
11.	Forderungen a. Lief. u. Leist.	2 409,75	
	an Umsatzerlöse für Handelswaren		2 025,00
	an Umsatzsteuer		384,75
12.	Aufwendungen für Waren	1 425,00	
	Vorsteuer	270,75	
	an Verbindl. a. Lief. u. Leist.		1 695,75
		19 875,75	19 875,75

Übungsaufgabe 70

Nr.	Konten	Soll	Haben
1.	Büromaterial	170,00	
	Vorsteuer	32,30	
	an Kasse		202,30
2.	Mieten, Pachten	3 720,00	
	an Bank		3 720,00
3.	Aufwend. f. Energie	745,00	
	Vorsteuer	141,55	
	an Bank		886,55
4.	Betr.- u. Gesch.-Ausst.	900,00	
	Vorsteuer	171,00	
	an Bank		1 071,00
5.	Aufwendungen für Rohstoffe	1 560,00	
	Vorsteuer	296,40	
	an Verbindl. a. Lief. u. Leist.		1 856,40
6.	Kraftfahrzeugsteuer	2 769,40	
	an Bank		2 769,40
7.	Gehälter	4 950,00	
	an Kasse		4 950,00
8.	Fremdinstandhaltung	275,00	
	Vorsteuer	52,25	
	an Verbindl. a. Lief. u. Leist.		327,25
9.	Betr.- u. Geschäftsausstattung*	1 500,00	
	Vorsteuer	285,00	
	an Verbindl. a. Lief. u. Leist.		1 785,00
		17 567,90	17 567,90

* Geringwertige Wirtschaftsgüter sind noch nicht bekannt!

Übungsaufgabe 71

1.

	Nettobetrag	USt
Werbegeschenke	145,00 EUR	27,55 EUR
Büromaterial	98,00 EUR	18,62 EUR
Wartungsarbeiten	133,00 EUR	25,27 EUR
Reinigungsmittel	175,00 EUR	33,25 EUR
	551,00 EUR	104,69 EUR

2.

Konten	Soll	Haben
Werbung	145,00	
Büromaterial	98,00	
Fremdinstandhaltung	133,00	
Aufw. f. sonst. Material	175,00	
Vorsteuer	104,69	
an Bank		655,69

Übungsaufgabe 72

Nr.	Konten	Soll	Haben
1.	Kasse	38 675,00	
	Forderungen a. L. u. L.	78 375,00	
	an Umsatzerlöse f. eig. Erzeugn.		95 000,00
	an Zinserträge		4 000,00
	an Umsatzsteuer		18 050,00
2.	Fremdinstandhaltung	165,00	
	Vorsteuer	31,35	
	an Kasse		196,35
3.	Bank	720,00	
	an Zinserträge		720,00
4.	Fremdinstandhaltung	874,00	
	Vorsteuer	166,06	
	an Kasse		1 040,06
5.	Forderungen a. L. u. L.	50 890,35	
	an Umsatzerlöse f. eig. Erzeugn.		42 765,00
	an Umsatzsteuer		8 125,35
6.	Büromaterial	372,30	
	Vorsteuer	70,74	
	an Verbindl. a. Lief. u. Leist.		443,04
		170 339,80	170 339,80

Übungsaufgabe 73

1./2.

Soll	Vorsteuer		Haben		Soll	Umsatzsteuer		Haben
Bank	991,80	USt	4423,20		VSt	4423,20	Kasse	4870,00
Verb.a.L.u.L.	3431,40				SBK	12577,50	Bank	12130,70
	4423,20		4423,20			17000,70		17000,70

Soll	SBK		Haben
		USt	12577,50

3.

Geschäftsvorfälle	Konten	Soll	Haben
Ermittlung der Zahllast	Umsatzsteuer an Vorsteuer	4423,20	4423,20
Passivierung der Zahllast	Umsatzsteuer an SBK	12577,50	12577,50

Übungsaufgabe 74

Nr.	Konten	Soll	Haben
1.	Aufwend. für Waren Vorsteuer an Verbindl. a. Lief. u. Leist.	13700,00 2603,00	16303,00
2.	Gehälter an Kasse	7120,00	7120,00
3.	Forderungen a. Lief. u. Leist. an Umsatzerlöse f. Handelswaren an Umsatzsteuer	99246,00	83400,00 15846,00
4.	Verbindl. a. Lief. u. Leist. an Bank	11720,00	11720,00
5.	Grundsteuer an Bank	8490,00	8490,00
6.	Bank an Zinserträge	1080,00	1080,00
		143959,00	143959,00

Soll	Betriebs- u. Geschäftsausstattung		Haben
AB	128 750,00	SBK	128 750,00

Soll	Kasse		Haben
AB	21 488,00	Gehälter	7 120,00
		SBK	14 368,00
	21 488,00		21 488,00

Soll	Bank		Haben
AB	32 150,00	Verb.a.L.u.L.	11 720,00
ZiErtr	1 080,00	Grundsteuer	8 490,00
		SBK	13 020,00
	33 230,00		33 230,00

Soll	Forderungen a. Lief. u. Leist.		Haben
AB	184 710,00	SBK	283 956,00
UE/USt	99 246,00		
	283 956,00		283 956,00

Soll	Verbindl. a. Lief. u. Leist.		Haben
Ba	11 720,00	AB	121 110,00
SBK	125 693,00	A.f.Wa/VSt	16 303,00
	137 413,00		137 413,00

Soll	Umsatzsteuer		Haben
VSt	2 603,00	AB	12 050,00
SBK	25 293,00	Ford.a.L.u.L.	15 846,00
	27 896,00		27 896,00

Soll	Waren		Haben
AB	201 080,00	SBK	185 000,00
		Aufw. f. W.	16 080,00
	201 080,00		201 080,00

Soll	Eigenkapital		Haben
SBK	474 108,00	AB	435 018,00
		GuV	39 090,00
	474 108,00		474 108,00

Soll	Vorsteuer		Haben
Verb.a.L.u.L.	2 603,00	USt	2 603,00

Soll	Grundsteuer		Haben
Ba	8 490,00	GuV	8 490,00

Soll	Zinserträge		Haben
GuV	1 080,00	Ba	1 080,00

Soll	Gehälter		Haben
Ka	7 120,00	GuV	7 120,00

Soll	Umsatzerlöse für Handelswaren		Haben
GuV	83 400,00	F.a.L.u.L.	83 400,00

Soll	Aufwendungen für Waren		Haben
Verb.a.L.u.L.	13 700,00	GuV	29 780,00
Waren	16 080,00		
	29 780,00		29 780,00

Soll	GuV		Haben
Aufw.Waren	29 780,00	UE.f. HW	83 400,00
Grundsteuer	8 490,00	ZiErtr.	1 080,00
Gehälter	7 120,00		
Eigenk.	39 090,00		
	84 480,00		84 480,00

Soll	SBK		Haben
BGA	128 750,00	Verb.a.L.u.L.	125 693,00
Kasse	14 368,00	USt	25 293,00
Bank	13 020,00	Eigenk.	474 108,00
Ford.a.L.u.L.	283 956,00		
Waren	185 000,00		
	625 094,00		625 094,00

Übungsaufgabe 75

1. + 2.

Soll	Vorsteuer		Haben	Soll	Umsatzsteuer		Haben
Su	12 900,00	USt	8 300,00	VSt	8 300,00	Su	8 300,00
		Ba	4 600,00				
	12 900,00		12 900,00				

Soll	Bank	Haben
VSt	4 600,00	

3.

Nr.	Abschlussbuchungen	Konten	Soll	Haben
1.	Ermittlung des Vorsteuer-überhangs	Umsatzsteuer an Vorsteuer	8 300,00	8 300,00
2.	Eingang des Vorsteuerüberhangs auf dem Bankkonto	Bank an Vorsteuer	4 600,00	4 600,00

Übungsaufgabe 76

Nr.	Konten	Soll	Haben
1.	Aufwendungen für Waren Vorsteuer an Verbindlichkeiten a. Lief. u. Leist.	34 500,00 6 555,00	41 055,00
2.	Forderungen a. Lief. u. Leist. an Umsatzerlöse f. Handelswaren an Umsatzsteuer	35 105,00	29 500,00 5 605,00
3.	Löhne an Kasse	850,00	850,00
4.	Verbindlichkeiten a. Lief. u. Leist. an Bank	2 750,00	2 750,00
5.	Betriebs- und Geschäftsausstattung Vorsteuer an Kasse	1 000,00 190,00	1 190,00
6.	Aufwend. für Energie Vorsteuer an Bank	500,00 95,00	595,00
7.	Kasse an Umsatzerlöse f. Handelswaren an Umsatzsteuer	2 546,60	2 140,00 406,60
		84 091,60	84 091,60

Soll	Betriebs- u. Geschäftsausstattung		Haben		Soll	Eigenkapital		Haben
AB	75 000,00	SBK	76 000,00		SBK	241 010,00	AB	225 220,00
Ka	1 000,00						GuV	15 790,00
	76 000,00		76 000,00			241 010,00		241 010,00

Soll	Kasse		Haben		Soll	Aufwendungen für Waren		Haben
AB	3 250,00	Löhne	850,00		Verb.a.L.u.L.	34 500,00	Waren	20 000,00
UE f. W./USt	2 546,60	BGA/VSt	1 190,00				GuV	14 500,00
		SBK	3 756,60			34 500,00		34 500,00
	5 796,60		5 796,60					

Soll	Löhne		Haben
Ka	850,00	GuV	850,00

Soll	Bank		Haben
AB	15 150,00	Verb.a.L.u.L.	2 750,00
		En/VSt	595,00
		SBK	11 805,00
	15 150,00		15 150,00

Soll	Aufwend. für Energie		Haben
Ba	500,00	GuV	500,00

Soll	Forderungen a. Lief. u. Leist.		Haben
AB	95 920,00	SBK	131 025,00
UE f. H.-W./USt	35 105,00		
	131 025,00		131 025,00

Soll	Umsatzerlöse f. Handelswaren		Haben
GuV	31 640,00	Ford.a.L.u.L.	29 500,00
		Kasse	2 140,00
	31 640,00		31 640,00

Soll	Vorsteuer		Haben
Verb.a.L.u.L.	6 555,00	USt	6 011,60
Ka	190,00	SBK	828,40
Ba	95,00		
	6 840,00		6 840,00

Soll	GuV		Haben
Aufw.f.W.	14 500,00	UE f. H.-W.	31 640,00
Löhne	850,00		
Aufw.f.Energ.	500,00		
EK	15 790,00		
	31 640,00		31 640,00

Soll	Verbindl. a. Lief. u. Leist.		Haben
Ba	2 750,00	AB	79 800,00
SBK	118 105,00	A. f. Wa/VSt	41 055,00
	120 855,00		120 855,00

Soll	SBK		Haben
BGA	76 000,00	Verb.a.L.u.L.	118 105,00
Kasse	3 756,60	Eigenk.	241 010,00
Bank	11 805,00		
Ford.a.L.u.L.	131 025,00		
Vorsteuer	828,40		
Waren	135 700,00		
	359 115,00		359 115,00

Soll	Umsatzsteuer		Haben
VSt	6 011,60	Ford.a.L.u.L.	5 605,00
		Ka	406,60
	6 011,60		6 011,60

Soll	Waren		Haben
AB	115 700,00	SBK	135 700,00
Aufw.f.W.	20 000,00		
	135 700,00		135 700,00

Übungsaufgabe 77

Beleg	Konten	Soll	Haben
1	6170 So. Aufwend. f. bez. Leistungen	71,43	
	2600 Vorsteuer	13,57	
	an 4400 Verbindlichkeiten a. Lief. u. Leist.		85,00
2	0740 Anl. für Arbeitssicherheit usw.	3 978,00	
	2600 Vorsteuer	755,82	
	an 4400 Verbindlichkeiten a. Lief. u. Leist.		4 733,82
3	0870 Büromöbel	162,00	
	2600 Vorsteuer	30,78	
	an 2880 Kasse		192,78
4	6160 Fremdinstandhaltung	171,10	
	2600 Vorsteuer	32,51	
	an 4400 Verbindlichkeiten a. Lief. u. Leist.		203,61
5	2800 Bank	8 720,10	
	2400 Forderungen a. Lief. u. Leist.		8 720,10
	2800 Bank	5 200,00	
	an 2600 Vorsteuer		5 200,00
	6900 Versicherungsbeiträge	1 100,00	
	an 2800 Bank		1 100,00
	6760 Provisionsaufwendungen	1 450,00	
	an 2800 Bank		1 450,00
		21 685,31	21 685,31

Übungsaufgabe 78

Nr.	Konten	Soll	Haben
1.	Privatkonto	5 000,00	
	an Bank		5 000,00
2.	keine Buchung		
3.	keine Buchung		
4.	Bank	500,00	
	an Privatkonto		500,00
5.	Privatkonto	1 000,00	
	an Kasse		1 000,00
6.	keine Buchung		
7.	keine Buchung		
8.	Bank	7 000,00	
	an Privatkonto		7 000,00
9.	Privatkonto	220,00	
	an Bank		220,00
10.	keine Buchung		
11.	Privatkonto	377,00	
	an Bank		377,00
12.	Mieten/Pachten	1 800,00	
	Privatkonto	700,00	
	an Kasse		2 500,00
		16 597,00	16 597,00

Übungsaufgabe 79

Nr.	Konten	Soll	Haben
1.	Verbindl. a. Lief. u. Leist.	3 120,00	
	an Bank		3 120,00
2.	Bank	535,00	
	an Zinserträge		535,00
3.	Bank	2 975,00	
	an Umsatzerlöse für Handelswaren		2 500,00
	an Umsatzsteuer		475,00
4.	Mieten, Pachten	1 000,00	
	an Kasse		1 000,00
5.	Aufwendungen für Waren	7 150,00	
	Vorsteuer	1 358,50	
	an Verbindl. a. Lief. u. Leist.		8 508,50
6.	Bank	5 800,00	
	an Nebenerl. aus Verm. und Verpacht.		5 800,00
7.	Werbung	120,00	
	Vorsteuer	22,80	
	an Kasse		142,80
8.	Büromaterial	350,00	
	an Bank		350,00
9.	Privatkonto	450,00	
	an Kasse		450,00
10.	Bank	1 487,50	
	an Provisionserlöse		1 250,00
	an Umsatzsteuer		237,50
		24 368,80	24 368,80

Soll	Betriebs- u. Geschäftsausstattung		Haben		Soll	Umsatzsteuer		Haben
AB	50 000,00	SBK	50 000,00		VSt	712,50	Ba	475,00
							Ba	237,50
						712,50		712,50

Soll	Kasse		Haben
AB	7 350,00	Miet./Pacht.	1 000,00
		Werb./VSt	142,80
		Privatkonto	450,00
		SBK	5 757,20
	7 350,00		7 350,00

Soll	Eigenkapital		Haben
Privatkonto	450,00	AB	78 850,00
SBK	82 165,00	GuV	3 765,00
	82 615,00		82 615,00

Soll	Verbindl. a. Lief. u. Leist.		Haben
Ba	3 120,00	AB	26 350,00
SBK	31 738,50	A. f. Wa/VSt	8 508,50
	34 858,50		34 858,50

Soll	Büromaterial		Haben
Ba	350,00	GuV	350,00

Soll	Nebenerl. a. Vermiet. u. Verpacht.		Haben
GuV	5 800,00	Ba	5 800,00

Soll	Vorsteuer		Haben
Verb.a.L.u.L.	1 358,50	USt	712,50
Ka	22,80	SBK	668,80
	1 381,30		1 381,30

Soll	Privatkonto		Haben
Ka	450,00	EK	450,00

Soll	Mieten, Pachten		Haben
Ka	1 000,00	GuV	1 000,00

Soll	Umsatzerlöse für Handelswaren		Haben
GuV	2 500,00	Ba	2 500,00

Soll	Provisionserlöse		Haben
GuV	1 250,00	Ba	1 250,00

Soll	Aufwendungen für Waren		Haben
Verb.a.L.u.L.	7 150,00	Waren	2 300,00
		GuV	4 850,00
	7 150,00		7 150,00

Soll	Werbung		Haben
Ka	120,00	GuV	120,00

Soll	Zinserträge		Haben
GuV	535,00	Ba	535,00

Soll	GuV		Haben
Aufw.Waren	4 850,00	Prov.Erl.	1 250,00
Miet./Pacht.	1 000,00	Nebenerl. a.	
Büromat.	350,00	Verm./Verp.	5 800,00
Werbung	120,00	ZiErtr.	535,00
Eigenk.	3 765,00	UE f. H.-W.	2 500,00
	10 085,00		10 085,00

Soll	Waren		Haben
AB	30 000,00	SBK	32 300,00
Aufw. f. Wa	2 300,00		
	32 300,00		32 300,00

Soll	SBK		Haben
BGA	50 000,00	Verb.a.L.u.L.	31 738,50
Kasse	5 757,20	Eigenk.	82 165,00
Waren	32 300,00		
Bank	25 177,50		
Vorsteuer	668,80		
	113 903,50		113 903,50

Soll	Bank		Haben
AB	17 850,00	Verb.a.L.u.L.	3 120,00
ZiErtr.	535,00	Büromat.	350,00
UE f. HW./USt	2 975,00	SBK	25 177,50
Neberl.a.Verm.u.Verp.	5 800,00		
Prov.Erl./USt	1 487,50		
	28 647,50		28 647,50

Übungsaufgabe 80

Eigenkapital am Ende des Geschäftsjahres	1 055 400,00 EUR
− Eigenkapital am Anfang des Geschäftsjahres	1 018 200,00 EUR
Zwischensumme	37 200,00 EUR
+ Privatentnahmen	32 800,00 EUR
Gewinn	70 000,00 EUR

Übungsaufgabe 81

Eigenkapital am Ende des Geschäftsjahres	168 000,00 EUR
− Eigenkapital am Anfang des Geschäftsjahres	140 000,00 EUR
Zwischensumme	28 000,00 EUR
+ Privatentnahmen	4 200,00 EUR
Zwischensumme	32 200,00 EUR
− Privateinlagen	2 800,00 EUR
Gewinn	29 400,00 EUR

Übungsaufgabe 82

Nr.	Konten	Soll	Haben
1.	Privatkonto	500,00	
	an Kasse		500,00
2.	Privatkonto	404,60	
	an Entnahme von Gegenständen		340,00
	an USt		64,60

3. 3.1

1 % Bruttolistenpreis	350,00 EUR
+ 19 % USt	53,20 EUR
Privater Nutzungsanteil	403,20 EUR

Berechnung der Umsatzsteuer:

Bruttobetrag	350,00 EUR
− 20 % pauschaler Abschlag	70,00 EUR
	280,00 EUR
19 % USt	53,20 EUR

3.2

Nr.	Konten	Soll	Haben
1.	Privatkonto	403,20	
	an Entnahme von sonst. Leistungen		350,00
	an Umsatzsteuer		53,20

Übungsaufgabe 83

Nr.	Konten	Soll	Haben
1.	Privatkonto	1 100,00	
	an Bank		1 100,00
2.	Privatkonto	107,10	
	an Entnahme von sonstigen Leistungen		90,00
	an VSt		17,10

Übungsaufgabe 84

Konten	Soll	Haben
3001 Privatkonto	950,00	
an 2880 Kasse		950,00
3001 Privatkonto	556,92	
an 5422 Entnahme von sonst. Leistungen		468,00
an 4800 Umsatzsteuer		88,92
3001 Privatkonto	725,90	
an 5421 Entnahme von Gegenständen		610,00
an 4800 Umsatzsteuer		115,90
7030 Kraftfahrzeugsteuer	495,00	
3001 Privatkonto	1 825,50	
an 2800 Bank		2 320,50
	4 553,32	4 553,32

Übungsaufgabe 85

1. Betriebliche Aufwendungen in der Klasse 6
   Weitere Aufwendungen in der Klasse 7

2. z. B. 6000 Aufwendungen für Rohstoffe/Fertigungsmaterial
   6200 Löhne
   6400 Arbeitgeberanteil zur Sozialversicherung (Lohnbereich)
   6800 Büromaterial
   7510 Zinsaufwendungen

3. 3.1 Anlagevermögen

   3.2 In den Kontenklassen 0 und 1 werden nur Konten des Anlagevermögens erfasst.

4. 4.1 In der Klasse 4 (4800)

   4.2 Die Umsatzsteuer ist eine Verbindlichkeit.

5. 2000; 5100; 2880; 0820; 0840

6. Es handelt sich um ein Konto der Klasse 0, also um ein Konto aus dem Anlagevermögen, und zwar aus der Gruppe 08 „Andere Anlagen, Betriebs- und Geschäftsausstattung". Unter der Ziffernfolge 0830 führen wir das Konto „Lager- und Transporteinrichtungen".

7. 7.1 Schlussbilanzkonto: 8010; Gewinn- und Verlustkonto: 8020

   7.2 Kosten des Geldverkehrs

Übungsaufgabe 86

Nr.	Konten	Soll	Haben
1.	2020 Aufwendungen für Hilfsstoffe	5 000,00	
	2600 Vorsteuer	950,00	
	an 2880 Kasse		5 950,00
2.	2800 Bank	896,00	
	an 2400 Ford. a. Lief. u. Leist.		896,00
3.	6800 Büromaterial	120,00	
	2600 Vorsteuer	22,80	
	an 2880 Kasse		142,80
4.	2400 Forderungen a. Lief. u. Leist.	9 520,00	
	an 5000 Umsatzerlöse f. eigene Erzeug.		8 000,00
	an 4800 Umsatzsteuer		1 520,00
5.	4400 Verbindlichkeiten a. Lief. u. Leist.	560,00	
	an 2800 Bank		560,00
6.	2880 Kasse	1 190,00	
	an 5100 Umsatzerlöse für Handelswaren		1 000,00
	an 4800 Umsatzsteuer		190,00
7.	3001 Privatkonto	476,00	
	an 5421 Entnahme von Gegenständen		400,00
	an 4800 Umsatzsteuer		76,00
8.	2880 Kasse	750,00	
	2800 Bank	1 000,00	
	an 2400 Forderungen a. Lief. u. Leist.		1 750,00
9.	0760 Verpackungsanl. u. -maschinen	10 000,00	
	2600 Vorsteuer	1 900,00	
	an 2800 Bank		3 500,00
	an 2880 Kasse		200,00
	an 4400 Verbindl. a. Lief. u. Leist.		8 200,00
		32 384,80	32 384,80

Übungsaufgabe 87

1./2.

Kd.-Nr. 2403 Möblix GmbH					
Datum	Beleg	Buchungstext	Soll	Haben	Saldo
01.06.		Saldovortrag			5 100,00
04.06.	AR 122	5000/4800	2 380,00		7 480,00
08.06.	AR 124	5000/4800	7 735,00		15 215,00
18.06.	AR 125	5000/4800	7 140,00		22 355,00
24.06.	BA 423	2800		5 980,00	
30.06.		Saldo			16 375,00
Summe der Verkehrszahlen			17 255,00	5 980,00	

Kd.-Nr. 2404 Westmoor KG					
Datum	Beleg	Buchungstext	Soll	Haben	Saldo
01.06.		Saldovortrag			7 300,00
06.06.	AR 223	5000/4800	4 760,00		12 060,00
12.06.	BA 411	2800		5 175,00	6 885,00
15.06.	KA 305	2880		920,00	5 965,00
30.06.	KA 307	2880		1 610,00	
30.06.		Saldo			4 355,00
Summe der Verkehrszahlen			4 760,00	7 705,00	
Übernahme aus 2403			17 255,00	5 980,00	
Gesamtsumme			22 015,00	13 685,00	

3.

Soll		2400 Ford. a. Lief. u. Leist.		Haben
AB	12 400,00	2403/2404	13 685,00	
2403/2404	22 015,00	Saldo	20 730,00	
	34 415,00		34 415,00	

4./5.

Kunden-Nr.	Kunde	Saldo
2403	Möblix GmbH	16 375,00
2404	Westmoor KG	4 355,00
Summe der Salden		20 730,00

Übungsaufgabe 88

3.

Soll		4400 Verbindl. a. Lief. u. Leist.		Haben
4403/4404	29 750,00	AB	18 700,00	
Saldo	24 055,00	4403/4404	35 105,00	
	53 805,00		53 805,00	

1./2.

Lief.-Nr. 4403 Naturholz AG					
Datum	Beleg	Buchungstext	Soll	Haben	Saldo
01.09.		Saldovortrag			10 500,00
03.09.	ER 105	6000/2600		7 140,00	17 640,00
08.09.	ER 309	6030/2600		4 165,00	21 805,00
12.09.	BA 406	2800	9 250,00		12 555,00
24.09.	ER 111	6010/2600		10 115,00	22 670,00
28.09.	KA 206	2880	7 400,00		
30.09.		Saldo			15 270,00
Summe der Verkehrszahlen			16 650,00	21 420,00	

Lief.-Nr. 4404 Holz- und Spanplattenfabrik GmbH					
Datum	Beleg	Buchungstext	Soll	Haben	Saldo
01.09.		Saldovortrag			8 200,00
05.09.	ER 306	6010/2600		7 735,00	15 935,00
14.09.	BA 408	2800	11 100,00		4 835,00
20.09.	ER 109	6000/2600		5 950,00	10 785,00
30.09.	KA 207	2880	2 000,00		
30.09.		Saldo			8 785,00
Summe der Verkehrszahlen			13 100,00	13 685,00	
Übernahme von 4403			16 650,00	21 420,00	
Gesamtsumme			29 750,00	35 105,00	

4./5.

Lieferer.-Nr.	Lieferer	Salden
4403	Naturholz AG	15 270,00
4404	Holz- und Spanplattenfabrik GmbH	8 785,00
Summe der Salden		24 055,00

Übungsaufgabe 89

a) **Grundbuch**

Nr.		Konten	Soll	Haben
1.	1.1	2405 Büroausstatter Winter OHG	95 200,00	
		an 5000 UErl. f. eig. Erz.		80 000,00
		an 4800 USt		15 200,00
	1.2	2406 Brandes GmbH & Co KG	14 280,00	
		an 5000 UErl. f. eig. Erz.		12 000,00
		an 4800 USt		2 280,00
2.	2.1	2800 Bank	36 480,00	
		an 2405 Büroausstatter Winter OHG		36 480,00
	2.2	2800 Bank	40 000,00	
		an 2406 Brandes GmbH & Co KG		40 000,00
3.	3.1	6000 Aufwendungen für Rohstoffe	13 000,00	
		2600 Vorsteuer	2 470,00	
		an 4405 Müller e. K		15 470,00
	3.2	6030 Aufwendungen für Betriebsstoffe	3 000,00	
		2600 Vorsteuer	570,00	
		an 4406 Holzschutz AG		3 570,00
4.	4.1	4405 Müller e. K	112 400,00	
		an 2800 Bank		112 400,00
	4.2	4406 Holzschutz AG	43 980,00	
		an 2800 Bank		43 980,00
	4.3	6870 Werbung	1 500,00	
		2600 Vorsteuer	285,00	
		an 2800 Bank		1 785,00

5.	5.1	3001 Privatkonto		1 000,00	
		an 2880 Kasse			1 000,00
	5.2	6160 Fremdinstandhaltung		1 400,00	
		2600 Vorsteuer		266,00	
		an 2880 Kasse			1 666,00
				365 831,00	365 831,00

b) **Hauptbuch**

Soll	0500 Unbebaute Grundstücke		Haha ben		Soll	2400 Forderungen a. Lief. u. Leist.		Haben
AB	440 000,00	8010	440 000,00		AB	76 480,00	2405/2406	76 480,00
=		=			2405/2406	109 480,00	8010	109 480,00
						185 960,00		185 960,00
Soll	0760 Verpackungsanl. u. -masch.		Haben		=		=	

Soll	0760 Verpackungsanl. u. -masch.		Haben
AB	77 850,00	8010	77 850,00
=		=	

Soll	2600 Vorsteuer		Haben
4405	2 470,00	4800	3 591,00
4406	570,00		
2800	285,00		
2880	266,00		
	3 591,00		3 591,00
=		=	

Soll	0810 Werkstätteneinrichtung		Haben
AB	75 650,00	8010	75 650,00
=		=	

Soll	0840 Fuhrpark		Haben
AB	48 500,00	8010	48 500,00
=		=	

Soll	2800 Bank		Haben
AB	98 950,00	4405	112 400,00
2405	36 480,00	4406	43 980,00
2406	40 000,00	6870/2600	1 785,00
		8010	17 265,00
	175 430,00		175 430,00
=		=	

Soll	2000 Rohstoffe		Haben
AB	51 300,00	6000	19 700,00
		8010	31 600,00
	51 300,00		51 300,00
=		=	

Soll	2880 Kasse		Haben
AB	3 150,00	3001	1 000,00
		6160/2600	1 666,00
		8010	484,00
	3 150,00		3 150,00
=		=	

Soll	2010 Vorprodukte		Haben
AB	8 000,00	6010	5 800,00
		8010	2 200,00
	8 000,00		8 000,00
=		=	

Soll	3000 Eigenkapital		Haben
3001	1 000,00	AB	486 200,00
8010	520 800,00	8020	35 600,00
	521 800,00		521 800,00
=		=	

Soll	2030 Betriebsstoffe		Haben
AB	22 700,00	6030	12 000,00
		8010	10 700,00
	22 700,00		22 700,00
=		=	

Soll	3001 Privatkonto		Haben		Soll	6010 Aufw. f. Betriebsstoffe		Haben
2880	1 000,00	8010	1 000,00		4406	3 000,00	8020	15 000,00
					2030	12 000,00		
						15 000,00		15 000,00

Soll	4250 Langfr. Bankverbindlichkeiten		Haben		Soll	6160 Fremdinstandhaltung		Haben
8010	260 000,00	AB	260 000,00		2880	1 400,00	8020	1 400,00

Soll	4400 Verbindl. a. Lief. u. Leist.		Haben		Soll	6870 Werbung		Haben
4405/4406	156 380,00	AB	156 380,00		2800	1 500,00	8020	1 500,00
8010	19 040,00	4405/4406	19 040,00					
	175 420,00		175 420,00					

Soll	4800 Umsatzsteuer		Haben		Soll	8010 SBK		Haben
2600	3 591,00	2405	15 200,00		0500	440 000,00	4250	260 000,00
8010	13 889,00	2406	2 280,00		0760	77 850,00	4400	19 040,00
	17 480,00		17 480,00		0810	75 650,00	4800	13 889,00
					0840	48 500,00	3000	520 800,00
					2000	31 600,00		
Soll	5000 Umsatzerl. f. eig. Erzeugnisse		Haben		2010	2 200,00		
8020	92 000,00	2405	80 000,00		2030	10 700,00		
		2406	12 000,00		2400	109 480,00		
	92 000,00		92 000,00		2800	17 265,00		
					2880	484,00		
						813 729,00		813 729,00

Soll	6000 Aufwendungen f. Rohstoffe		Haben		Soll	8020 GuV		Haben
4405	13 000,00	8020	32 700,00		6000	32 700,00	5000	92 000,00
2000	19 700,00				6010	5 800,00		
	32 700,00		32 700,00		6030	15 000,00		
					6160	1 400,00		
Soll	6010 Aufw. f. Vorprodukte		Haben		6870	1 500,00		
2010	5 800,00	8020	5 800,00		3000	35 600,00		
						92 000,00		92 000,00

c) **Kunden- und Liefererbuch**

Kd.-Nr. 2405 Büroausstatter Winter OHG				
Beleg	Buchungstext	Soll	Haben	Saldo
	Saldovortrag			36 480,00
14	5000/4800	95 200,00		131 680,00
22	2800		36 480,00	
	Saldo			95 200,00
Summe der Verkehrszahlen		95 200,00	36 480,00	

Kd.-Nr. 2406 Brandes GmbH & Co KG				
Beleg	Buchungstext	Soll	Haben	Saldo
15 23	Saldovortrag 5000/4800 2800 Saldo	14 280,00	40 000,00	40 000,00 54 280,00 14 280,00
Summe der Verkehrszahlen Übernahme von 2405		14 280,00 95 200,00	40 000,00 36 480,00	
Gesamtsumme		109 480,00	76 480,00	

Lief.-Nr. 4405 Schraubenspezialist Müller e.K.				
Beleg	Buchungstext	Soll	Haben	Saldo
34 42	Saldovortrag 6000/2600 2800 Saldo	112 400,00	15 470,00	112 400,00 127 870,00 15 470,00
Summe der Verkehrszahlen		112 400,00	15 470,00	

Lief.-Nr. 4406 Holzschutz-, Lack- und Leimwerke AG				
Beleg	Buchungstext	Soll	Haben	Saldo
35 43	Saldovortrag 6030/2600 2800 Saldo	43 980,00	3 570,00	43 980,00 47 550,00 3 570,00
Summe der Verkehrszahlen Übernahme von 4405		43 980,00 112 400,00	3 570,00 15 470,00	
Gesamtsumme		156 380,00	19 040,00	

Übungsaufgabe 90

Konten	Soll	Haben
6000 Aufwendungen für Rohstoffe 2600 Vorsteuer an 4400 Verbindlichk. a. L. u. L.	909,37 172,78	1 082,15

Übungsaufgabe 91

Konten	Soll	Haben
6080 Aufwendungen für Waren	3 800,00	
6081 Bezugskosten	457,50	
2600 Vorsteuer	808,93	
an 4400 Verb. a. L. u. L.		5 066,43

Übungsaufgabe 92

1.
45 Kartons à 12 Flaschen = 540 Flaschen · 15,60 EUR =	8 424,00 EUR
+ Bezugskosten	145,00 EUR
+ Verpackungskosten	70,00 EUR
Nettowert	8 639,00 EUR
+ 19 % USt	1 641,41 EUR
Bruttowert (Rechnungsbetrag)	10 280,41 EUR

2.

Konten	Soll	Haben
6080 Aufwendungen für Waren	8 424,00	
6081 Bezugskosten	215,00	
2600 Vorsteuer	1 641,41	
an 4400 Verbindlichk. a. L. u. L.		10 280,41

3. 8 639,00 EUR : 540 Flaschen = __16,00 EUR__

Übungsaufgabe 93

1.
Konten	Soll	Haben
6030 Aufwendungen für Betriebsstoffe	645,00	
6031 Bezugskosten	90,50	
2600 Vorsteuer	139,75	
an 4400 Verb. a. L. u. L.		875,25
6031 Bezugskosten	35,80	
2600 Vorsteuer	6,80	
an 2880 Kasse		42,60
	917,85	917,85

2.

Soll	6030 Betriebsstoffe	Haben	Soll	6031 Bezugskosten		Haben
4400	645,00		4400	90,50	6030	126,30
6031	126,30		2880	35,80		
				126,30		126,30

Anschaffungskosten der Betriebsstoffe 771,30 EUR

Übungsaufgabe 94

Nr.	Konten	Soll	Haben
1.	6020 Aufwendungen für Hilfsstoffe 6021 Bezugskosten 2600 Vorsteuer an 4400 Verbindlichkeiten a. Lief. u. Leist.	5 180,00 795,00 1 135,25	7 110,25
2.	4400 Verbindlichkeiten a. Lief. u. Leist. an 6021 Bezugskosten an 2600 Vorsteuer	357,00	300,00 57,00
		7 467,25	7 467,25

Übungsaufgabe 95

Nr.	Konten	Soll	Haben
1.	6000 Aufwendungen für Rohstoffe 6001 Bezugskosten 2600 Vorsteuer an 4400 Verbindlichkeiten a. Lief. u. Leist.	897,50 205,10 209,49	1 312,09
2.	6001 Bezugskosten 2600 Vorsteuer an 2880 Kasse	30,00 5,70	35,70
3.	4400 Verb. a. Lief. u. Leist. an 6001 Bezugskosten an 2600 Vorsteuer	85,68	72,00 13,68
		1 433,47	1 433,47

Übungsaufgabe 96

Konten	Soll	Haben
4400 Verbindlichkeiten a. Lief. u. Leist. an 6031 Bezugskosten an 2600 Vorsteuer	208,25	175,00 33,25

Übungsaufgabe 97

Nr.	Konten	Soll	Haben
1.	6080 Aufwendungen für Waren 6081 Bezugskosten 2600 Vorsteuer an 4400 Verb. a. Lief. u. Leist.	9 600,00 510,00 1 920,90	12 030,90
2.	6080 Aufwendungen für Waren 6081 Bezugskosten 2600 Vorsteuer an 4400 Verb. a. Lief. u. Leist.	795,20 63,62 163,18	1 022,00
		13 052,90	13 052,90

Übungsaufgabe 98

Nr.	Konten	Soll	Haben
1.	6030 Aufwendungen für Betriebsstoffe 2600 Vorsteuer an 4400 Verb. a. Lief. u. Leist.	2 150,00 408,50	2 558,50
2.	4400 Verb. a. Lief. u. Leist. an 6030 Aufwendungen für Betriebsstoffe an 2600 Vorsteuer	511,70	430,00 81,70
3.	6020 Aufwendungen für Hilfsstoffe 2600 Vorsteuer an 4400 Verb. a. Lief. u. Leist.	2 900,00 551,00	3 451,00
4.	4400 Verb. a. Lief. u. Leist. an 6020 Aufwendungen für Hilfsstoffe an 2600 Vorsteuer	571,20	480,00 91,20
		7 092,40	7 092,40

5. Nr. [1]

Übungsaufgabe 99

Konten	Soll	Haben
4400 Verbindlichkeiten a. Lief. u. Leist. an 6080 Aufwendungen für Waren an 2600 Vorsteuer	1 185,00	995,80 189,20

Übungsaufgabe 100

1.

Soll	2000 Rohstoffe		Haben
AB	12 400,00	8010 6000	9 800,00 2 600,00
	12 400,00		12 400,00

Soll	6000 Aufw. f. Rohstoffe		Haben
Su 6001 2000	57 300,00 2 100,00 2 600,00	6002 8020	1 700,00 60 300,00
	62 000,00		62 000,00

Soll	6001 Bezugskosten		Haben
Su	2 100,00	6000	2 100,00

Soll	6002 Nachlässe		Haben
6000	1 700,00	Su	1 700,00

Soll	8010 SBK		Haben
2000	9 800,00		

Soll	8020 GuV		Haben
6000	60 300,00		

Nr.	Konten	Soll	Haben
1.	6000 Aufw. f. Rohstoffe	2 100,00	
	an 6001 Bezugskosten		2 100,00
2.	6002 Nachlässe	1 700,00	
	an 6000 Aufw. f. Rohstoffe		1 700,00
3.	8010 SBK	9 800,00	
	an 2000 Rohstoffe		9 800,00
4.	6000 Aufw. f. Rohstoffe	2 600,00	
	an 2000 Rohstoffe		2 600,00
5.	8020 GuV	60 300,00	
	an 6000 Aufw. f. Rohstoffe		60 300,00
		76 500,00	76 500,00

2. Rohstoffverbrauch: 60 300,00 EUR

Übungsaufgabe 101

Soll	2280 Waren			Haben
AB	81 400,00	8010		70 500,00
		6080		10 900,00
	81 400,00			81 400,00

Soll	6080 Aufw. f. Waren			Haben
Su	67 300,00	6082		1 300,00
6081	2 100,00	8020		79 000,00
2280	10 900,00			
	80 300,00			80 300,00

Soll	6081 Bezugskosten		Haben
Su	2 100,00	6080	2 100,00

Soll	6082 Nachlässe		Haben
6080	1 300,00	Su	1 300,00

Der Warenaufwand beträgt 79 000,00 EUR.

Übungsaufgabe 102

Nr.	Konten	Soll	Haben
1.	4400 Verb. a. Lief. u. Leist.	416,50	
	an 6020 Aufwend. f. Hilfsstoffe		350,00
	an 2600 Vorsteuer		66,50
2.	4400 Verb. a. Lief. u. Leist.	975,80	
	an 6032 Nachlässe		820,00
	an 2600 Vorsteuer		155,80
3.	Wir senden Vorprodukte an den Lieferanten zurück. Nettowert 145,00 EUR zuzüglich 19 % USt.		
4.	4400 Verb. a. Lief. u. Leist.	101,15	
	an 6001 Bezugskosten		85,00
	an 2600 Vorsteuer		16,15
5.	4400 Verb. a. Lief. u. Leist.	4 902,80	
	an 6010 Aufwend. f. Vorprodukte		4 120,00
	an 2600 Vorsteuer		782,80
		6 396,25	6 396,25

Übungsaufgabe 103

Nr.	Konten	Soll	Haben
1.	4400 Verb. a. Lief. u. Leist.	679,73	
	an 6080 Aufwend. f. Waren		571,20
	an 2600 Vorsteuer		108,53
2.	4400 Verb. a. Lief. u. Leist.	1 213,80	
	an 6082 Nachlässe		1 020,00
	an 2600 Vorsteuer		193,80
3.	4400 Verb. a. Lief. u. Leist.	642,60	
	an 6082 Nachlässe		540,00
	an 2600 Vorsteuer		102,60
4.	4400 Verb. a. Lief. u. Leist.	178,50	
	an 6080 Aufwend. f. Waren		150,00
	an 2600 Vorsteuer		28,50
5.	6080 Aufw. f. Waren	4 750,00	
	6081 Bezugskosten	50,00	
	2600 Vorsteuer	912,00	
	an 4400 Verb. a. Lief. u. Leist.		5 712,00
6.	6081 Bezugskosten	96,00	
	2600 Vorsteuer	18,24	
	an 2880 Kasse		114,24
7.	4400 Verb. a. Lief. u. Leist.	151,13	
	an 6081 Bezugskosten		127,00
	an 2600 Vorsteuer		24,13
8.	4400 Verb. a. Lief. u. Leist.	952,00	
	an 6082 Nachlässe		800,00
	an 2600 Vorsteuer		152,00
9.	4400 Verb. a. Lief. u. Leist.	844,90	
	an 6080 Aufw. f. Waren		710,00
	an 2600 Vorsteuer		134,90
10.	4400 Verb. a. Lief. u. Leist.	535,50	
	an 6082 Nachlässe		450,00
	an 2600 Vorsteuer		85,50
11.	6081 Bezugskosten	205,00	
	2600 Vorsteuer	38,95	
	an 4400 Verb. a. Lief. u. Leist.		243,95
		11 268,35	11 268,35

Übungsaufgabe 104

Nr.	Konten	Soll	Haben
1.	6150 Vertriebsprov. 2600 Vorsteuer an 2880 Kasse	765,00 145,35	 910,35
2.	6100 Fremdleistungen 2600 Vorsteuer an 2800 Bank	19 540,00 3 712,60	 23 252,60
3.	6160 Fremdinstandhaltung 2600 Vorsteuer an 2880 Kasse	1 130,00 214,70	 1 344,70
4.	6050 Aufw. f. Energie 2600 Vorsteuer an 2800 Bank	8 940,00 1 698,60	 10 638,60
5.	6140 Ausgangsfrachten u. Nebenkosten 2600 Vorsteuer an 2800 Bank	751,00 142,69	 893,69
6.	6720 Lizenzen u. Konzessionen 2600 Vorsteuer an 4400 Verb. a. Lief. u. Leist.	22 390,00 4 254,10	 26 644,10
7.	6170 So. Aufw. f. bez. Leist. 2600 Vorsteuer an 2800 Bank	891,00 169,29	 1 060,29
8.	6170 So. Aufw. f. bez. Leist. 2600 Vorsteuer an 2800 Bank	1 860,00 353,40	 2 213,40
9.	6140 Ausgangsfrachten u. Nebenkosten 2600 Vorsteuer an 2800 Bank	420,00 79,80	 499,80
10.	6160 Fremdinstandhaltung 2600 Vorsteuer an 4400 Verb. a. Lief. u. Leist.	23 000,00 4 370,00	 27 370,00
		94 827,53	94 827,53

Übungsaufgabe 105

Konten	Soll	Haben
2400 Ford. a. Lief. u. Leist. an 5000 UErl. f. eig. Erzeugnisse an 4800 USt	1 495,65	 1 256,85 238,80

Übungsaufgabe 106

Konten	Soll	Haben
2400 Ford. a. Lief. u. Leist. an 5100 UErl. f. Handelswaren an 4800 USt	956,17	 803,50 152,67

Übungsaufgabe 107

Konten	Soll	Haben
2400 Ford. a. Lief. u. Leist.	3 155,88	
an 5100 UErl. f. Handelswaren		2 652,00
an 4800 USt		503,88

Übungsaufgabe 108

Nr.	Konten	Soll	Haben
1.	2880 Kasse	14 994,00	
	an 5100 UErl. f. Handelswaren		12 600,00
	an 4800 USt		2 394,00
2.	2800 Bank	1 870,00	
	an 2400 Ford. a. Lief. u. Leist.		1 870,00
3.	6080 Aufwend. f. Waren	8 645,00	
	6081 Bezugskosten	165,00	
	2600 Vorsteuer	1 673,90	
	an 4400 Verb. a. Lief. u. Leist.		10 483,90
4.	6710 Leasing	1 310,00	
	an 2800 Bank		1 310,00
5.	6870 Werbung	920,00	
	2600 Vorsteuer	174,80	
	an 2800 Bank		1 094,80
6.	2400 Ford. a. Lief. u. Leist.	1 517,25	
	an 5100 UErl. f. Handelswaren		1 275,00
	an 4800 USt		242,25
		31 269,95	31 269,95

Übungsaufgabe 109

Nr.	Konten	Soll	Haben
1.	5000 UErl. f. eig. Erzeugnisse	189,00	
	4800 USt	35,91	
	an 2400 Ford. a. Lief. u. Leist.		224,91
2.	5000 UErl. f. eig. Erzeugnisse	85,00	
	4800 USt	16,15	
	an 2400 Ford. a. Lief. u. Leist.		101,15
3. 3.1	2400 Ford. a. Lief. u. Leist.	249,90	
	an 5000 UErl. f. eig. Erzeugnisse		210,00
	an 4800 USt		39,90
3.2	5000 UErl. f. eig. Erzeugnisse	105,00	
	4800 USt	19,95	
	2880 Kasse	124,95	
	an 2400 Ford. a. Lief. u. Leist.		249,90
		825,86	825,86

Übungsaufgabe 110

Konten	Soll	Haben
5100 UErl. f. Handelswaren	850,00	
4800 USt	161,50	
an 2880 Kasse		1 011,50

Übungsaufgabe 111

Nr.	Konten	Soll	Haben
1.	5100 UErl. f. Handelswaren	375,00	
	4800 USt	71,25	
	an 2400 Ford. a. Lief. u. Leist.		446,25
2.	5101 Erlösberichtigungen	400,00	
	4800 USt	76,00	
	an 2400 Ford. a. Lief. u. Leist.		476,00
3.	5101 Erlösberichtigungen	4 470,00	
	4800 USt	849,30	
	an 2400 Ford. a. Lief. u. Leist.		5 319,30
4.	6140 Ausgangsfrachten und Nebenkosten	830,00	
	2600 Vorsteuer	157,70	
	an 2800 Bank		987,70
		7 229,25	7 229,25

Übungsaufgabe 112

Nr.	Konten	Soll	Haben
1.	5000 UErl. f. eig. Erzeugnisse	291,30	
	4800 USt	55,35	
	an 2400 Ford. a. Lief. u. Leist.		346,65
2.	4400 Verb. a. Lief. u. Leist.	856,80	
	an 6032 Nachlässe		720,00
	an 2600 Vorsteuer		136,80
3.	5101 Erlösberichtigungen	186,20	
	4800 USt	35,38	
	an 2400 Ford. a. Lief. u. Leist.		221,58
4.	4400 Verb. a. Lief. u. Leist.	773,50	
	an 6000 Aufwend. f. Rohstoffe		650,00
	an 2600 Vorsteuer		123,50
5.	4400 Verb. a. Lief. u. Leist.	1 336,85	
	an 6020 Aufwend. f. Hilfsstoffe		1 123,40
	an 2600 Vorsteuer		213,45
		3 535,38	3 535,38

Übungsaufgabe 113

Soll	2000 Rohstoffe		Haben		Soll	6000 Aufwend. f. Rohstoffe		Haben
AB	71 000,00	8010	61 800,00		Su	142 200,00	6002	2 100,00
		6000	9 200,00		6001	7 200,00	8020	156 500,00
	71 000,00		71 000,00		2000	9 200,00		
=		=				158 600,00		158 600,00
					=		=	

Soll	6001 Bezugskosten		Haben
Su	7 200,00	6000	7 200,00
=		=	

Soll	6002 Nachlässe		Haben
6000	2 100,00	Su	2 100,00
=		=	

Soll	5000 Umsatzerlöse f. eig. Erz.		Haben
5001	5 300,00	Su	235 700,00
8020	230 400,00		
	235 700,00		235 700,00
=		=	

Soll	8010 SBK		Haben
2000	61 800,00		

Soll	8020 GuV		Haben
6000	156 500,00	5000	230 400,00

Soll	5001 Erlösberichtigungen		Haben
Su	5 300,00	5000	5 300,00
=		=	

Rohgewinn: 73 900,00 EUR

Übungsaufgabe 114

Soll	2280 Waren		Haben
AB	75 500,00	8010	55 400,00
		6080	20 100,00
	75 500,00		75 500,00
=		=	

Soll	6081 Bezugskosten		Haben
Su	5 810,00	6080	5 810,00
=		=	

Soll	6082 Nachlässe		Haben
6080	2 360,00	Su	2 360,00
=		=	

Soll	5101 Erlösberichtigungen		Haben
Su	7 630,00	5100	7 630,00
=		=	

Soll	8010 SBK		Haben
2280	55 400,00		

Soll	5100 Umsatzerl. f. Handelswaren		Haben
5101	7 630,00	Su	215 310,00
8020	207 680,00		
	215 310,00		215 310,00
=		=	

Soll	8020 GuV		Haben
6080	160 670,00	5100	207 680,00

Soll	6080 Aufwend. f. Handelswaren		Haben
Su	137 120,00	6082	2 360,00
6081	5 810,00	8020	160 670,00
2280	20 100,00		
	163 030,00		163 030,00
=		=	

Warengewinn: 47 010,00 EUR

Übungsaufgabe 115

Konten	Soll	Haben
5101 Erlösberichtigungen	4 225,00	
4800 USt	802,75	
an 2400 Ford. a. Lief. u. Leist.		5 027,75

Übungsaufgabe 116

1.
Listeneinkaufspreis	960,00 EUR
− 22 % Wiederverkäuferrabatt	211,20 EUR
Zieleinkaufspreis	748,80 EUR
− 3 % Liefererskonto	22,46 EUR
Bareinkaufspreis	726,34 EUR

2.
Listeneinkaufspreis	245,80 EUR
− 15 % Liefererrabatt	36,87 EUR
Zieleinkaufspreis	208,93 EUR
− 2$^1/_2$ % Liefererskonto	5,22 EUR
Bareinkaufspreis	203,71 EUR
+ Fracht	12,20 EUR
+ Frachtversicherung	4,30 EUR
+ Hausfracht	3,50 EUR
Einstandspreis	223,71 EUR

3.
	Lieferer A	Lieferer B
Listeneinkaufspreis	5,20 EUR	5,07 EUR
− Liefererrabatt	1,30 EUR	1,22 EUR
Zieleinkaufspreis	3,90 EUR	3,85 EUR
− Liefererskonto	0,12 EUR	0,08 EUR
Bareinkaufspreis	3,78 EUR	3,77 EUR
+ Bezugskosten	0,09 EUR	0,07 EUR
Einstandspreis	3,87 EUR	3,84 EUR

4.
Listeneinkaufspreis	5 880,00 EUR
− 15 % Liefererrabatt	882,00 EUR
Zieleinkaufspreis	4 998,00 EUR
− 2 % Liefererskonto	99,96 EUR
Bareinkaufspreis	4 898,04 EUR
+ Transportkosten	105,60 EUR
Einstandspreis	5 003,64 EUR

52,80 EUR · 4 = 211,20 EUR
211,20 EUR : 2 = 105,60 EUR

5.
Listeneinkaufspreis	99,88 EUR
− 15 % Liefererrabatt	14,98 EUR
Zieleinkaufspreis	84,90 EUR
− 2 % Liefererskonto	1,70 EUR
Bareinkaufspreis	83,20 EUR
+ Transportkosten	1,80 EUR
Einstandspreis	85,00 EUR

6.
	1. Angebot	2. Angebot
Listeneinkaufspreis	217,30 EUR	198,40 EUR
− Liefererrabatt	43,46 EUR	29,76 EUR
Zieleinkaufspreis	173,84 EUR	168,64 EUR
− Liefererskonto	5,22 EUR	−
Bareinkaufspreis	168,62 EUR	168,64 EUR
+ Fracht	−	8,70 EUR
Einstandspreis	168,62 EUR	177,34 EUR

Ersparnis: 30 Stück · 8,72 EUR = 261,60 EUR

7. Angebot 1:
Listeneinkaufspreis	1 570,00 EUR
− 10 % Liefererrabatt	157,00 EUR
Zieleinkaufspreis	1 413,00 EUR
− 2 % Liefererskonto	28,26 EUR
Bareinkaufspreis/Einstandspreis	1 384,74 EUR; 13,85 EUR je Badehose

Angebot 2:
Listeneinkaufspreis	1 660,00 EUR
− 20 % Treuerabatt	332,00 EUR
Zieleinkaufspreis	1 328,00 EUR
+ Bezugskosten	9,80 EUR
Bareinkaufspreis/Einstandspreis	1 337,80 EUR = 13,38 EUR je Badehose;

das 2. Angebot ist also günstiger!

Ersparnis: 14,10 EUR

8.
	Stückkalkulation	Gesamtkalkulation
Listeneinkaufspreis	69,00 EUR	5 175,00 EUR
− 33 $^{1}/_{3}$ % Mengenrabatt	23,00 EUR	1 725,00 EUR
Zieleinkaufspreis	46,00 EUR	3 450,00 EUR
− 2 % Liefererskonto	0,92 EUR	69,00 EUR
Bareinkaufspreis	45,08 EUR	3 381,00 EUR

3 381,00 EUR : 75 Stück = 45,08 EUR

9.
Listeneinkaufspreis	2 040,00 EUR
− 5 % Mengenrabatt	102,00 EUR
Zieleinkaufspreis	1 938,00 EUR
− 3 % Liefererskonto	58,14 EUR
Bareinkaufspreis	1 879,86 EUR
+ Bezugskosten	80,00 EUR
Einstandspreis	1 959,86 EUR

Übungsaufgabe 117

1. A Bruttogewicht   2 150 kg
      − 2 % Tara   43 kg
      Nettogewicht $\dfrac{2\,107\ \text{kg} \cdot 14{,}30\ \text{EUR}}{100} = \underline{\underline{301{,}30\ \text{EUR}}}$

   B 60 Kisten zu je 25 kg   =   1 500 kg
      − 0,5 kg je Kiste   =   30 kg
      Nettogewicht   =   1 470 kg · 6,40 EUR = $\underline{\underline{9\,408{,}00\ \text{EUR}}}$

   C 300 Dosen zu je 350 g   =   105 kg · 7,20 EUR = $\underline{\underline{756{,}00\ \text{EUR}}}$

2. Bruttogewicht   480,00 kg
   − 4,5 % Tara   21,60 kg
   Nettogewicht   458,40 kg

   Einkaufspreis 458,40 kg · 9,00 EUR je kg   =   4 125,60 EUR
   − 3 % Liefererskonto   =   123,77 EUR
   Bareinkaufspreis   =   4 001,83 EUR

3. 68 kg Nettogewicht + Tara 3,06 kg = 71,06 kg Bruttogewicht

   Einkaufspreis 68 kg · 8,40 EUR je kg   =   571,20 EUR
   − 3 % Liefererskonto   =   17,14 EUR
   Bareinkaufspreis   554,06 EUR
   + Bezugskosten 3,06 kg zu 8,40 EUR je kg   =   25,70 EUR
   Einstandspreis   =   579,76 EUR

4. Listeneinkaufspreis 205 kg · 13,40 EUR   = 2 747,00 EUR
   − 25 % Liefererrabatt   686,75 EUR
   Zieleinkaufspreis   2 060,25 EUR
   − 2,5 % Liefererskonto   51,51 EUR
   Bareinkaufspreis   2 008,74 EUR
   + Bezugskosten (71,75 EUR + 54,80 EUR + 38,70 EUR + 10,50 EUR)   175,75 EUR
   Bezugspreis   2 184,49 EUR

5. Nettogewicht (97,5 %) 450 kg + 2$^{1}/_{2}$ % Tara 11,538 kg = 461,538 kg Bruttogewicht

   Listeneinkaufspreis 461,538 kg · 0,35 EUR =   161,54 EUR
   − 3 % Liefererskonto   4,85 EUR
   Bareinkaufspreis   156,69 EUR
   + Fracht 5 · 1,42   7,10 EUR
   Bezugspreis   163,79 EUR

   163,79 EUR : 450 kg = 0,364 EUR/kg
   0,364 EUR/kg · 5 kg = $\underline{1{,}82\ \text{EUR}}$

6. 6.1 8 % ≙ 46 kg
        100 % ≙ x kg   x = 575 kg

   6.2 Bareinkaufspreis   8 165,00 EUR
        + 5 % Bezugskosten   408,25 EUR
        Bezugspreis für 575 kg   8 573,25 EUR
        1 kg   14,91 EUR

        Verlust: 46 kg · 14,91 EUR = 685,86 EUR

Übungsaufgabe 118

1. 1.1 250 000,00 ≙ 100 %
        75 000,00 ≙ x % $x = \dfrac{100 \cdot 75\,000}{250\,000} = 30\,\%$

        Listeneinkaufspreis   2 500,00 EUR
        − 15 % Liefererrabatt   375,00 EUR
        Zieleinkaufspreis   2 125,00 EUR
        − 2 % Liefererskonto   42,50 EUR
        Bareinkaufspreis   2 082,50 EUR
        + Bezugskosten   137,50 EUR
        Einstandspreis   2 220,00 EUR
        + 30 % Handlungskosten   666,00 EUR
   1.2 Selbstkosten   2 886,00 EUR   Selbstkosten pro Stück = 288,60

2. 2.1 320 600,00 ≙ 100 %
        86 562,00 ≙ x % $x = \dfrac{100 \cdot 86\,562}{320\,600} = 27\,\%$

   2.2 Listeneinkaufspreis   10 000,00 EUR
        − 12 % Liefererrabatt   1 200,00 EUR
        Zieleinkaufspreis   8 800,00 EUR
        − 3 % Liefererskonto   264,00 EUR
        Bareinkaufspreis   8 536,00 EUR
        + Bezugskosten   48,00 EUR
        Einstandspreis   8 584,00 EUR
        + 27 % Handlungskosten   2 317,68 EUR
        Selbstkosten   10 901,68 EUR

        10 901,68 EUR : 80 Stück = 136,27 EUR/Stück

3. 35,20 EUR ≙ 100 %
   15,84 EUR ≙ x % $x = \dfrac{100 \cdot 15,84}{35,20} = 45\,\%$

4. | Listeneinkaufspreis: 15 · 465,00 | 6 975,00 EUR |
− 20 % Lieferrabatt	1 395,00 EUR
Zieleinkaufspreis	5 580,00 EUR
− 2,5 % Liefererskonto	139,50 EUR
Bareinkaufspreis	5 440,50 EUR
+ Verpackungs- und Verladekosten	180,00 EUR
+ Transportkosten	90,00 EUR
+ Ausladekosten	78,00 EUR
Einstandspreis	5 788,50 EUR
+ 52 % Handlungskosten	3 010,02 EUR
Selbstkosten	8 798,52 EUR : 15 = 586,57 EUR Kosten je Rolle

5. 198,00 EUR ≙ 100 %
   110,09 EUR ≙ x %

   $$x = \frac{100 \cdot 110{,}09}{198} = \underline{\underline{55{,}60\,\%}}$$

6. 410 500 EUR ≙ 100 %
   143 675 EUR ≙ x %

   $$x = \frac{100 \cdot 143\,675}{410\,500} = \underline{\underline{35\,\%}}$$

7. 16,25 EUR ≙ 100 %
   6,18 EUR ≙ x %

   $$x = \frac{100 \cdot 6{,}18}{16{,}25} = \underline{\underline{38{,}03\,\%}}$$

Übungsaufgabe 119

1. | Bezugspreis | 36,40 EUR |
+ 55 % Handlungskosten	20,02 EUR
Selbstkosten	56,42 EUR
+ 8,5 % Gewinn	4,80 EUR
Barverkaufspreis	61,22 EUR

2. | Wareneinsatz | 480 000,00 EUR |
   | + Handlungskosten | 125 500,00 EUR |
   | Selbstkosten | 605 500,00 EUR |

   605 500,00 ≙ 100 %
   72 660,00 ≙ x %

   $$x = \frac{100 \cdot 72\,660}{605\,500} = \underline{\underline{12\,\%}}$$

3. | Einstandspreis | 159,60 EUR |
+ 35 % Handlungskosten	55,86 EUR
Selbstkosten	215,46 EUR
+ 12 % Gewinn	25,86 EUR
Barverkaufspreis	241,32 EUR

4. 8,5 % ≙ 59,50 EUR
   108,5 % ≙ x EUR

   $$x = \frac{59{,}50 \cdot 108{,}5}{8{,}5} = \underline{\underline{759{,}50 \text{ EUR}}}$$

5. Einstandspreis 12,15 EUR ≙ 100 %
   Handlungskosten 4,05 EUR ≙ x %

   $$x = \frac{100 \cdot 4{,}05}{12{,}15} = \underline{\underline{33\,{}^1/_3\,\%}}$$

6. | Einstandspreis (Wareneinsatz) | 560 000,00 EUR |
   |---|---|
   | + 30 % Handlungskosten | 168 000,00 EUR |
   | Selbstkosten | 728 000,00 EUR |

7. | Listeneinkaufspreis | 133,00 EUR |
   |---|---|
   | + Bezugskosten | |
   | Fracht | 6,00 EUR |
   | Verpackungskosten ($^1/_3$) | 5,00 EUR |
   | Einstandspreis | 144,00 EUR |
   | + 45 % Handlungskosten | 64,80 EUR |
   | Selbstkosten | 208,80 EUR |
   | + $16^2/_3$ % Gewinn | 34,80 EUR |
   | Barverkaufspreis | 243,60 EUR |

   Ergebnis: Die Tischlampe kann in das Sortiment aufgenommen werden.

8. 8.1 | Angebot A: | Einkaufspreis (7,75 EUR · 500 Stück) | 3 875,00 EUR |
   |---|---|---|
   | | − 3 % Liefererskonto | 116,25 EUR |
   | | Bareinkaufspreis | 3 758,75 EUR |
   | | + Bezugskosten | 630,00 EUR |
   | | Einstandspreis | 4 388,75 EUR |
   | Angebot B: | Einkaufspreis | 4 750,00 EUR |
   | | − 6 % Liefererrabatt | 285,00 EUR |
   | | Zieleinkaufspreis | 4 465,00 EUR |
   | | − 2 % Liefererskonto | 89,30 EUR |
   | | Bareinkaufspreis (Einstandspreis) | 4 375,70 EUR |

   Das Angebot B ist um 13,05 EUR billiger (bezogen auf 250 kg).

   8.2 | Einstandspreis je Pfund | 8,75 EUR | (4 375,70 : 500 = 8,75 EUR) |
   |---|---|---|
   | + $12^1/_2$ % Handlungskosten | 1,09 EUR | |
   | Selbstkosten | 9,84 EUR | |
   | + $8^1/_3$ % Gewinn | 0,82 EUR | |
   | Barverkaufspreis | 10,66 EUR | |

Übungsaufgabe 120

1. | Selbstkosten | 8,40 EUR |
   |---|---|
   | + 8 % Gewinn | 0,67 EUR |
   | Barverkaufspreis (92 %) | 9,07 EUR |
   | + 2 % Kundenskonto | 0,20 EUR |
   | + 6 % Vertreterprovision | 0,59 EUR |
   | Zielverkaufspreis (90 %) | 9,86 EUR |
   | + 10 % Aktionsrabatt | 1,10 EUR |
   | Listenverkaufspreis | 10,96 EUR |

2. | Barverkaufspreis (97 %) | 4,20 EUR |
+ 3 % Kundenskonto	0,13 EUR
Zielverkaufspreis (95 %)	4,33 EUR
+ 5 % Sonderrabatt	0,23 EUR
Listenverkaufspreis	4,56 EUR

3. | Barverkaufspreis (90,5 %) | 460,00 EUR |
+ 3 % Kundenskonto	15,25 EUR
+ 6,5 % Vertreterprovision	33,04 EUR
Zielverkaufspreis (80 %)	508,29 EUR
+ 20 % Rabatt	127,07 EUR
Nettoverkaufspreis	635,36 EUR

4. Einstandspreis   32,50 EUR ≙ 100 %
   Handlungskosten   12,35 EUR ≙ x % $x = \dfrac{100 \cdot 12,35}{32,50} = \underline{\underline{38\,\%}}$
   (44,85 EUR − 32,50 EUR)

5. 135,00 EUR ≙ 100 %
     4,05 EUR ≙ x % $x = \dfrac{100 \cdot 4,05}{135} = \underline{\underline{3\,\% \text{ Skonto}}}$

6. | Barverkaufspreis | 564,20 EUR |
   | + 3 % Kundenskonto | 17,45 EUR |
   | Zielverkaufspreis | 581,65 EUR |

7. 938,64 EUR ≙ 100 %
   112,64 EUR ≙ x % $x = \dfrac{100 \cdot 112,64}{938,64} = \underline{\underline{12\,\% \text{ Rabatt}}}$

8. | Barverkaufspreis (97 %) | 340,59 EUR |
+ 3 % Kundenskonto	10,53 EUR
Zielverkaufspreis (88 %)	351,12 EUR
+ 12 % Sonderrabatt	47,88 EUR
Listenverkaufspreis (Angebotspreis)	399,00 EUR

9. | Barverkaufspreis (98 %) | 580,00 EUR |
+ 2 % Kundenskonto	11,84 EUR
Zielverkaufspreis (88 %)	591,84 EUR
+ 12 % Kundenrabatt	80,71 EUR
Listenverkaufspreis	672,55 EUR

10. Listeneinkaufspreis 210,00 EUR ≙ 100 %
    Liefererrabatt   26,25 EUR ≙ x % $x = \dfrac{100 \cdot 26,25}{210} = \underline{\underline{12,5\,\%}}$

Übungsaufgabe 121

1. | | |
    |---|---:|
    | Listeneinkaufspreis (500 Stück · 180,00 EUR) | 90 000,00 EUR |
    | − 10 % Liefererrabatt | 9 000,00 EUR |
    | Zieleinkaufspreis | 81 000,00 EUR |
    | − 2 % Liefererskonto | 1 620,00 EUR |
    | Bareinkaufspreis | 79 380,00 EUR |
    | + Bezugskosten | 480,00 EUR |
    | Einstandspreis | 79 860,00 EUR |
    | + 25 % Handlungskosten | 19 965,00 EUR |
    | Selbstkosten | 99 825,00 EUR |
    | + 11,5 % Gewinn | 11 479,88 EUR |
    | Barverkaufspreis (97 %) | 111 304,88 EUR |
    | + 3 % Kundenskonto | 3 442,42 EUR |
    | Zielverkaufspreis (85 %) | 114 747,30 EUR |
    | + 15 % Kundenrabatt | 20 249,52 EUR |
    | Listenverkaufspreis | 134 996,82 EUR |

    134 996,82 EUR : 500 Stück = 269,99 EUR/Stück

2. | | |
    |---|---:|
    | Listeneinkaufspreis (165 · 1,32) | 217,80 EUR |
    | − 15 % Liefererrabatt | 32,67 EUR |
    | Zieleinkaufspreis | 185,13 EUR |
    | − 3 % Liefererskonto | 5,55 EUR |
    | Bareinkaufspreis | 179,58 EUR |
    | + Bezugskosten | |
    | Bruchversicherung | 6,53 EUR |
    | Fracht | 22,70 EUR |
    | Einstandspreis | 208,81 EUR |
    | + 35 % Handlungskosten | 73,08 EUR |
    | Selbstkosten | 281,89 EUR |
    | + 15 % Gewinn | 42,28 EUR |
    | Barverkaufspreis (90 %) | 324,17 EUR |
    | + 2 % Kundenskonto | 7,20 EUR |
    | + 8 % Vertreterprovision | 28,82 EUR |
    | Zielverkaufspreis (90 %) | 360,19 EUR |
    | + 10 % Kundenrabatt | 40,02 EUR |
    | Listenverkaufspreis | 400,21 EUR : 165 Gläser = __2,43 EUR__ |

3. | Listeneinkaufspreis (10 Stck. · 398,00 EUR) | 3 980,00 EUR |
− 15 % Liefererrabatt	597,00 EUR
Zieleinkaufspreis	3 383,00 EUR
− 2 % Kundenskonto	67,66 EUR
Bareinkaufspreis	3 315,34 EUR
+ 18 % Handlungskosten	596,76 EUR
Selbstkosten	3 912,10 EUR
+ 20 % Gewinn	782,42 EUR
Barverkaufspreis (93 %)	4 694,52 EUR
+ 2 % Kundenskonto	100,96 EUR
+ 5 % Vertreterprovision	252,39 EUR
Zielverkaufspreis (95 %)	5 047,87 EUR
+ 5 % Kundenrabatt	265,68 EUR
Listenverkaufspreis	5 313,55 EUR : 10 Stück = 531,36 EUR/Stck.

4. | Listeneinkaufspreis je Kanister | 86,50 EUR |
− 22 % Liefererrabatt	19,03 EUR
Zieleinkaufspreis	67,47 EUR
− 3 % Liefererskonto	2,02 EUR
Bareinkaufspreis	65,45 EUR
+ Frachtkosten ($^2/_3$ als Kosten)	3,00 EUR
Einstandspreis	68,45 EUR
+ 35 % Handlungskosten	23,96 EUR
Selbstkosten	92,41 EUR
+ 15 % Gewinn	13,86 EUR
Barverkaufspreis (98 %)	106,27 EUR
+ 2 % Kundenskonto	2,17 EUR
Zielverkaufspreis (90 %)	108,44 EUR
+ 10 % Handwerkerrabatt	12,05 EUR
Nettoverkaufspreis	120,49 EUR

5. | Listeneinkaufspreis (40 Stck. · 74,80 EUR) | 2 992,00 EUR |
− 12,5 % Liefererrabatt	374,00 EUR
Zieleinkaufspreis	2 618,00 EUR
− 2 % Liefererskonto	52,36 EUR
Bareinkaufspreis	2 565,64 EUR
+ Bezugskosten	232,00 EUR
Einstandspreis	2 797,64 EUR
+ 28,5 % Handlungskosten	797,33 EUR
Selbstkosten	3 594,97 EUR
+ 8 % Gewinn	287,60 EUR
Barverkaufspreis (92 %)	3 882,57 EUR
+ 2 % Kundenskonto	84,40 EUR
+ 6 % Vertreterprovision	253,21 EUR
Zielverkaufspreis (90 %)	4 220,18 EUR
+ 10 % Sonderrabatt	468,91 EUR
Listenverkaufspreis	4 689,09 EUR

4 689,09 EUR : 40 Stück = 117,23 EUR/Stück

6.
Listeneinkaufspreis	480,00 EUR
− 5 % Liefererrabatt	24,00 EUR
Zieleinkaufspreis	456,00 EUR
− 2 % Liefererskonto	9,12 EUR
Bareinkaufspreis	446,88 EUR
+ Bezugskosten	16,20 EUR
Einstandspreis	463,08 EUR
+ 16²/₃ % Handlungskosten	77,18 EUR
Selbstkosten	540,26 EUR
+ 14 % Gewinn	75,64 EUR
Barverkaufspreis (97 %)	615,90 EUR
+ 3 % Kundenskonto	19,05 EUR
Zielverkaufspreis (90 %)	634,95 EUR
+ 10 % Kundenrabatt	70,55 EUR
Listenverkaufspreis	705,50 EUR

Ergebnis: Der Großhändler kann das Angebot annehmen.

7.
Listeneinkaufspreis	273,50 EUR
− 20 % Liefererrabatt	54,70 EUR
Zieleinkaufspreis	218,80 EUR
− 3 % Skonto	6,56 EUR
Bareinkaufspreis	212,24 EUR
+ Bezugskosten	5,00 EUR
Einstandspreis	217,24 EUR
+ 16²/₃ % Handlungskosten	36,21 EUR
Selbstkosten	253,45 EUR
+ 12 % Gewinn	30,41 EUR
Barverkaufspreis (98 %)	283,86 EUR
+ 2 % Kundenskonto	5,79 EUR
Zielverkaufspreis (85 %)	289,65 EUR
+ 15 % Kundenrabatt	51,11 EUR
Listenverkaufspreis	340,76 EUR

Ergebnis: Der Großhändler kann das Angebot annehmen.

Übungsaufgabe 122

1.
Listeneinkaufspreis	700,00 EUR
+ 10 % Liefererrabatt	70,00 EUR
Zieleinkaufspreis	630,00 EUR
+ 2 % Liefererskonto	12,60 EUR
Bareinkaufspreis	617,40 EUR
– Bezugskosten	6,60 EUR
Einstandspreis	624,00 EUR
– 12,5 % Handlungskosten	78,00 EUR
Selbstkosten	702,00 EUR
– $16^2/_3$ % Gewinn	117,00 EUR
Barverkaufspreis	819,00 EUR
– 2,5 % Kundenskonto	21,00 EUR
Zielverkaufspreis	840,00 EUR
– 14 % Kundenrabatt	136,75 EUR
Listenverkaufspreis	976,75 EUR

($^3/_4$ Preis)

2.
Listeneinkaufspreis	17,12 EUR
+ $33^1/_3$ % Liefererrabatt	5,71 EUR
Zieleinkaufspreis/Einstandspreis	11,41 EUR
– 8 % Handlungskosten	0,91 EUR
Selbstkosten	12,32 EUR
– 5 % Gewinn	0,62 EUR
Barverkaufspreis	12,94 EUR
– 2 % Kundenskonto	0,26 EUR
Zielverkaufspreis	13,20 EUR
– 12 % Kundenrabatt	1,80 EUR
Listenverkaufspreis	15,00 EUR

3.
Einkaufspreis	85,00 EUR
+ 15 % Liefererrabatt	12,75 EUR
Zieleinkaufspreis	72,25 EUR
+ 3 % Liefererskonto	2,17 EUR
Bareinkaufspreis	70,08 EUR
– Bezugskosten	11,12 EUR
Einstandspreis	81,20 EUR
– 42 % Handlungskosten	34,10 EUR
Selbstkosten (142 %)	115,30 EUR

4.
Listeneinkaufspreis		407,20 EUR
+ 30 % Liefererrabatt		122,16 EUR
Zieleinkaufspreis		285,04 EUR
+ 3 % Liefererskonto		8,55 EUR
Bareinkaufspreis		276,49 EUR
− Bezugskosten		11,00 EUR
Einstandspreis		287,49 EUR
− 22 % Handlungskosten		63,25 EUR
Selbstkosten		350,74 EUR
− 14 % Gewinn		49,10 EUR
Barverkaufspreis		399,84 EUR
− 2 % Kundenskonto		8,16 EUR
Zielverkaufspreis		408,00 EUR
− 15 % Kundenrabatt		72,00 EUR
Listenverkaufspreis		480,00 EUR

Übungsaufgabe 123

1.
Listeneinkaufspreis		300,00 EUR
− 33 $\tfrac{1}{3}$ % Liefererrabatt		100,00 EUR
Zieleinkaufspreis		200,00 EUR
− 3 % Liefererskonto		6,00 EUR
Bareinkaufspreis		194,00 EUR
+ Bezugskosten		8,10 EUR
Einstandspreis		202,10 EUR
+ 42 % Handlungskosten		84,88 EUR
Selbstkosten		286,98 EUR
− Gewinn		58,38 EUR Differenz
Barverkaufspreis		345,36 EUR
− 2 % Kundenskonto		7,67 EUR
− 8 % Vertreterprovision		30,70 EUR
Zielverkaufspreis		383,73 EUR
− 20 % Kundenrabatt		95,93 EUR
Listenverkaufspreis		479,66 EUR

$$\text{Gewinnsatz:} \quad x = \frac{58{,}38 \cdot 100}{286{,}98} = \underline{\underline{20{,}34\,\%}}$$

2. 2.1
Listeneinkaufspreis	420,00 EUR	
− 25 % Liefererrabatt	105,00 EUR	
Zieleinkaufspreis	315,00 EUR	
− 3 % Liefererskonto	9,45 EUR	
Bareinkaufspreis	305,55 EUR	
+ Bezugskosten	15,20 EUR	
Einstandspreis	320,75 EUR	
+ 18 % Handlungskosten	57,74 EUR	
Selbstkosten	378,49 EUR	378,49 EUR ≙ 100 %
− Gewinn (5,42 %)	20,51 EUR	20,51 EUR ≙ x %
Barverkaufspreis	399,00 EUR	x = 5,42 %
− 5 % Kundenrabatt	21,00 EUR	
Listenverkaufspreis	420,00 EUR	

2.2
	Listeneinkaufspreis	420,00 EUR	420,00 EUR ≙ 100 %
	− Liefererrabatt (28,28 %)	118,76 EUR	118,76 EUR ≙ x %
	Zieleinkaufspreis	301,24 EUR	x = 28,28 %
	+ 3 % Liefererskonto	9,04 EUR	
	Bareinkaufspreis	292,20 EUR	
	− Bezugskosten	15,20 EUR	
	Einstandspreis	307,40 EUR	
	− 18 % Handlungskosten	55,32 EUR	
100 %	Selbstkosten	362,73 EUR	
10 %	− Gewinn 10 %	36,27 EUR	
110 %	Barverkaufspreis	399,00 EUR	

3.
Einstandspreis	208,00 EUR	
+ 30 % Handlungskosten	62,40 EUR	
Selbstkosten	270,40 EUR	270,40 EUR ≙ 100 %
− Gewinn	24,34 EUR	24,34 EUR ≙ 9 %
Barverkaufspreis	294,74 EUR	
− 16 % Kundenrabatt	47,16 EUR	
Listenverkaufspreis	341,90 EUR	

4. 239,68 EUR ≙ 100 %
15,68 EUR ≙ x %

$$x = \frac{100 \cdot 15,68}{239,68} = 6,54 \text{ % Rabatt}$$

5.
Barverkaufspreis (98 %)	284,00 EUR
+ 2 % Kundenskonto	5,80 EUR
Zielverkaufspreis (92 %)	289,80 EUR
+ 8 % Sonderrabatt	25,20 EUR
Angebotsverkaufspreis	315,00 EUR

6.
Listeneinkaufspreis	250,00 EUR
− 33$^1/_3$ % Liefererrabatt	83,33 EUR
Zieleinkaufspreis	166,67 EUR
− 2 % Liefererskonto	3,33 EUR
Bareinkaufspreis	163,34 EUR
+ Bezugskosten	5,70 EUR
Einstandspreis	169,04 EUR
+ 20 % Handlungskosten	33,81 EUR
Selbstkosten	202,85 EUR
− Gewinn	34,65 EUR
Barverkaufspreis	237,50 EUR
− Kundenskonto	− EUR
Zielverkaufspreis	237,50 EUR
− 5 % Sonderrabatt	12,50 EUR
Listenverkaufspreis	250,00 EUR

202,85 EUR ≙ 100 %
34,65 EUR ≙ x %
Gewinnsatz x = 17,08 %

7.
Einstandspreis	14,20 EUR
+ 56 % Handlungskosten	7,95 EUR
Selbstkosten	22,15 EUR
− Gewinn	3,32 EUR
Barverkaufspreis	25,47 EUR
− 10 % Kundenrabatt	2,83 EUR
Listenverkaufspreis	28,30 EUR

Übungsaufgabe 124

1.
	Ware A	Ware B	Ware C
	285,90 EUR	132,80 EUR	25,90 EUR
	− 205,20 EUR	− 86,64 EUR	− 14,25 EUR
	80,70 EUR	46,16 EUR	11,65 EUR
Kalkulationszuschlag:	39,33 %	53,28 %	81,75 %
Kalkulationsfaktor:	1,3933	1,5328	1,8175
Handelsspanne:	28,23 %	34,76 %	44,98 %

2.
	Ware A	Ware B	Ware C
Einstandspreis	100,00 EUR	100,00 EUR	100,00 EUR
+ Handlungskosten	28,00 EUR	30,00 EUR	41,00 EUR
Selbstkosten	128,00 EUR	130,00 EUR	141,00 EUR
+ Gewinn	25,60 EUR	19,50 EUR	26,79 EUR
Barverkaufspreis (84 %)	153,60 EUR (93 %)	149,50 EUR (83 %)	167,79 EUR
+ Kundenskonto	3,66 EUR	–	6,07 EUR
+ Vertreterprovision	25,60 EUR	11,25 EUR	28,30 EUR
Zielverkaufspreis (88 %)	182,86 EUR (95 %)	160,75 EUR (85 %)	202,16 EUR
+ Kundenrabatt	24,94 EUR	8,46 EUR	35,68 EUR
Listenverkaufspreis	207,80 EUR	169,21 EUR	237,84 EUR

	Ware A	Ware B	Ware C
Kalkulationszuschlag:	107,80 %	69,21 %	137,84 %
Kalkulationsfaktor:	2,078	1,6921	2,3784
Handelsspanne:	51,88 %	40,90 %	57,95 %

3. 3.1
Listeneinkaufspreis	17 000,00 EUR
− 10 % Mengenrabatt	1 700,00 EUR
Zieleinkaufspreis	15 300,00 EUR
− 2,5 % Liefererskonto	382,50 EUR
Bareinkaufspreis	14 917,50 EUR
+ Frachtkosten	48,25 EUR
Einstandspreis	14 965,75 EUR
für 1 Stück	74,83 EUR

3.2
Einstandspreis	74,83 EUR
+ $16^{2}/_{3}$ % Handlungskosten	12,47 EUR
Selbstkosten	87,30 EUR
+ 20 % Gewinn	17,46 EUR
Barverkaufspreis (91 %)	104,76 EUR
+ 2 % Kundenskonto	2,30 EUR
+ 7 % Vertreterprovision	8,06 EUR
Zielverkaufspreis (85 %)	115,12 EUR
+ 15 % Kundenrabatt	20,32 EUR
Listenverkaufspreis	135,44 EUR

3.3
Kalkulationszuschlag:	80,997 %
Kalkulationsfaktor:	1,80997
Handelsspanne:	44,75 %

4. 14,60 EUR + 6,69 EUR = EUR 21,29
   9,30 EUR + 3,10 EUR = EUR 12,40
   34,80 EUR + 9,74 EUR = EUR 44,54
   0,45 EUR + 0,14 EUR = EUR 0,59

5. 194,80 EUR − 66,23 EUR = EUR 128,57
   48,20 EUR − 13,74 EUR = EUR 34,46
   20,50 EUR − 6,72 EUR = EUR 13,78
   699,00 EUR − 318,74 EUR = EUR 380,26

Übungsaufgabe 125

2.

Nr.	Konten	Soll	Haben
1.	6000 Aufwend. f. Rohstoffe 2600 Vorsteuer an 2800 Bank	135 000,00 25 650,00	 160 650,00
2.	2400 Ford. a. Lief. u. Leist. an 5000 Umsatzerlöse f. eig. Erz. an 4800 Umsatzsteuer	321 300,00	 270 000,00 51 300,00
3.	6020 Aufwend. f. Hilfsstoffe 2600 Vorsteuer an 2800 Bank	39 000,00 7 410,00	 46 410,00
4.	6200 Löhne an 2800 Bank	120 000,00	 120 000,00
		648 360,00	648 360,00

1./3.

Soll	2200 Fertigerzeugnisse		Haben
AB 5202	17 000,00 5 500,00	8010	22 500,00
	22 500,00		22 500,00

Soll	4800 Umsatzsteuer		Haben
2600 8010	33 060,00 69 240,00	AB 2400	51 000,00 51 300,00
	102 300,00		102 300,00

Soll	2400 Ford. a. Lief. u. Leist.		Haben
5000/4800	321 300,00	8010	321 300,00

Soll	5000 Umsatzerlöse f. eig. Erz.		Haben
8020	270 000,00	2400	270 000,00

Soll	2600 Vorsteuer		Haben
2800 2800	25 650,00 7 410,00	4800	33 060,00
	33 060,00		33 060,00

Soll	5202 Bestandsveränd. f. fert. Erz.		Haben
8020	5 500,00	2200	5 500,00

Soll	2800 Bank		Haben
AB	396 000,00	6000/2600 6020/2600 6200 8010	160 650,00 46 410,00 120 000,00 68 940,00
	396 000,00		396 000,00

Soll	6000 Aufwend. f. Rohstoffe		Haben
2800	135 000,00	8020	135 000,00

Soll	6020 Aufwend. f. Hilfsstoffe		Haben
2800	39 000,00	8020	39 000,00

Soll	3000 Eigenkapital		Haben
8020 8010	18 500,00 343 500,00	AB	362 000,00
	362 000,00		362 000,00

Soll	6200 Löhne		Haben
2800	120 000,00	8020	120 000,00

Soll	8010 SBK			Haben	Soll	8020 GuV			Haben
2200	22 500,00	4800		69 240,00	6000	135 000,00	5000		270 000,00
2400	321 300,00	3000		343 500,00	6020	39 000,00	5202		5 500,00
2800	68 940,00				6200	120 000,00	3000		18 500,00
	412 740,00			412 740,00		294 000,00			294 000,00

4.

Konten	Soll	Haben
8010 SBK an 2200 Fertigerzeugnisse	22 500,00	22 500,00
2200 Fertigerzeugnisse an 5202 Bestandsveränd. a. fert. Erz.	5 500,00	5 500,00
5202 Bestandsveränd. a. fert. Erz. an 8020 GuV	5 500,00	5 500,00
	33 500,00	33 500,00

Übungsaufgabe 126

2.

Nr.	Konten	Soll	Haben
1.	6000 Aufwend. f. Rohstoffe 2600 Vorsteuer an 2800 Bank	75 000,00 14 250,00	89 250,00
2.	6020 Aufwend. f. Hilfsstoffe 2600 Vorsteuer an 2800 Bank	30 000,00 5 700,00	35 700,00
3.	2800 Bank an 5000 Umsatzerlöse f. eig. Erz. an 4800 Umsatzsteuer	404 600,00	340 000,00 64 600,00
4.	6200 Löhne an 2800 Bank	150 000,00	150 000,00
		679 550,00	679 550,00

1. und 3.

Soll	2200 Fertige Erzeugnisse		Haben		Soll	5000 Umsatzerlöse f. eig. Erz.		Haben
AB	51 000,00	8010	17 000,00		8020	340 000,00	2800	340 000,00
		5202	34 000,00		=		=	
	51 000,00		51 000,00					
=		=						

Soll	2600 Vorsteuer		Haben		Soll	5202 Bestandsveränd. a. f. Erz.		Haben
2800	14 250,00	4800	19 950,00		2200	34 000,00	8020	34 000,00
2800	5 700,00				=		=	
	19 950,00		19 950,00					
=		=						

Soll	2800 Bank		Haben		Soll	6000 Aufwend. f. Rohstoffe		Haben
AB	155 000,00	6000/2600	89 250,00		2800	75 000,00	8020	75 000,00
5000/4800	404 600,00	6020/2600	35 700,00		=		=	
		6200	150 000,00					
		8010	284 650,00		Soll	6020 Aufwend. f. Hilfsstoffe		Haben
	559 600,00		559 600,00		2800	30 000,00	8020	30 000,00
=		=			=		=	

Soll	3000 Eigenkapital		Haben					
8010	257 000,00	AB	206 000,00		Soll	6200 Löhne		Haben
		8020	51 000,00		2800	150 000,00	8020	150 000,00
	257 000,00		257 000,00		=		=	
=		=						

Soll	4800 Umsatzsteuer		Haben		Soll	8020 GuV		Haben
2600	19 950,00	2800	64 600,00		5202	34 000,00	5000	340 000,00
8010	44 650,00				6000	75 000,00		
	64 600,00		64 600,00		6020	30 000,00		
=		=			6200	150 000,00		
					3000	51 000,00		
Soll	8010 SBK		Haben			340 000,00		340 000,00
2200	17 000,00	3000	257 000,00		=		=	
2800	284 650,00	4800	44 650,00					
	301 650,00		301 650,00					
=		=						

4.

Konten	Soll	Haben
8010 SBK	17 000,00	
an 2200 Fertige Erzeugnisse		17 000,00
5202 Bestandsveränd. a. fert. Erz.	34 000,00	
an 2200 Fertige Erzeugnisse		34 000,00
8020 GuV	34 000,00	
an 5202 Bestandsveränd. a. fert. Erz.		34 000,00
	85 000,00	85 000,00

Übungsaufgabe 127

1./2.

Soll	2100 Unfertige Erzeugnisse		Haben		Soll	5201 Bestandsverä. a. unfert. Erz.		Haben
AB	20 000,00	8010	5 000,00		2100	15 000,00	8020	15 000,00
		5201	15 000,00					
	20 000,00		20 000,00					

Soll	8010 SBK	Haben		Soll	8020 GuV	Haben
2100	5 000,00			5201	15 000,00	

3.

Nr.	Konten	Soll	Haben
3.1	8010 SBK	5 000,00	
	an 2100 Unfertige Erzeugnisse		5 000,00
3.2	5201 Bestandsveränd. a. unfert. Erz.	15 000,00	
	an 2100 Unfertige Erzeugnisse		15 000,00
3.3	8020 GuV	15 000,00	
	an 5201 Bestandsveränd. a. unfert. Erz.		15 000,00
		35 000,00	35 000,00

Übungsaufgabe 128

1.

Soll	2200 Fertige Erzeugnisse		Haben		Soll	5202 Bestandsverä. a. fert. Erz.		Haben
AB	125 350,00	8010	150 000,00		8020	24 650,00	2200	24 650,00
5202	24 650,00							
	150 000,00		150 000,00					

Soll	8010 SBK	Haben		Soll	8020 GuV	Haben
2200	150 000,00				5202	24 650,00

Nr.	Konten	Soll	Haben
1.	8010 SBK	150 000,00	
	an 2200 Fertige Erzeugnisse		150 000,00
2.	2200 Fertige Erzeugnisse	24 650,00	
	an 5202 Bestandsveränd. a. fert. Erz.		24 650,00
3.	5202 Bestandsveränd. a. fert. Erz.	24 650,00	
	an 8020 GuV		24 650,00
		199 300,00	199 300,00

2.

Soll	2100 Unfertige Erzeugnisse		Haben	Soll	5201 Bestandsverä. a. unfert. Erz.		Haben
AB	86 500,00	8010	71 200,00	2100	15 300,00	8020	15 300,00
		5201	15 300,00				
	86 500,00		86 500,00				

Soll	8010 SBK		Haben	Soll	8020 GuV		Haben
2100	71 200,00			5201	15 300,00		

Nr.	Konten	Soll	Haben
1.	8010 SBK	71 200,00	
	an 2100 Unfertige Erzeugnisse		71 200,00
2.	5201 Bestandsveränd. a. unfert. Erz.	15 300,00	
	an 2100 Unfertige Erzeugnisse		15 300,00
3.	8020 GuV	15 300,00	
	an 5201 Bestandsveränd. a. unfert. Erz.		15 300,00
		101 800,00	101 800,00

Übungsaufgabe 129

1./2./3.

Soll	2100 Unfertige Erzeugnisse		Haben	Soll	2200 Fertige Erzeugnisse		Haben
AB	75 710,00	8010	80 430,00	AB	57 500,00	8010	66 840,00
5201	4 720,00			5202	9 340,00		
	80 430,00		80 430,00		66 840,00		66 840,00

Soll	5201 Bestandsverä. a. unfert. Erz.		Haben	Soll	5202 Bestandsverä. a. fert. Erz.		Haben
8020	4 720,00	2100	4 720,00	8020	9 340,00	2200	9 340,00

Soll	8010 SBK		Haben	Soll	8020 GuV		Haben
2100	80 430,00			Aufw.	521 300,00	Erträge	804 890,00
2200	66 840,00			3000	297 650,00	5201	4 720,00
						5202	9 340,00
					818 950,00		818 950,00

4. Eine Bestandsmehrung muss als Ertrag und eine Bestandsminderung muss als Aufwand in die Erfolgsberechnung einbezogen werden.

Übungsaufgabe 130

1. Bei einem **Mehrbestand an fertigen Erzeugnissen** wurden innerhalb der Geschäftsperiode mehr Erzeugnisse hergestellt als verkauft. Daher ist die Aufwandsseite (Kostenseite) im Verhältnis zur Ertragsseite (Umsatzerlösseite) zu hoch. Um zu einem sinnvollen Ergebnis zu gelangen, muss daher der Wert der Bestandsmehrung als Ertrag auf der Habenseite des GuV-Kontos erscheinen.

    Bei einer **Minderung des Bestands an fertigen Erzeugnissen** ergibt sich die entgegengesetzte Situation, d. h., es wurden mehr Güter verkauft als hergestellt. Auf der Sollseite des GuV-Kontos müssen die Herstellkosten der Rechnungsperiode um die Herstellkosten der Bestandsminderung erhöht werden.

2. Die Gesamtleistung eines Industriebetriebs setzt sich zusammen aus: Umsatzerlösen + Bestandsmehrungen an fertigen und unfertigen Erzeugnissen + evtl. erstellten Eigenleistungen.

Übungsaufgabe 131

Nr.	Konten	Soll	Haben
1.	6000 Aufwend. f. Rohstoffe 2600 Vorsteuer an 2800 Bank	60 000,00 11 400,00	 71 400,00
2.	6020 Aufwend. f. Hilfsstoffe 2600 Vorsteuer an 4400 Verbindl. a. Lief. u. Leist.	20 000,00 3 800,00	 23 800,00
3.	6200 Löhne an 2800 Bank	25 000,00	 25 000,00
4.	2400 Ford. a. Lief. u. Leist. an 5000 Umsatzerlöse f. eig. Erz. an 4800 Umsatzsteuer	142 800,00	 120 000,00 22 800,00
		263 000,00	263 000,00

Soll	2000 Rohstoffe		Haben		Soll	2100 Unfertige Erzeugnisse		Haben
AB 6000	20 000,00 10 000,00	8010	30 000,00		AB	15 000,00	8010 5201	10 000,00 5 000,00
	30 000,00	=	30 000,00			15 000,00	=	15 000,00

Soll	2020 Hilfsstoffe		Haben		Soll	2200 Fertige Erzeugnisse		Haben
AB 6020	10 000,00 2 000,00	8010	12 000,00		AB 5202	70 000,00 7 000,00	8010	77 000,00
	12 000,00	=	12 000,00			77 000,00	=	77 000,00

Soll	2400 Ford. a. Lief. u. Leist.		Haben		Soll	5000 Umsatzerlöse f. eig. Erz.		Haben
AB	75 000,00	8010	217 800,00		8020	120 000,00	2400	120 000,00
5000/4800	142 800,00				=		=	
	217 800,00		217 800,00					
=		=			Soll	5201 Bestandsver. a. unf. Erz.		Haben
Soll	2600 Vorsteuer		Haben		2100	5 000,00	8020	5 000,00
2800	11 400,00	4800	15 200,00		=		=	
4400	3 800,00							
	15 200,00		15 200,00		Soll	5202 Bestandsver. a. fert. Erz.		Haben
=		=			8020	7 000,00	2200	7 000,00
Soll	2800 Bank		Haben		=		=	
AB	99 400,00	6000/2600	71 400,00					
		6200	25 000,00		Soll	6000 Aufwend. f. Rohstoffe		Haben
		8010	3 000,00		2800	60 000,00	2000	10 000,00
	99 400,00		99 400,00				8020	50 000,00
=		=				60 000,00		60 000,00
Soll	3000 Eigenkapital		Haben		=		=	
8010	318 400,00	AB	289 400,00					
		8020	29 000,00		Soll	6020 Aufwend. f. Hilfsstoffe		Haben
	318 400,00		318 400,00		4400	20 000,00	2020	2 000,00
=		=					8020	18 000,00
Soll	4400 Verbindl. a. Lief. u. Leist.		Haben			20 000,00		20 000,00
8010	23 800,00	6020/2600	23 800,00		=		=	
=		=			Soll	6200 Löhne		Haben
Soll	4800 Umsatzsteuer		Haben		2800	25 000,00	8020	25 000,00
2600	15 200,00	2400	22 800,00		=		=	
8010	7 600,00							
	22 800,00		22 800,00					
=		=						

Soll	8010 SBK		Haben		Soll	8020 GuV		Haben
2000	30 000,00	3000	318 400,00		5201	5 000,00	5000	120 000,00
2020	12 000,00	4400	23 800,00		6000	50 000,00	5202	7 000,00
2100	10 000,00	4800	7 600,00		6020	18 000,00		
2200	77 000,00				6200	25 000,00		
2400	217 800,00				3000	29 000,00		
2800	3 000,00					127 000,00		127 000,00
	349 800,00		349 800,00		=		=	
=		=						

Übungsaufgabe 132

Beleg	Konten	Soll	Haben
1	2800 Bank	3 000,00	
	an 2880 Kasse		3 000,00
2	6821 Postgebühren	88,00	
	an 2880 Kasse		88,00
3	4400 Verb. a. Lief. u. Leist.	1 098,70	
	an 2800 Bank		1 098,70
4	2800 Bank	1 769,28	
	an 2400 Ford. a. Lief. u. Leist.		1 769,28
	6710 Leasing	1 537,82	
	2600 Vorsteuer	292,18	
	an 2800 Bank		1 830,00
	4800 Umsatzsteuer	9 020,50	
	an 2800 Bank		9 020,50
	3001 Privatkonto	1 500,00	
	an 2800 Bank		1 500,00
5	7030 Kfz-Steuer	598,00	
	an 2800 Bank		598,00
6	2800 Bank	389,83	
	an 5000 UErl. f. eig. Erzeugnisse		327,59
	an 4800 USt		62,24
7	2800 Bank	14 161,20	
	an 2400 Ford. a. Lief. u. Leist.		14 161,20
		33 455,51	33 455,51

Übungsaufgabe 133

Nr.	Konten	Soll	Haben
1. 1.1	6030 Aufwend. für Betriebsstoffe	1 760,00	
	2600 Vorsteuer	334,40	
	an 4400 Verb. a. Lief. u. Leist.		2 094,40
1.2	4400 Verb. a. Lief. u. Leist.	2 094,40	
	an 6032 Nachlässe		35,20
	an 2600 Vorsteuer		6,69
	an 2800 Bank		2 052,51
2. 2.1	6080 Aufwend. für Waren	4 150,00	
	2600 Vorsteuer	788,50	
	an 4400 Verb. a. Lief. u. Leist.		4 938,50
2.2	4400 Verb. a. Lief. u. Leist.	4 938,50	
	an 6082 Nachlässe		124,50
	an 2600 Vorsteuer		23,66
	an 2800 Bank		4 790,34
		14 065,80	14 065,80

Übungsaufgabe 134

Nr.	Konten	Soll	Haben
1. 1.1	2400 Ford. a. Lief. u. Leist.	6 188,00	
	an 5100 UErl. f. Handelswaren		5 200,00
	an 4800 USt		988,00
1.2	2800 Bank	6 064,24	
	5101 Erlösberichtigungen	104,00	
	4800 USt	19,76	
	an 2400 Ford. a. Lief. u. Leist.		6 188,00
2. 2.1	2400 Ford. a. Lief. u. Leist.	8 687,00	
	an 5000 UErl. f. eig. Erzeugnisse		7 300,00
	an 4800 USt		1 387,00
2.2	2800 Bank	8 426,39	
	5001 Erlösberichtigungen	219,00	
	4800 USt	41,61	
	an 2400 Ford. a. Lief. u. Leist.		8 687,00
		29 750,00	29 750,00

Übungsaufgabe 135

Nr.	Konten	Soll	Haben
1.	6080 Aufwend. für Waren	366,00	
	6081 Bezugskosten	28,10	
	2600 Vorsteuer	74,88	
	an 4400 Verb. a. Lief. u. Leist.		468,98
2.	4400 Verb. a. Lief. u. Leist.	468,98	
	an 2800 Bank		459,60
	an 6082 Nachlässe		7,88
	an 2600 Vorsteuer		1,50
		937,96	937,96

Übungsaufgabe 136

Nr.	Konten	Soll	Haben
1.	2400 Ford. a. Lief. u. Leist.	299,88	
	an 5100 UErl. f. Handelswaren		252,00
	an 4800 USt		47,88
2.	2800 Bank	293,88	
	5101 Erlösberichtigungen	5,04	
	4800 Umsatzsteuer	0,96	
	an 2400 Ford. a. Lief. u. Leist.		299,88
		599,76	599,76

Übungsaufgabe 137

1.
Rechnungsbetrag	1 428,00 EUR
+ 3 % Skonto	42,84 EUR
Überweisungsbetrag (97 %)	1 385,16 EUR

2.

Konten	Soll	Haben
2800 Bank	1 385,16	
5001 Erlösberichtigungen	36,00	
4800 Umsatzsteuer	6,84	
an 2400 Forderungen a. Lief. u. Leist.		1 428,00
6880 Spenden	2 000,00	
an 2800 Bank		2 000,00
3010 Privatkonto	4 200,00	
an 2800 Bank		4 200,00
	7 628,00	7 628,00

Übungsaufgabe 138

Nr.	Geschäftsvorfälle	Konten	Soll	Haben
1.	Wir erhalten von unserem Schmiermittellieferanten eine Gutschrift über 675,00 EUR zuzüglich 19 % USt.	4400 Verb. a. Lief. u. Leist. an 6032 Nachlässe an 2600 Vorsteuer	803,25	675,00 128,25
2.	Wir senden Vorprodukte wegen Qualitätsmangel zurück 995,80 EUR zuzüglich 19 % USt.	4400 Verb. a. Lief. u. Leist. an 6010 Aufw. f. Vorprod./ Fremdb. an 2600 Vorsteuer	1 185,00	 995,80 189,20
3.	Wir erhalten von unserem Rohstoffhändler einen Bonus von 8 250,00 EUR zuzüglich 19 % USt.	4400 Verb. a. Lief. u. Leist. an 6002 Nachlässe an 2600 Vorsteuer	9 817,50	8 250,00 1 567,50
4.	Wir zahlen eine Rechnung für bezogene Hilfsstoffe nach Abzug von 2 % Skonto durch Banküberweisung 999,60 EUR.	4400 Verb. a. Lief. u. Leist. an 6002 Nachlässe an 2600 Vorsteuer an 2800 Bank	1 020,00	17,14 3,26 999,60
			12 825,75	12 825,75

Übungsaufgabe 139

1.

Nr.	Konten	Soll	Haben
1.1	6080 Aufwend. f. Waren 2600 Vorsteuer an 4400 Verbindlichkeiten a. Lief. u. Leist.	2 625,00 498,75	3 123,75
1.2	4400 Verbindlichkeiten a. Lief. u. Leist. an 6082 Nachlässe an 2600 Vorsteuer	297,50	250,00 47,50
1.3	4400 Verbindlichkeiten a. Lief. u. Leist. an 6080 Aufwend. für Waren an 2600 Vorsteuer	249,90	210,00 39,90
1.4	Rechnungsbetrag 3 123,75 EUR – Nachlässe/Rücksend. 547,40 EUR 2 576,35 EUR – 2 % Skonto 51,53 EUR Zahlungsbetrag 2 524,82 EUR 4400 Verbindlichkeiten a. Lief. u. Leist. an 2800 Bank an 6082 Nachlässe an 2600 Vorsteuer	2 576,35	2 524,82 43,30 8,23
		6 247,50	6 247,50

2.

Nr.	Konten	Soll	Haben
2.1	2400 Ford. a. Lief. u. Leist. an 5100 UErl. f. Handelswaren an 4800 USt	7 497,00	6 300,00 1 197,00
2.2	5101 Erlösberichtigungen 4800 USt an 2400 Ford. a. Lief. u. Leist.	180,00 34,20	214,20
2.3	5100 UErl. f. Handelswaren 4800 USt an 2400 Ford. a. Lief. u. Leist.	210,00 39,90	249,90
2.4	Rechnungsbetrag 7 497,00 EUR – Nachlässe/Rücksend. 464,10 EUR 7 032,90 EUR – 3 % Skonto 210,99 EUR Gutschrift 6 821,91 EUR 2800 Bank 5101 Erlösberichtigungen 4800 USt an 2400 Ford. a. Lief. u. Leist.	6 821,91 177,30 33,69	7 032,90
		14 994,00	14 994,00

Übungsaufgabe 140

Nr.	Konten	Soll	Haben
1.	4400 Verb. a. Lief. u. Leist.	452,20	
	an 6080 Aufw. f. Waren		380,00
	an 2600 Vorsteuer		72,20
2.	4400 Verb. a. Lief. u. Leist.	6 693,75	
	an 6002 Nachlässe		5 625,00
	an 2600 Vorsteuer		1 068,75
3.	4400 Verb. a. Lief. u. Leist.	892,50	
	an 6022 Nachlässe		750,00
	an 2600 Vorsteuer		142,50
4.	4400 Verb. a. Lief. u. Leist.	7 735,00	
	an 2800 Bank		7 580,30
	an 6002 Nachlässe		130,00
	an 2600 Vorsteuer		24,70
5.	6000 Aufw. f. Rohstoffe	30 000,00	
	6001 Bezugskosten	800,00	
	2600 Vorsteuer	5 852,00	
	an 4400 Verb. a. Lief. u. Leist.		36 652,00
6.	4400 Verb. a. Lief. u. Leist.	838,95	
	an 6022 Nachlässe		705,00
	an 2600 Vorsteuer		133,95
7.	4400 Verb. a. Lief. u. Leist.	5 355,00	
	an 2800 Bank		5 247,90
	an 6082 Nachlässe		90,00
	an 2600 Vorsteuer		17,10
		58 619,40	58 619,40

Übungsaufgabe 141

Nr.	Konten	Soll	Haben
1.	2800 Bank	75 000,00	
	an 4250 Langfr. Bankverbindl.		75 000,00
2.	6750 Kosten d. Geldverkehrs	375,00	
	an 2800 Bank		375,00
3.	4250 Langfr. Bankverbindl.	1 000,00	
	7510 Zinsaufwendungen	1 687,50	
	an 2800 Bank		2 687,50
4.4.1	2800 Bank	145 500,00	
	2900 Aktive Rechnungsabgrenzung	4 500,00	
	an 4250 Langfr. Bankverbindlichkeiten		150 000,00
4.2	7590 Sonstige zinsähnliche Aufwend.	625,00	
	an 2900 Aktive Rechnungsabgrenzung		625,00
		228 687,50	228 687,50

Übungsaufgabe 142

1. 1.1 1 108,49 EUR   1.4 371,93 EUR
   1.2 616,50 EUR   1.5 471,98 EUR
   1.3 2 037,00 EUR   1.6 1 587,43 EUR

2. 2.1 1 262,63 EUR   2.3 641,25 EUR
   2.2 665,00 EUR   2.4 188,10 EUR

3. $\text{Zinsen} = \dfrac{260\,000 \cdot 9{,}5 \cdot 5{,}5}{100} = \underline{\underline{135\,850{,}00 \text{ EUR}}}$

4. Zinsen zu $8\frac{1}{2}\%$ =   2 040,00 EUR
   Zinsen zu $7\frac{5}{8}\%$ =   2 470,50 EUR
   Gesamtzinsen $\underline{\underline{4\,510{,}55 \text{ EUR}}}$

5. $\text{Zinsen} = \dfrac{8\,500 \cdot 9{,}5 \cdot 3}{100 \cdot 12} = \underline{\underline{201{,}88 \text{ EUR}}}$

Übungsaufgabe 143

1. 1.1 15,55 EUR   1.4 21,41 EUR
   1.2 54,75 EUR   1.5 13,67 EUR
   1.3 104,19 EUR   1.6 7,48 EUR

2. Zinsen: 410,16 EUR;   Der Rückzahlungsbetrag beträgt: $\underline{\underline{12\,910{,}16 \text{ EUR}}}$

3. $\text{Zinsen} = \dfrac{1\,280 \cdot 8 \cdot 8{,}5}{100 \cdot 12} = 72{,}53 \text{ EUR}$

   Der Mahnbescheid lautet auf
   1 280,00 EUR + 72,53 EUR + 14,60 EUR = $\underline{\underline{1\,367{,}13 \text{ EUR}}}$

4. Zinsen: 271,94 EUR;   Die Gutschrift lautet auf $\underline{\underline{46\,071{,}94 \text{ EUR}}}$

5. 1. Angebot: $\text{Zinsen} = \dfrac{19\,200{,}00 \cdot 8{,}25 \cdot 10}{100 \cdot 12} = \underline{\underline{1\,320{,}00 \text{ EUR}}}$

   2. Angebot: $\text{Zinsen} = \dfrac{19\,200 \cdot 6{,}5 \cdot 10}{100 \cdot 12} = 1\,040{,}00 \text{ EUR}$

   + Bearbeitungsgebühr
   19 200,00 EUR · 1,5 %   =   288,00 EUR
                                                $\underline{\underline{1\,328{,}00 \text{ EUR}}}$

   3. Angebot: 20 500,00 EUR
               − 19 200,00 EUR
                 $\underline{\underline{1\,300{,}00 \text{ EUR}}}$

   Das 3. Angebot ist am günstigsten!

6. $\text{Zinsen} = \dfrac{8140 \cdot 7{,}5 \cdot 3}{100 \cdot 12} = 152{,}63 \text{ EUR}$

   $\text{Zinsen} = \dfrac{4640 \cdot 7{,}5 \cdot 8}{100 \cdot 12} = 232{,}00 \text{ EUR}$

   Rückzahlungsbetrag: 4640,00 EUR + 152,63 EUR + 232,00 EUR = 5024,63 EUR

Übungsaufgabe 144

1. 1.1 22 Tage   1.5 288 Tage
   1.2 104 Tage   1.6   29 Tage
   1.3   92 Tage   1.7 192 Tage
   1.4   31 Tage   1.8 111 Tage

2. 2.1 Tage: 31. Mai – 2. Aug. = 62 Tage

   $Z = \dfrac{5800 \cdot 4{,}75 \cdot 62}{100 \cdot 360} = 47{,}45 \text{ EUR}$

   Rückzahlungsbetrag: 5847,45 EUR

   2.2 Tage: 19. Sept. – 5. März = 166 Tage

   $Z = \dfrac{14760 \cdot 8 \cdot 166}{100 \cdot 360} = 544{,}48 \text{ EUR}$

   Rückzahlungsbetrag: 15304,48 EUR

   2.3 Tage: 30 Jan. – 3. April = 63 Tage

   $Z = \dfrac{945 \cdot 2{,}25 \cdot 63}{100 \cdot 360} = 3{,}72 \text{ EUR}$

   Rückzahlungsbetrag: 948,72 EUR

3. Tage: 12. April – 1. Juni = 50 Tage

   $\text{Zinsen} = \dfrac{2480 \cdot 6{,}5 \cdot 50}{100 \cdot 365} = 22{,}08 \text{ EUR}$

4. Tage: 15. Jan. – 8. April = 83 Tage

   $\text{Zinsen} = \dfrac{10580 \cdot 5{,}25 \cdot 83}{100 \cdot 360} = 128{,}06 \text{ EUR}$

   Rechnungsbetrag einschließlich Zinsen: 10580,00 EUR + 128,06 EUR = 10708,06 EUR

5. Tage: 20. Juli – 10. Sept. = 50 Tage

   $\text{Zinsen} = \dfrac{2150 \cdot 5 \cdot 50}{100 \cdot 360} = 14{,}93 \text{ EUR}$

   Die Mahnung lautet auf 2150,00 EUR + 14,93 EUR + 10,80 EUR = 2175,73 EUR

6. Tage: 13. Mai – 25. Sept. = 132 Tage

$$\text{Zinsen} = \frac{630 \cdot 6 \cdot 132}{100 \cdot 360} = 13{,}86 \text{ EUR}$$

Rechnungsbetrag	630,00 EUR
+ Verzugszinsen	13,86 EUR
Mahnung	643,86 EUR

7. Tage: 15. April – 20. Juni = 66 Tage

$$\text{Zinsen} = \frac{1224 \cdot 6{,}6 \cdot 66}{100 \cdot 366} = 14{,}57 \text{ EUR}$$

Rechnungsbetrag	1 224,00 EUR
+ Zinsen	14,57 EUR
+ Mahnkosten	6,50 EUR
Forderung	1 245,07 EUR

8. Tage: 30. Dez. Vorjahr – 20. Mai = 140 Tage

$$\text{Zinsen} = \frac{5200 \cdot 3{,}5 \cdot 140}{100 \cdot 360} = 70{,}78 \text{ EUR}$$

Tage: 20. Mai – 31. Dez. = 220 Tage

$$\text{Zinsen} = \frac{6500 \cdot 3{,}5 \cdot 220}{100 \cdot 360} = 139{,}03 \text{ EUR}$$

Gesamtzinsen am 31. Dez. = 70,78 EUR + 139,03 EUR = **209,81 EUR**

9. Tage: 01. Okt. – 10. Febr. = 132 Tage

$$\text{Zinsen zu } 8{,}25\% = \frac{30000 \cdot 8{,}25 \cdot 132}{100 \cdot 360} = 907{,}50 \text{ EUR}$$

Tage: 10. Febr. – 21. Sept. = 223 Tage

$$\text{Zinsen zu } 8{,}75\% = \frac{12000 \cdot 8{,}75 \cdot 223}{100 \cdot 360} = 650{,}42 \text{ EUR}$$

Schuld am 21. Sept.: 12 000,00 EUR + 907,50 EUR + 650,42 EUR = **13 557,92 EUR**

10.
05. Nov. – 26. Febr.	=	111 Tage;	$6^2/_3\%$ von 20 000,00 EUR =	411,11 EUR
26. Febr. – 15. März	=	19 Tage;	$6^2/_3\%$ von 12 500,00 EUR =	43,98 EUR
15. März – 01. April	=	16 Tage;	$7^1/_2\%$ von 7 500,00 EUR =	25,00 EUR
01. April – 23. April	=	22 Tage;	$7^1/_2\%$ von 5 500,00 EUR =	25,21 EUR
			Zinsen =	505,30 EUR
	Bereitstellungsgebühr:		1% von 20 000,00 EUR =	200,00 EUR
			Gesamte Kreditkosten =	705,30 EUR

Hinweis: Die Aufgabe könnte auch über Zinszahlen gelöst werden!

Übungsaufgabe 145

1. 1.1 76 Tage Kapital = $\dfrac{16{,}20 \cdot 100 \cdot 360}{76 \cdot 4{,}5}$ = **1 705,26 EUR**

   1.2 149 Tage Kapital = $\dfrac{184{,}40 \cdot 100 \cdot 360}{149 \cdot 8}$ = **5 569,13 EUR**

   1.3 168 Tage Kapital = $\dfrac{144{,}20 \cdot 100 \cdot 360}{168 \cdot 5{,}75}$ = **5 373,91 EUR**

   1.4 73 Tage Kapital = $\dfrac{290{,}50 \cdot 100 \cdot 360}{73 \cdot 3^1/_3}$ = **42 978,08 EUR**

   1.5 27 Tage Kapital = $\dfrac{52{,}70 \cdot 100 \cdot 360}{27 \cdot 6^2/_3}$ = **10 540,00 EUR**

2. Kapital $= \dfrac{220{,}35 \cdot 100 \cdot 12}{6{,}5 \cdot 4} = \underline{\underline{10\,170{,}00 \text{ EUR}}}$

3. Tage: 107 Kapital $= \dfrac{10\,800 \cdot 100 \cdot 365}{107 \cdot 5{,}75} = \underline{\underline{640\,715{,}16 \text{ EUR}}}$

4. Verzugszinsen: 431,00 EUR – 5,40 EUR = $\underline{\underline{425{,}60 \text{ EUR}}}$

   Zinsen: 425,60 EUR; Tage: 56; Zinssatz: 8%

   Kapital $= \dfrac{425{,}60 \cdot 100 \cdot 360}{56 \cdot 8} = \underline{\underline{34\,200{,}00 \text{ EUR}}}$

5. Tage: 15. Jan – 21. Juli = 187 Tage

   Kapital $= \dfrac{604{,}50 \cdot 100 \cdot 360}{187 \cdot 8{,}5} = \underline{\underline{13\,691{,}10 \text{ EUR}}}$

6. Tage: 17. Juli – 2. Dez. = 138 Tage

   Kapital $= \dfrac{145{,}80 \cdot 100 \cdot 360}{138 \cdot 7{,}2} = \underline{\underline{5\,282{,}61 \text{ EUR}}}$

7. 6% = (4500,00 · 12) 54 000,00 EUR
   100% = x EUR $x = \dfrac{54\,000 \cdot 100}{6} = \underline{\underline{900\,000{,}00 \text{ EUR}}}$

8. Kapital $= \dfrac{(3\,250 \cdot 12) \cdot 100}{4{,}8} = \underline{\underline{812\,500{,}00 \text{ EUR}}}$

   Alt muss beim Verkauf seines Unternehmens mindestens 812 500,00 EUR erzielen.

Übungsaufgabe 146

1. 1.1 126 Tage Zinssatz $= \dfrac{59{,}70 \cdot 100 \cdot 360}{3\,440{,}80 \cdot 126} = \underline{\underline{4{,}96\%}}$

   1.2 133 Tage Zinssatz $= \dfrac{22{,}70 \cdot 100 \cdot 360}{790{,}50 \cdot 133} = \underline{\underline{7{,}77\%}}$

   1.3 106 Tage Zinssatz $= \dfrac{294{,}20 \cdot 100 \cdot 360}{12\,970 \cdot 106} = \underline{\underline{7{,}70\%}}$

   1.4 59 Tage Zinssatz $= \dfrac{24{,}10 \cdot 100 \cdot 360}{2\,150{,}80 \cdot 59} = \underline{\underline{6{,}84\%}}$

   1.5 137 Tage Zinssatz $= \dfrac{681{,}50 \cdot 100 \cdot 360}{48\,500 \cdot 137} = \underline{\underline{3{,}69\%}}$

2. Tage: 15. Febr. – 30. Juni = 135

   Zinssatz $= \dfrac{911{,}25 \cdot 100 \cdot 360}{45\,000 \cdot 135} = \underline{\underline{5{,}4\%}}$

3. Tage: 15. Jan. – 05. Sept. = 233 Tage

   Zinssatz $= \dfrac{2\,070 \cdot 100 \cdot 365}{43\,200 \cdot 233} = \underline{\underline{7{,}5\%}}$

4. Tage: 12. Mai – 18. Dez. = 216 Tage

$$\text{Zinssatz} = \frac{777 \cdot 100 \cdot 360}{18\,500 \cdot 216} = \underline{\underline{7\,\%}}$$

5. Tage: 11. März – 20. Juni = 99 Tage   Zinsen: 154,44 EUR

$$\text{Zinssatz} = \frac{154{,}44 \cdot 100 \cdot 360}{6\,240 \cdot 99} = \underline{\underline{9\,\%}}$$

6. Tage: 15. Juni – 30. Aug. = 76 Tage

$$\text{Zinssatz} = \frac{250 \cdot 100 \cdot 360}{10\,000 \cdot 76} = \underline{\underline{11{,}84\,\%}}$$

7. Tage: 26. Febr. – 08. April = 41 Tage

$$\text{Zinssatz} = \frac{44{,}80 \cdot 100 \cdot 365}{6\,400 \cdot 41} = \underline{\underline{6{,}2\,\%}}$$

8. Tage: 14. Okt. – 29. Dez. = 75 Tage

$$\text{Zinssatz} = \frac{187{,}50 \cdot 100 \cdot 360}{11\,250 \cdot 75} = \underline{\underline{8\,\%}}$$

9. Tage: 90

$$\text{Zinssatz} = \frac{1\,708 \cdot 100 \cdot 360}{85\,400 \cdot 90} = \underline{\underline{8\,\%}}$$

10. Tage: 2. Nov. + 30 Tage Ziel = 2. Dez. – 17. März = $\underline{\underline{105\ \text{Tage}}}$

$$\text{Zinssatz} = \frac{187{,}60 \cdot 100 \cdot 360}{10\,720 \cdot 105} = \underline{\underline{6\,\%}}$$

Übungsaufgabe 147

1. Die gesamten Kreditkosten betragen: 500,00 EUR Damnum + 4000,00 EUR Zinsen (8 % aus 10 000,00 EUR für 5 Jahre) = 4500,00 EUR.

9 500,00 EUR kosten in 5 Jahren	4 500,00 EUR
100,00 EUR kosten in 1 Jahr	x EUR

$$x = \frac{4500 \cdot 100}{(10\,000 - 500) \cdot 5} = \underline{\underline{9{,}47\,\%}}$$

2. **1. Angebot:**

9,75 % Zinsen für 219 Tage		1 898,00 EUR
+ 0,3 % Bearbeitungsgebühr von 32 000,00 EUR	96,00 EUR	
+ Auslagenersatz	24,67 EUR	120,67 EUR
		2 018,67 EUR

$$\text{Zinssatz} = \frac{2\,018{,}67 \cdot 100 \cdot 360}{(32\,000 - 120{,}67) \cdot 219} = \underline{\underline{10{,}41\,\%}}$$

   2. Angebot:

7,75 % Zinsen für 219 Tage	1 508,67 EUR
+ 0,8 % Bearbeitungsgebühr von 32 000,00 EUR	256,00 EUR
	1 764,67 EUR

$$\text{Zinsatz} = \frac{1\,764{,}67 \cdot 100 \cdot 360}{(32\,000 - 256) \cdot 219} = \underline{\underline{9{,}10\,\%}}$$

Übungsaufgabe 148

1. 1.1 $x = \dfrac{2 \cdot 360}{\left(1 - \dfrac{2}{100}\right) \cdot 22} = \underline{\underline{33{,}395\,\%}}$ 1.2 $x = \dfrac{3 \cdot 360}{\left(1 - \dfrac{3}{100}\right) \cdot 50} = \underline{\underline{22{,}27\,\%}}$

2. 6 Monate $\triangleq 1^{1}/_{4}\,\%$
   12 Monate $\triangleq\ x\,\%$ $x = \dfrac{1{,}25 \cdot 12}{6} = \underline{\underline{2{,}50\,\%}}$

3. 3.1 $x = \dfrac{3 \cdot 360}{\left(1 - \dfrac{3}{100}\right) \cdot 20} = \underline{\underline{55{,}67\,\%}}$

   3.2 | | |
   |---|---:|
   | Rechnungsbetrag | 8 125,00 EUR |
   | − 3 % Skonto | 243,75 EUR |
   | Überweisungsbetrag (Kapital) | 7 881,25 EUR |

   Zinsen $= \dfrac{7\,881{,}25 \cdot 20 \cdot 9{,}5}{100 \cdot 360} = \underline{\underline{41{,}60\text{ EUR}}}$

Skontobetrag	243,75 EUR
− Bankzinsen	41,60 EUR
Ersparnis	202,15 EUR

4. 4.1 $x = \dfrac{3 \cdot 360}{\left(1 - \dfrac{3}{100}\right) \cdot 22} = \underline{\underline{50{,}61\,\%}}$

   4.2 Tage: 04. Okt. + 30 Tage Ziel = 04. Nov. − 19. Febr. = $\underline{\underline{105\text{ Tage}}}$

   Zinssatz: $\dfrac{275{,}20 \cdot 100 \cdot 360}{10\,720 \cdot 105} = \underline{\underline{8{,}8\,\%}}$

   4.3 | | |
   |---|---:|
   | Rechnungsbetrag | 10 720,00 EUR |
   | − 3 % Skonto | 321,60 EUR |
   | Überweisungsbetrag (Kapital) | 10 398,40 EUR |

   Zinsen $= \dfrac{10\,398{,}40 \cdot 22 \cdot 9{,}5}{100 \cdot 360} = \underline{\underline{60{,}37\text{ EUR}}}$

Skontobetrag	321,60 EUR
+ Verzugszinsen	275,20 EUR
	596,80 EUR
− Bankzinsen	60,37 EUR
Ersparnis	536,43 EUR

Übungsaufgabe 149

1. 1.1 Tage $= \dfrac{63{,}90 \cdot 100 \cdot 360}{7\,800 \cdot 2^{3}/_{8}} = \underline{\underline{124\text{ Tage}}}$

   1.2 Tage $= \dfrac{5{,}60 \cdot 100 \cdot 360}{287{,}40 \cdot 3{,}5} = \underline{\underline{200\text{ Tage}}}$

   1.3 Tage $= \dfrac{68{,}40 \cdot 100 \cdot 360}{2\,610 \cdot 6{,}25} = \underline{\underline{151\text{ Tage}}}$

2. Tage $= \dfrac{120 \cdot 100 \cdot 360}{2\,500 \cdot 5{,}25} = \underline{\underline{329\text{ Tage}}}$

   Fälligkeitstermin: 2. April + 329 Tage = $\underline{\underline{\text{1. März des folgenden Jahres}}}$

3. Tage $= \dfrac{15{,}96 \cdot 100 \cdot 360}{1680 \cdot 6} = \underline{\underline{57 \text{ Tage}}}$

Kapital einschl. Zinsen	1 695,96 EUR
− Kapital	1 680,00 EUR
Zinsen	15,96 EUR

   Fälligkeitsdatum: 20. Aug. − 57 Tage = $\underline{\underline{24.\ \text{Juni}}}$

4. Tage $= \dfrac{122{,}50 \cdot 100 \cdot 360}{8400 \cdot 5} = \underline{\underline{105 \text{ Tage}}}$

Kapital einschl. Zinsen	8 522,50 EUR
− Kapital	8 400,00 EUR
Zinsen	122,50 EUR

   Fälligkeitsdatum: 20. Nov. − 105 Tage = $\underline{\underline{5.\ \text{Aug.}}}$

5. Zinsen = 220,62 EUR − 216,00 EUR = $\underline{\underline{4{,}62\ \text{EUR}}}$

   Tage $= \dfrac{4{,}62 \cdot 100 \cdot 360}{7 \cdot 216} = \underline{\underline{110 \text{ Tage}}}$

   Fälligkeitsdatum: 20. April − 110 Tage = $\underline{\underline{31.\ \text{Dezember des Vorjahres}}}$

6. Tage $= \dfrac{63 \cdot 100 \cdot 360}{5400 \cdot 7{,}5} = \underline{\underline{56 \text{ Tage}}}$

   Fälligkeitsdatum: 5. Sept. − 56 Tage = $\underline{\underline{9.\ \text{Juli}}}$

7. Tage $= \dfrac{171{,}16 \cdot 100 \cdot 365}{15\,800 \cdot 6} = \underline{\underline{66 \text{ Tage}}}$

   Fälligkeitsdatum: 17. Aug. − 66 Tage = $\underline{\underline{12.\ \text{Juni}}}$

8. Tage $= \dfrac{250{,}80 \cdot 100 \cdot 360}{13\,200 \cdot 9{,}5} = \underline{\underline{72 \text{ Tage}}}$

   Fälligkeitsdatum: 15. Mai − 72 Tage = $\underline{\underline{3.\ \text{März}}}$

9. Tage $= \dfrac{850 \cdot 100 \cdot 366}{27\,000 \cdot 5^2/_3} = \underline{\underline{203 \text{ Tage}}}$

   Fälligkeitsdatum: 30. Nov. − 203 Tage = $\underline{\underline{11.\ \text{Mai}}}$

10. Tage $= \dfrac{472{,}50 \cdot 100 \cdot 360}{9000 \cdot 7} = \underline{\underline{270 \text{ Tage}}}$

    Fälligkeitstermin: 12. Juni + 270 Tage = $\underline{\underline{12.\ \text{März n.J.}}}$

Übungsaufgabe 150

1. 1.1

Tage	·	Betrag	=	#
73	·	160,00	=	117
106	·	380,00	=	403
49	·	1 460,00	=	715
67	·	4 230,80	=	2 835

   1.2

Tage	·	Betrag	=	#
129	·	270,60	=	349
24	·	867,20	=	208
57	·	5 232,50	=	2 983
244	·	1 989,00	=	4 853

2.

Tage	·	Betrag	=	#
50	·	4 150,00	=	2 075
43	·	1 720,00	=	740
31	·	510,00	=	158
				2 973

3. 3.1 97,50 EUR   3.2 44,61 EUR
      287,00 EUR   202,42 EUR
        2,92 EUR   93,30 EUR
       45,78 EUR   37,78 EUR

4.

Kredite	vom – bis	Tage	#
4 800,00 EUR	15. Febr. – 30. Dez.	315	15 120
15 600,00 EUR	1. Juli – 30. Dez.	179	27 924
8 500,00 EUR	15. Okt. – 30. Dez.	75	6 375
3 750,00 EUR	10. Nov. – 30. Dez.	50	1 875
32 650,00 EUR	Kredite		51 294
1 211,11 EUR	+ Verzugszinsen		
33 861,11 EUR	Rückzahlungsbetrag		

$$\text{Zinsen} = \frac{51\,294}{42,352941} = 1\,211,11 \text{ EUR} \quad \text{oder:} \quad \frac{51\,294 \cdot 17}{360 \cdot 2}$$

5.

Kapital	vom – bis	Tage	#
3 251,40 EUR	10. April – 1. Juli	82	2 666
740,30 EUR	30. April – 1. Juli	62	459
2 460,50 EUR	18. Mai – 1. Juli	44	1 083
6 452,20 EUR	Forderungen		4 208
69,18 EUR	+ Zinsen		
16,82 EUR	+ Mahngebühren		
6 538,20 EUR	Gesamtkosten		

$$\text{Zinsen} = \frac{4\,208}{60,83} = 69,18 \text{ EUR}$$

6.

Rechnungen	vom – bis	Tage	#
1 980,40 EUR	16. Juli – 15. Okt.	89	1 763
6 431,50 EUR	12. Aug. – 15. Okt.	63	4 052
3 945,30 EUR	13. Sept. – 15. Okt.	32	1 262
590,10 EUR	1. Okt. – 15. Okt.	14	83
12 947,30 EUR	Verbindlichkeiten		7 160
95,46 EUR	+ Verzugszinsen		
13 042,76 EUR	Gesamtverbindlichkeiten		

$$\text{Zinsen} = \frac{7\,160}{75} = 95,46 \text{ EUR}$$

7.

Kapital	vom – bis	Tage	#
2 500,00 EUR	15. Sept. – 30. Dez.	105	2 625
3 100,00 EUR	17. Nov. – 30. Dez.	43	1 333
5 500,00 EUR	1. Dez. – 30. Dez.	29	1 595
11 100,00 EUR	Forderungen		5 553
53,99 EUR	+ Zinsen		
11 153,99 EUR	Neues Kapital		

$$\text{Zinsen } 3\% = \frac{5553}{120} = 46,28 \text{ EUR}$$

$$\text{Zinsen } 0,5\% = \frac{5553}{720} = \underline{7,71 \text{ EUR}}$$
$$\underline{\underline{53,99 \text{ EUR}}}$$

8.

Kapital	vom – bis	Tage	#
8 000,00 EUR	12. April – 30. Aug.	140	11 200
12 000,00 EUR	1. Mai – 30. Aug.	121	14 520
15 000,00 EUR	15. Juni – 30. Aug.	76	11 400
35 000,00 EUR	Kapital		37 120
618,67 EUR	+ Zinsen		
35 618,67 EUR	Neues Kapital		

$$\text{Zinsen} = \frac{37120}{60} = \underline{\underline{618,67 \text{ EUR}}}$$

9. $360 = \frac{2400 \cdot \text{Tage}}{100} \quad \text{Tage} = \frac{36000}{2400} = \underline{\underline{15}}$

10.

Kapital	vom – bis	Tage	#
898,40 EUR	3. März – 5. Juli	122	1 096
570,70 EUR	10. April – 5. Juli	85	485
1 040,30 EUR	15. März – 5. Juli	110	1 144
740,00 EUR	29. März – 5. Juli	96	710
3 249,40 EUR	Forderungen		3 435
42,94 EUR	+ Zinsen		
3 292,34 EUR	Schecksumme		

$$\text{Zinsen} = \frac{3435}{80} = \underline{\underline{42,94 \text{ EUR}}}$$

11.

Betrag	vom – bis	Tage	#
1 500,00 EUR	14. April – 30. Juni	76	1 140
2 400,00 EUR	27. April – 30. Juni	63	1 512
3 000,00 EUR	20. Mai – 30. Juni	40	1 200
1 800,00 EUR	10. Juni – 30. Juni	20	360
8 700,00 EUR	Rechnungsbeträge		4 212
70,20 EUR	+ Zinsen		
15,00 EUR	+ Auslagen		
8 785,20 EUR	Zahlungsbetrag		

$4212 : 60 = \underline{\underline{70,20 \text{ EUR}}}$

12.

Entnahmen	vom – bis	Tage	#
1 500,00 EUR	15. Jan. – 31. Dez.	350	5 250
4 000,00 EUR	2. Febr. – 31. Dez.	332	13 280
2 000,00 EUR	30. März – 31. Dez.	276	5 520
1 600,00 EUR	24. Aug. – 31. Dez.	129	2 064
5 500,00 EUR	30. Nov. – 31. Dez.	31	1 705
14 600,00 EUR	Privatentnahmen		27 819
609,66 EUR	+ Zinsen		
15 209,66 EUR	Zahlungsbetrag		

$$\text{Zinsen} = \frac{27\,819}{45,63} = \underline{\underline{609,66 \text{ EUR}}}$$

Übungsaufgabe 151

1. Tage: 28. März – 10. Mai = 42 Tage

   $$\text{Zinssatz} = \frac{67,20 \cdot 100 \cdot 360}{9\,600 \cdot 42} = \underline{\underline{6\,\%}}$$

2. Tage: 1. März – 30. Juni = 119 Tage

   $$\text{Zinsen} = \frac{9\,500 \cdot 119 \cdot 10,5}{100 \cdot 360} = \underline{\underline{329,73 \text{ EUR}}}$$

3. $$\text{Tage} = \frac{149,60 \cdot 100 \cdot 360}{12\,240 \cdot 8} = 55 \text{ Tage}$$

   Rückzahlungstermin: 15. April + 55 Tage = $\underline{\underline{10.\text{ Juni}}}$

4. Tage: 15. März – 21. Sept. = 190 Tage

   $$\text{Kapital} = \frac{1\,209 \cdot 100 \cdot 360}{9 \cdot 190} = \underline{\underline{25\,452,63 \text{ EUR}}}$$

5. $$\text{Zinsen}_1 = \frac{36\,000 \cdot 3 \cdot 8}{100 \cdot 12} = 720,00 \text{ EUR}$$

   $$\text{Zinsen}_2 = \frac{24\,000 \cdot 5 \cdot 8}{100 \cdot 12} = 800,00 \text{ EUR}$$

Darlehen	36 000,00 EUR
– Rückzahlung	12 000,00 EUR
Restdarlehen	24 000,00 EUR
+ Zinsen$_1$	720,00 EUR
+ Zinsen$_2$	800,00 EUR
Rückzahlungsbetrag	25 520,00 EUR

6.

Einzahlungen	vom – bis	Tage	#
3 617,00 EUR	18. Jan. – 31. Dez.	342	12 370
1 223,70 EUR	25. Febr. – 31. Dez.	305	3 732
3 784,00 EUR	30. März – 31. Dez.	270	10 217
157,30 EUR	28. Juni – 31. Dez.	182	286
6 712,00 EUR	13. Nov. – 31. Dez.	47	3 155
15 494,00 EUR	Kapital		29 760
248,00 EUR	+ Zinsen		
15 742,00 EUR	Gesamtguthaben 31. Dez.		

$29\,760 : 120 = 248,00$ EUR

7. $540 = \dfrac{3600 \cdot \text{Tage}}{100}$ $\quad$ Tage $= \dfrac{54\,000}{3600} = \underline{\underline{15 \text{ Tage}}}$

8. Tage: 12. Febr. – 24. April = 71 Tage

   Zinsen $= \dfrac{8550 \cdot 71 \cdot 9,5}{100 \cdot 365} = \underline{\underline{158,00 \text{ EUR}}}$

9. 9.1 Tage: 15. Jan. – 15. April = $\underline{\underline{90 \text{ Tage}}}$

   9.2 Kapital $= \dfrac{240 \cdot 100 \cdot 360}{90 \cdot 7,5} = \underline{\underline{12\,800,00 \text{ EUR}}}$

10. 10.1 98 % von 30 000,00 EUR = $\underline{\underline{29\,400,00 \text{ EUR}}}$

    10.2 Zinsen $= \dfrac{30\,000 \cdot 8 \cdot 6}{100 \cdot 12} = \underline{\underline{1\,200,00 \text{ EUR}}}$

    10.3 Kreditsumme $\quad\quad\quad\quad$ 30 000,00 EUR
    $\quad\quad$ + Zinsen $\quad\quad\quad\quad\quad\quad$ 1 200,00 EUR
    $\quad\quad$ + Auslagen $\quad\quad\quad\quad\quad\quad$ 85,00 EUR
    $\quad\quad$ Rückzahlungsbetrag $\quad\quad$ 31 285,00 EUR

11. Zinsen 8,5 % $= \dfrac{20\,000 \cdot 8,5 \cdot 6}{100 \cdot 12} = 850,00$ EUR Zinsen

    Zinsen insgesamt 1 930,00 EUR – 850,00 EUR = 1 080,00 EUR Zinsen für das 2. Darlehen.

    Kapital zu 9 % $= \dfrac{1080 \cdot 100 \cdot 12}{9 \cdot 6} = 24\,000,00$ EUR Kapital

12. 12.1 $x = \dfrac{2 \cdot 360}{\left(1 - \dfrac{2}{100}\right) \cdot 12} = \underline{\underline{61,22\,\%}}$

    12.2 Zinsen $= \dfrac{1548,40 \cdot 8,75 \cdot 12}{100 \cdot 360} = \underline{\underline{4,52 \text{ EUR}}}$

    $\quad\quad$ – Skonto $\quad\quad\quad\quad\quad\quad$ 31,60 EUR
    $\quad\quad$ = Ersparnis $\quad\quad\quad\quad\quad$ 27,08 EUR

13.

Nr.	Betrag	vom – bis	Tage	#
2	500,00 EUR	5. Okt. – 17. März	162	810
3	500,00 EUR	15. Nov. – 17. März	122	610
4	500,00 EUR	5. Dez. – 17. März	102	510
5	500,00 EUR	15. Jan. – 17. März	62	310
				2 240

Raten	2 000,00 EUR
+ Zinsen	52,89 EUR
+ Gerichtskosten	21,00 EUR
+ Auslagen	8,50 EUR
Gesamtbetrag	2 082,39 EUR

Zinsteiler $= \dfrac{360}{8,5}$

$\dfrac{360}{8} = 45$ Zinsen 8 % $= \dfrac{2\,240}{45} =$ 49,78 EUR

$\dfrac{360}{0,5} = 720$ Zinsen 0,5 % $= \dfrac{2\,240}{720} =$ 3,11 EUR

Zinsen = 52,89 EUR

14. Tage: 15. Mai – 15. Juli = 61 Tage

$$\text{Zinsen} = \dfrac{12\,450 \cdot 8 \cdot 61}{100 \cdot 360} = \quad 168,77 \text{ EUR}$$

$$\text{Überziehung} = \dfrac{2\,450 \cdot 1,5 \cdot 61}{100 \cdot 360} = \quad 6,23 \text{ EUR}$$

Zinsbetrag insgesamt 175,00 EUR

15. Tage: 13. April – 03. Juli = 81 Tage

$$\text{Zinssatz} = \dfrac{104,26 \cdot 100 \cdot 366}{5\,520 \cdot 81} = 8,53\,\%$$

Übungsaufgabe 152

1. 1.1 1 800,00 EUR

   1.2
Ursprüngliche Forderung	7 140,00 EUR
– 30 % Abschreibung vom Nettowert	1 800,00 EUR
Bilanzansatz	5 340,00 EUR

   1.3 Die Wertminderung ist mit dem Nettowert anzusetzen.

   1.4 Eine Berichtigung der USt darf nicht vorgenommen werden, da die Höhe des tatsächlichen Ausfalls noch nicht endgültig feststeht.

2. 119 % ≙ 1 904 000,00 EUR
   100 % ≙ x EUR   x = 1 600 000,00 EUR

   3 % von 1 600 000,00 EUR = 48 000,00 EUR

Übungsaufgabe 153

Nr.	Konten	Soll	Haben
1.	**Buchung am 3. Febr.** 4800 Umsatzsteuer an 2400 Ford. a. Lief. u. Leist.	380,00	380,00
	Buchung am 5. Juni 6951 Abschr. a. Ford. w. Uneinbr. an 2400 Ford. a. Lief. u. Leist.	2000,00	2000,00
2.	**Buchung am 10. Okt.** 2800 Bank an 2400 Ford. a. Lief. u. Leist.	3141,60	3141,60
	6951 Abschr. a. Ford. w. Uneinbr. 4800 Umsatzsteuer an 2400 Ford. a. Lief. u. Leist.	1760,00 334,40	2094,40
3.	**Buchung am 15. Jan.** 4800 Umsatzsteuer an 2400 Ford. a. Lief. u. Leist.	399,00	399,00
	Buchung am 16. Sept. 2800 Bank an 2400 Ford. a. Lief. u. Leist. an 4800 Umsatzsteuer	212,42	178,50 33,92
	6951 Abschr. a. Ford. w. Uneinbr. an 2400 Ford. a. Lief. u. Leist.	1921,50	1921,50
4.	2800 Bank an 5800 Außerordentliche Erträge an 4800 Umsatzsteuer	214,20	180,00 34,20
5.	6951 Abschreibungen auf Ford. w. Uneinbr. 4800 Umsatzsteuer an 2400 Forderungen a. Lief. u. Leist.	150,00 28,50	178,50
6.	2800 Bank 6951 Abschreibungen auf Ford. w. Uneinbr. 4800 Umsatzsteuer an 2400 Forderungen a. Lief. u. Leist.	666,40 860,00 163,40	1689,80
7.	2800 Bank an 5490 Periodenfr. Erträge an 4800 Umsatzsteuer	1487,50	1250,00 237,50
8.	6951 Abschreibungen auf Ford. w. Uneinbr. 4800 Umsatzsteuer an 2400 Forderungen a. Lief. u. Leist.	3160,00 600,40	3760,40
		17479,32	17479,32

Übungsaufgabe 154

1. Die Abschreibung auf Forderungen ist vom Nettowert vorzunehmen, da die USt kein Kosten- bzw. Aufwandsbestandteil werden darf.
2. 2.1 Ist eine Forderung uneinbringlich, so ist sie in der entsprechenden Höhe abzuschreiben (§ 253 III HGB). Der Forderungsausfall bedeutet eine Vermögensminderung. Damit ist die Bemessungsgrundlage für die USt niedriger geworden. Die USt ist der niedrigeren Bemessungsgrundlage anzupassen.

2.2 Eine Umsatzsteuerkorrektur darf nur vorgenommen werden, wenn der endgültige Forderungsausfall feststeht. Beantragt der Schuldner Insolvenz, so gelten – bezogen auf die Umsatzsteuer – die gesamten Forderungen als uneinbringlich [Umsatzsteuerrichtlinie R 233 Abschnitt 5, S. 5]. Die gesamte Umsatzsteuer ist daher zu korrigieren. Eine Abschreibung der Forderung erfolgt erst nach Abschluss des Insolvenzverfahrens, wenn die Höhe des Forderungsausfalls feststeht. Führt das Insolvenzverfahren zu einer Insolvenzquote, so ist der Nettobetrag umsatzsteuerpflichtig.

Übungsaufgabe 155

Konten	Soll	Haben
2800 Bank	5 688,20	
an 2400 Forderungen a. Lief. u. Leist.		5 688,20
6951 Abschr. a. Ford.	3 780,00	
4800 Umsatzsteuer	718,20	
an 2400 Forderungen a. Lief. u. Leist.		4 498,20
	10 186,40	10 186,40

Übungsaufgabe 156

1. Bruttoentgelt   1 984,20 EUR
   - Lohnsteuer   37,00 EUR
   - Solidaritätszuschlag   0,00 EUR
   - Kirchensteuer   0,00 EUR
   - Krankenversicherung 7,0 %   138,89 EUR
   - Sonderbeitrag für Arbeitnehmer 0,9 %   17,86 EUR
   - Pflegeversicherung 0,975 %   19,35 EUR
   - Rentenversicherung 9,95 %   197,43 EUR
   - Arbeitslosenversicherung 1,4 %   27,78 EUR   438,31 EUR

   Auszahlungsbetrag   1 545,89 EUR

2. Bruttoentgelt   3 610,00 EUR
   - Lohnsteuer   725,33 EUR
   - Solidaritätszuschlag   30,72 EUR
   - Kirchensteuer 9 %   50,27 EUR
   - Krankenversicherung 7,0 %   252,70 EUR
   - Sonderbeitrag für Arbeitnehmer 0,9 %   32,49 EUR
   - Pflegeversicherung 0,975 %   35,20 EUR
   - Rentenversicherung 9,95 %   359,20 EUR
   - Arbeitslosenversicherung 1,4 %   50,54 EUR   1 536,45 EUR

   Nettoentgelt   2 073,55 EUR
   - vermögenswirksame Sparleistung   36,00 EUR
   - Lohnpfändung   110,00 EUR
   - Wareneinkauf   107,10 EUR
   - Miete für Werkswohnung   360,00 EUR   613,10 EUR

   Auszahlungsbetrag   1 460,45 EUR

Übungsaufgabe 157

Arbeitsentgelt		4 550,00 EUR
+ Sonderzahlung 10-jähriges Dienstjubiläum[1]		250,00 EUR
Bruttoentgelt		4 800,00 EUR
– Lohnsteuer	769,00 EUR	
– Solidaritätszuschlag	19,84 EUR	
– Kirchensteuer 8 %	28,86 EUR	
– Krankenversicherung 7,0 % (von 3 750,00 EUR)	262,50 EUR	
– Sonderbeitrag für Arbeitnehmer 0,9 % (von 3 750,00 EUR)	33,75 EUR	
– Pflegeversicherung 0,975 % (von 3 750,00 EUR)	36,56 EUR	
– Rentenversicherung 9,95 %	477,60 EUR	
– Arbeitslosenversicherung 1,4 %	67,20 EUR	1 695,31 EUR
Nettoentgelt		3 104,69 EUR
– vermögenswirksame Sparleistung	36,00 EUR	
– Zins u. Tilgung Arbeitgeberdarlehen	450,00 EUR	
– einbehaltener Vorschuss	500,00 EUR	986,00 EUR
Auszahlungsbetrag		2 118,69 EUR

Übungsaufgabe 158

Konten	Soll	Haben
1. 2640 SV-Beitragsvorauszahlung	10 061,52	
an 2800 Bank		10 061,52
2. 6300 Gehälter	25 440,00	
an 4830 Verb. geg. Finanzbehörden		3 869,00
an 2640 SV-Beitragsvorauszahlung		5 145,24
an 2800 Bank		16 425,76
6410 Arbeitgeberanteil z. Sozialvers.	4 916,28	
an 2640 SV-Beitragsvorauszahlung		4 916,28
	40 417,80	40 417,80

---

[1] Zuwendungen anlässlich eines Dienstjubiläums sind lohnsteuer- und sozialversicherungspflichtig.

Übungsaufgabe 159

Nr.	Konten	Soll	Haben
1.	2640 SV-Beitragsvorauszahlung	1 178,60	
	an 2800 Bank		1 178,60
	6300 Gehälter	2 980,00	
	an 4830 Verb. geg. Finanzbehörden		278,04
	an 2640 SV-Beitragsvorauszahlung		602,71
	an 2800 Bank		2 099,25
	6410 Arbeitgeberanteil z. Sozialvers.	575,89	
	an 2640 SV-Beitragsvorauszahlung		575,89
2.	4830 Verb. geg. Finanzbehörden	4 670,00	
	3001 Privatkonto	3 120,80	
	an 2800 Bank		7 790,80
		12 525,29	12 525,29

Übungsaufgabe 160

1.
Grundgehalt		3 200,00 EUR
+ 3 % Umsatzprovision aus 26 400,00 EUR		792,00 EUR
Bruttoentgelt		3 992,00 EUR
− Lohnsteuer, Solidaritätszuschlag und Kirchensteuer	1 041,75 EUR	
− Sozialversicherung	790,28 EUR	1 832,03 EUR
Auszahlungsbetrag		2 159,97 EUR

2.

Konten	Soll	Haben
1. 2640 SV-Beitragsvorauszahlung	1 547,48	
an 2800 Bank		1 547,48
2. 6300 Gehälter	3 992,00	
an 4830 Verb. geg. Finanzbehörden		1 041,75
an 2640 SV-Beitragsvorauszahlung		790,28
an 2800 Bank		2 159,97
6410 Arbeitgeberanteil z. Sozialvers.	757,20	
an 2640 SV-Beitragsvorauszahlung		757,20
	6 296,68	6 296,68

3. Die Eintragung eines Steuerfreibetrags führt dazu, dass der Steuerpflichtige sofort in den Genuss einer Steuerermäßigung kommt. Das um den Freibetrag verminderte Bruttoentgelt ist Basis für die Lohn- und Kirchensteuer sowie für den Solidaritätszuschlag.

Übungsaufgabe 161

Konten	Soll	Haben
1. 2640 SV-Beitragsvorauszahlung an 2800 Bank	12 019,25	12 019,25

2. 6300 Gehälter
   an 4830 Verb. geg. Finanzbehörden
   an 2640 SV-Beitragsvorauszahlung
   an 2800 Bank
   6410 Arbeitgeberanteil z. Sozialvers.
   an 2640 SV-Beitragsvorauszahlung
	30 390,00
	
	5 872,87
		
		5 079,00
		6 146,38
		19 164,62
		
		5 872,87

	48 282,12	48 282,12

Übungsaufgabe 162

Nr.	Konten	Soll	Haben
1.	1.1 2640 SV-Beitragsvorauszahlung an 2800 Bank	1 059,94	 1 059,94

	1.2 6300 Gehälter
	     an 4830 Verb. geg. Finanzbehörden
	     an 2640 SV-Beitragsvorauszahlung
	     an 2800 Bank
	     6410 Arbeitgeberanteil z. Sozialvers.
	     an 2640 SV-Beitragsvorauszahlung
		2 680,00
		
		517,91
			
			185,86
			542,03
			1 952,11
			
			517,91

2.	2.1 2640 SV-Beitragsvorauszahlung an 2800 Bank	33 854,80	 33 854,80

	2.2 6200 Löhne
	     an 4830 Verb. geg. Finanzbehörden
	     2640 SV-Beitragsvorauszahlung
	     an 2800 Bank
	     6400 Arbeitgeberanteil z. Sozialvers.
	     an 2640 SV-Beitragsvorauszahlung
		85 600,00
		
		16 542,20
			
			25 680,00
			17 312,60
			42 607,40
			
			16 542,20

3.	4830 Verb. geg. Finanzbehörden an 2800 Bank	25 865,86	 25 865,86
4.	6420 Beiträge z. Berufsgenossenschaft an 2800 Bank	2 150,00	 2 150,00
		168 270,71	168 270,71

Übungsaufgabe 163

1. Bruttoentgelt 4 773,40 EUR
   - Lohnsteuer 1 213,41 EUR
   - Solidaritätszuschlag 55,76 EUR
   - Kirchensteuer 9 % 91,24 EUR
   - Pflegeversicherung 0,975 % (von 3 750,00 EUR) 36,56 EUR
   - Krankenversicherung 7,0 % (von 3 750,00 EUR) 262,50 EUR
   - Sonderbeitrag für Arbeitnehmer 0,9 % (von 3 750,00 EUR) 33,75 EUR
   - Rentenversicherung 9,95 % 474,95 EUR
   - Arbeitslosenversicherung 1,4 % 66,83 EUR 2 235,00 EUR

   Auszahlungsbetrag 2 538,40 EUR

2. Arbeitgeberanteil (874,59 EUR – 33,75 EUR) = 840,84 EUR

3.

Nr.	Konten	Soll	Haben
3.	3.1 2640 SV-Beitragsvorauszahlung an 2800 Bank	1 715,43	1 715,43

	3.2 6300 Gehälter
	        an 4830 Verb. geg. Finanzbehörden
	        an 2640 SV-Beitragsvorauszahlung
	        an 2800 Bank
		4 773,40	1 360,41
			874,59
			2 538,40

	6410 Arbeitgeberanteil z. Sozialvers. an 2640 SV-Beitragsvorauszahlung	840,84	840,84
		7 329,67	7 329,67

Übungsaufgabe 164

1. ③
2. ④

Übungsaufgabe 165

Konten	Soll	Haben
1. 2640 SV-Beitragsvorauszahlung an 2800 Bank	12 347,70	12 347,70

2. 6300 Gehälter
   an 4830 Verb. geg. Finanzbehörden
   an 2640 SV-Beitragsvorauszahlung
   an 2650 Ford. an Mitarbeiter
   an 2800 Bank
	31 200,00	4 440,00
		6 314,25
		2 400,00
		18 045,75

6410 Arbeitgeberanteil z. Sozialvers. an 2640 SV-Beitragsvorauszahlung	6 033,45	6 033,45
	49 581,15	49 581,15

Übungsaufgabe 166

Konten	Soll	Haben
1. 2640 SV-Beitragsvorauszahlung an 2800 Bank	2 822,26	2 822,26

2. 6300 Gehälter
   an 4830 Verb. geg. Finanzbehörden
   an 2640 SV-Beitragsvorauszahlung
   an 2800 Bank
	7 120,00	1 080,50
		1 440,02
		4 599,48

6410 Arbeitgeberanteil z. Sozialvers. an 2640 SV-Beitragsvorauszahlung	1 382,24	1 382,24
	11 324,50	11 324,50

Übungsaufgabe 167

Nr.	Konten	Soll	Haben
1.	2640 SV-Beitragsvorauszahlung an 2800 Bank	917,17	917,17
	6200 Löhne an 4830 Verb. geg. Finanzbehörden an 2640 SV-Beitragsvorauszahlung an 2650 Ford. an Mitarbeiter an 2800 Bank	2 319,00	347,88 469,02 100,00 1 402,10
	6400 Arbeitgeberanteil z. Sozialvers. an 2640 SV-Beitragsvorauszahlung	448,15	448,15
2.	2640 SV-Beitragsvorauszahlung an 2800 Bank	1 312,59	1 312,59
	6200 Löhne an 4830 Verb. geg. Finanzbehörden an 2640 SV-Beitragsvorauszahlung an 5401 Nebenerlöse a. Verm. u. Verp. an 2800 Bank	3 622,00	486,30 671,47 720,00 1 744,23
	6400 Arbeitgeberanteil z. Sozialvers. an 2640 SV-Beitragsvorauszahlung	641,12	641,12
3.	6640 Aufw. f. Fort- u. Weiterbildung an 2880 Kasse	1 200,00	1 200,00
4.	6660 Aufw. f. Belegschaftsveranst. an 2800 Bank	800,00	800,00
5.	2640 SV-Beitragsvorauszahlung an 2800 Bank	751,46	751,46
	6200 Löhne an 4830 Verb. geg. Finanzbehörden an 2640 SV-Beitragsvorauszahlung an 2880 Kasse	1 900,00	259,07 384,28 1 256,65
	6400 Arbeitgeberanteil z. Sozialvers. an 2640 SV-Beitragsvorauszahlung	367,18	367,18
6.	2640 SV-Beitragsvorauszahlung an 2800 Bank	34 717,00	34 717,00
	6300 Gehälter an 2800 Bank an 4830 Verb. geg. Finanzbehörden an 2640 SV-Beitragsvorauszahlung an 2650 Ford. an Mitarbeiter an 5401 Nebenerl. a. Verm. u. Verp.	87 780,00	45 041,49 14 985,00 17 753,51 4 100,00 5 900,00
	6410 Arbeitgeberanteil z. Sozialvers. an 2640 SV-Beitragsvorauszahlung	16 963,49	16 963,49
7.	6420 Beitr. z. Berufsgenossenschaft an 2800 Bank	4 180,00	4 180,00

		Soll	Haben
8.	6650 Aufw. f. Dienstjubiläen an 2880 Kasse	500,00	500,00
9.	2650 Ford. an Mitarbeiter an 2880 Kasse	2 000,00	2 000,00
10.	6640 Aufw. f. Fort- u. Weiterbildung an 2880 Kasse	240,00	240,00
		160 659,16	160 659,16

Übungsaufgabe 168

Nr.	Konten	Soll	Haben
1.	1.1 2640 SV-Beitragsvorauszahlung an 2800 Bank	4 361,57	4 361,57

	1.2 6200 Löhne
	       6320 S. tarifl. o. vertragl. Aufwend.
	       an 4830 Verb. geg. Finanzbehörden
	       an 2640 SV-Beitragsvorauszahlung
	       an 4860 Verb. a. verm. Leistungen
	       an 2800 Bank
		10 948,00
		80,00
			
			1 479,50
			2 230,41
			145,00
			7 173,09

	6400 Arbeitgeberanteil z. Sozialvers. an 2640 SV-Beitragsvorauszahlung	2 131,16	2 131,16
2.	2650 Ford. an Mitarbeiter an 2880 Kasse	350,00	350,00
3.	3.1 2640 SV-Beitragsvorauszahlung an 2800 Bank	801,68	801,68

	3.2 6300 Gehälter
	       6320 S. tarifl. o. vertragl. Aufwend.
	       an 4830 Verb. geg. Finanzbehörden
	       an 2640 SV-Beitragsvorauszahlung
	       an 4860 Verb. a. verm. Leistungen
	       an 2800 Bank
		1 975,00
		52,00
			
			644,63
			409,96
			39,00
			933,41

	6410 Arbeitgeberanteil z. Sozialvers. an 2640 SV-Beitragsvorauszahlung	391,72	391,72
		21 091,13	21 091,13

Übungsaufgabe 169

Nr.	Konten	Soll	Haben
1.	2880 Kasse	5 000,00	
	an 2800 Bank		5 000,00
2.	4400 Verb. a. Lief. u. Leist.	2 100,00	
	an 2800 Bank		2 100,00
3.	6850 Reisekosten	1 550,00	
	3001 Privatkonto	850,00	
	an 2800 Bank		2 400,00
4.	4830 Verb. geg. Finanzbehörden	1 016,00	
	an 2800 Bank		1 016,00
5.	2400 Ford. a. Lief. u. Leist.	122 570,00	
	an 5100 UErl. f. Handelswaren		103 000,00
	an 4800 Umsatzsteuer		19 570,00
6.	6080 Aufwend. f. Handelswaren	8 700,00	
	2600 Vorsteuer	1 653,00	
	an 4400 Verb. a. Lief. u. Leist.		10 353,00
7.	4400 Verb. a. Lief. u. Leist.	3 200,00	
	an 2800 Bank		3 200,00
8.	2650 Ford. an Mitarbeiter	1 500,00	
	an 2880 Kasse		1 500,00
9.	7510 Zinsaufwendungen	215,00	
	an 4400 Verb. a. Lief. u. Leist.		215,00
10.	2640 SV-Beitragsvorauszahlung	863,57	
	an 2800 Bank		863,57
	6300 Gehälter	2 149,50	
	6320 So. tarifl. o. vertragl. Aufwendungen	34,00	
	an 4830 Verb. geg. Finanzbehörden		71,00
	an 2640 SV-Beitragsvorauszahlung		441,61
	an 2650 Ford. an Mitarbeiter		130,00
	an 4860 Verb. a. verm. Leistungen		34,00
	an 2800 Bank		1 506,89
	6410 Arbeitgeberanteil z. Sozialvers.	421,96	
	an 2640 SV-Beitragsvorauszahlung		421,96
		151 823,03	151 823,03

11. 11.1 Lohnsteuer, Solidaritätszuschlag und Kirchensteuer an das Finanzamt, die Sozialversicherungsbeiträge an die zuständige Krankenkasse.

    11.2 Wenn innerhalb einer Rechnungsperiode der Wert der eingekauften Waren höher ist als der Wert der verkauften Waren.

Übungsaufgabe 170

1.
1.1	Listeneinkaufspreis	14 500,00 EUR
	− 10 % Rabatt	1 450,00 EUR
	Anschaffungskosten	13 050,00 EUR
1.2	Anschaffungskosten	13 050,00 EUR
	+ 19 % USt	2 479,50 EUR
	Rechnungsbetrag	15 529,50 EUR
	− 2 % Skonto*	310,59 EUR
	Zahlung	15 218,91 EUR

   * Umsatzsteuerkorrektur: 49,59 EUR

Konten	Soll	Haben
1.1		
0870 Büromöbel	13 050,00	
2600 Vorsteuer	2 479,50	
an 4400 Verb.a.L.u.L.		15 529,50
1.2		
4400 Verb.a.L.u.L.	15 529,50	
an 0870 Büromöbel		261,00
an 2600 Vorsteuer		49,59
an 2800 Bank		15 218,91
	31 059,00	31 059,00

2.
2.1	Listeneinkaufspreis	1 800,00 EUR
	+ Zusatzgerät	480,00 EUR
	Anschaffungskosten	2 280,00 EUR
2.2	Anschaffungskosten	2 280,00 EUR
	+ 19 % USt	433,20 EUR
	Rechnungsbetrag	2 713,20 EUR

Konten	Soll	Haben
2.1		
0760 Verpackungsanl.	1 800,00	
2600 Vorsteuer	342,00	
an 4400 Verb.a.L.u.L.		2 142,00
0760 Verpackungsanl.	480,00	
2600 Vorsteuer	91,20	
an 4400 Verb.a.L.u.L.		571,20
2.2		
4400 Verb.a.L.u.L.	2 713,20	
an 2880 Kasse		1 200,00
an 4550 Schuldwechs.		1 513,20
	5 426,40	5 426,40

3.
Listeneinkaufspreis	4 500,00 EUR
− 10 % Rabatt	450,00 EUR
Zieleinkaufspreis	4 050,00 EUR
+ Transportkosten	80,00 EUR
+ Inbetriebnahmekosten	150,00 EUR
Anschaffungskosten	4 280,00 EUR
+ 19 % USt	813,20 EUR
Rechnungsbetrag	5 093,20 EUR

Konten	Soll	Haben
0860 Büromaschinen	4 280,00	
2600 Vorsteuer	813,20	
4400 Verb.a.L.u.L.		5 093,20
4400 Verb.a.L.u.L.	5 093,20	
an 2800 Bank		5 093,20
	10 186,40	10 186,40

4.
Anschaffungspreis	100 000,00 EUR
− 3 % Rabatt	3 000,00 EUR
	97 000,00 EUR
+ Verpackung	910,00 EUR
+ Fracht	1 080,00 EUR
+ Fundamentierungsk.	2 000,00 EUR
+ Sicherheitsprüfung	150,00 EUR
Anschaffungskosten	101 140,00 EUR
+ 19 % USt	19 216,60 EUR
Rechnungsbetrag	120 356,60 EUR

Konten	Soll	Haben
0760 Abfüllanl.	101 140,00	
2600 Vorsteuer	19 216,60	
an 4400 Verb.a.L.u.L.		120 356,60

Übungsaufgabe 171

1.
Anschaffungspreis	3 140,00 EUR
+ Zubehörteile	420,00 EUR
+ Transportkosten	240,00 EUR
+ Montagearbeiten	320,00 EUR
Anschaffungskosten	4 120,00 EUR
+ 19 % USt	782,80 EUR
Rechnungsbetrag	4 902,80 EUR

2.
Rechnungsbetrag	4 902,80 EUR
– 2 % Skonto*	98,06 EUR
Zahlungsbetrag	4 804,74 EUR

* Umsatzsteuerberichtigung: 15,66 EUR

Konten	Soll	Haben
1.		
0760 Verpackungsanl.	4 120,00	
2600 Vorsteuer	782,80	
an 4400 Verb.a.L.u.L.		4 902,80
2.		
4400 Verb.a.L.u.L.	4 902,80	
0760 Verpackungsanl.		82,40
an 2600 Vorsteuer		15,66
an 2800 Bank		4 804,74
	9 805,60	9 805,60

Übungsaufgabe 172

1.
1.1 Listeneinkaufspreis	28 500,00 EUR
+ Überführungskosten	680,00 EUR
+ Zulassungsgebühren	38,00 EUR
Anschaffungskosten	29 218,00 EUR

1.2 Rechnungsbetrag	
(28 500,00 + 5 415,00 USt)	33 915,00 EUR
– 2$^1/_2$ % Skonto*	847,88 EUR
Zahlungsbetrag	33 067,12 EUR

* Umsatzsteuerberichtigung: 135,38 EUR

1.3 Durch den Nachlass werden die Verbindlichkeiten, die Anschaffungskosten und die Vorsteuer verringert.

2.
Rechnungspreis netto	2 860,00 EUR
– 3 % Skonto netto	85,80 EUR
	2 774,20 EUR
+ 19 % USt	527,10 EUR
Zahlungsbetrag	3 301,30 EUR

3.
Kaufpreis	90 000,00 EUR
+ 3,5 % G.-Erwerbsteuer	3 150,00 EUR
+ Notariatskosten	6 420,00 EUR
+ Maklergebühr	5 200,00 EUR
+ Erschließungskosten	67 500,00 EUR
Anschaffungskosten	172 270,00 EUR
+ 19 % USt von 11 620,00	2 207,80 EUR
Rechnungsbetrag	174 477,80 EUR

Konten	Soll	Haben
1.1		
0840 Fuhrpark	28 500,00	
2600 Vorsteuer	5 415,00	
an 4400 Verb.a.L.u.L.		33 915,00
0840 Fuhrpark	718,00	
2600 Vorsteuer	129,20	
an 2880 Kasse		847,20
1.2		
4400 Verb.a.L.u.L.	33 915,00	
an 0840 Fuhrpark		712,50
an 2600 Vorsteuer		135,38
an 2800 Bank		33 067,12
1.3		
4400 Verb.a.L.u.L.	714,00	
an 0840 Fuhrpark		600,00
an 2600 Vorsteuer		114,00
	69 391,20	69 391,20

Konten	Soll	Haben
0870 Büromöbel	2 774,20	
2600 Vorsteuer	527,10	
an 2880 Kasse		3 301,30

Konten	Soll	Haben
0500 Unb. Grundst.	172 270,00	
2600 Vorsteuer	2 207,80	
an 2800 Bank		174 477,80
6170 So.Aufw. f.b.Leist.	840,00	
2600 Vorsteuer	159,60	
an 2800 Bank		999,60
	175 477,40	175 477,40

4.
Kaufpreis	145 000,00 EUR
+ Transport/Montage	6 300,00 EUR
+ Fundament	2 300,00 EUR
Anschaffungskosten	153 600,00 EUR
+ 19 % USt	29 184,00 EUR
Rechnungsbetrag	182 784,00 EUR

Konten	Soll	Haben
0830 Lag./Transp.Einr.	153 600,00	
2600 Vorsteuer	29 184,00	
an 4400 Verb.a.L.u.L.		182 784,00

Übungsaufgabe 173

1. 1.1 Abschreibung pro Jahr: 6 550,00 EUR : 5 = 1 310,00 EUR.

   1.2 Durch die Abschreibung werden die zunächst als erfolgsunwirksam gebuchten Anschaffungskosten anteilmäßig auf die Jahre der Nutzung als Aufwand verteilt.

2. $12\frac{1}{2}\% \;\widehat{=}\; 930{,}00$ EUR
   $100\;\% \;\widehat{=}\; x$ EUR
   $x = 7\,440{,}00$ EUR

Übungsaufgabe 174

1.
	1.1	1.2
Anschaffungskosten	35 000,00 EUR	
− Abschreibung 1. Jahr	7 000,00 EUR	
Buchwert Ende 1. Jahr	28 000,00 EUR	
− Abschreibung 2. Jahr	5 600,00 EUR	
Buchwert Ende 2. Jahr	22 400,00 EUR	
− Abschreibung 3. Jahr	4 480,00 EUR	
Buchwert Ende 3. Jahr	17 920,00 EUR	
− Abschreibung 4. Jahr	3 584,00 EUR	
Buchwert Ende 4. Jahr	14 336,00 EUR	14 336,00 EUR
− Abschreibung 5. Jahr	2 867,20 EUR	3 584,00 EUR
Buchwert Ende 5. Jahr	11 468,80 EUR	10 752,00 EUR
− Abschreibung 6. Jahr	2 293,76 EUR	3 584,00 EUR
Buchwert Ende 6. Jahr	9 175,04 EUR	7 168,00 EUR
− Abschreibung 7. Jahr	1 835,01 EUR	3 584,00 EUR
Buchwert Ende 7. Jahr	7 340,03 EUR	3 584,00 EUR
− Abschreibung 8. Jahr	7 340,03 EUR	3 584,00 EUR
Buchwert Ende 8. Jahr	0,00 EUR	0,00 EUR

2.
	100 %	Anschaffungskosten	22 900,00 EUR
	15 %	+ Abschreibung 1. Jahr	3 435,00 EUR
100 %	85 %	Buchwert Ende 1. Jahres	19 465,00 EUR
15 %		+ Abschreibung 2. Jahr	2 919,75 EUR
85 %		Buchwert Ende 2. Jahres	16 545,25 EUR

3. 3.1 Abschreibungsbetrag je LE $= \dfrac{180\,180}{234\,000} = 0{,}77$ EUR

Jährlicher Abschreibungsbetrag:
1. Nutzungsjahr: 16 000 Stück · 0,77 EUR = 12 320,00 EUR
2. Nutzungsjahr: 18 400 Stück · 0,77 EUR = 14 168,00 EUR
3. Nutzungsjahr: 21 900 Stück · 0,77 EUR = 16 863,00 EUR
4. Nutzungsjahr: 11 500 Stück · 0,77 EUR = 8 855,00 EUR

3.2 Die Abschreibung nach Leistungseinheiten entspricht dem durch die Produktion bedingten Verschleiß.

4.

	4.1	4.2
Anschaffungskosten	15 300,00 EUR	15 300,00 EUR
Abschreibung 1. Jahr	1 176,92 EUR	2 295,00 EUR
Buchwert Ende 1. Jahr	14 123,08 EUR	13 005,00 EUR
Abschreibung 2. Jahr	1 176,92 EUR	1 950,75 EUR
Buchwert Ende 2. Jahr	12 946,16 EUR	11 054,25 EUR
Abschreibung 3. Jahr	1 176,92 EUR	1 658,14 EUR
Buchwert Ende 3. Jahr	11 769,24 EUR	9 396,11 EUR

4.3 $\dfrac{15\,300,00\ \text{EUR}}{2\,448\,000\ \text{Teile}} = 0{,}00625\ \text{EUR/Teil}$

Anschaffungskosten	15 300,00 EUR
− Abschreibung 1. Jahr (194 195 · 0,00625)	1 213,72 EUR
Buchwert Ende 1. Jahr	14 086,28 EUR
− Abschreibung 2. Jahr (210 480 · 0,00625)	1 315,50 EUR
Buchwert Ende 2. Jahr	12 770,78 EUR
− Abschreibung 3. Jahr (244 100 · 0,00625)	1 525,63 EUR
Buchwert Ende 3. Jahr	11 245,15 EUR

Übungsaufgabe 175

1.

	linear
Anschaffungskosten	24 624,00 EUR
− Abschreibung 1. Jahr ($8\tfrac{1}{3}\%$ / 7 Mon.)	1 197,00 EUR
Buchwert am Ende des 1. Jahres	23 427,00 EUR
− Abschreibung 2. Jahr	2 052,00 EUR
Buchwert am Ende des 2. Jahres	21 375,00 EUR
− Abschreibung 3. Jahr	2 052,00 EUR
Buchwert am Ende des 3. Jahres	19 323,00 EUR
− Abschreibung 4. Jahr	2 052,00 EUR
Buchwert am Ende des 4. Jahres	17 271,00 EUR
− Abschreibung 5. Jahr	2 052,00 EUR
Buchwert am Ende des 5. Jahres	15 219,00 EUR
− Abschreibung 6. Jahr	2 052,00 EUR
Buchwert am Ende des 6. Jahres	13 167,00 EUR
− Abschreibung 7. Jahr	2 052,00 EUR
Buchwert am Ende des 7. Jahres	11 115,00 EUR
− Abschreibung 8. Jahr	2 052,00 EUR
Buchwert am Ende des 8. Jahres	9 063,00 EUR

2.

	degressiv	linear	
Anschaffungskosten	4 200,00 EUR		
– Abschreibung 1. Jahr (20 %/3 Monate)	210,00 EUR		
Buchwert am Ende des 1. Jahres	3 990,00 EUR		
– Abschreibung 2. Jahr	798,00 EUR		
Buchwert am Ende des 2. Jahres	3 192,00 EUR		
– Abschreibung 3. Jahr	638,40 EUR		
Buchwert am Ende des 3. Jahres	2 553,60 EUR	2 553,60 EUR	: 4 J., 9 Mo.
– Abschreibung 4. Jahr	510,72 EUR	537,60 EUR	= 44,80 EUR
Buchwert am Ende des 4. Jahres		2 016,00 EUR	(44,80 EUR ·
– Abschreibung 5. Jahr		537,60 EUR	12 Mo.)
Buchwert am Ende des 5. Jahres		1 478,40 EUR	
– Abschreibung 6. Jahr		537,60 EUR	
Buchwert am Ende des 6. Jahres		940,80 EUR	
– Abschreibung 7. Jahr		537,60 EUR	
Buchwert am Ende des 7. Jahres		403,20 EUR	
– Abschreibung 8. Jahr (9 Monate)		403,20 EUR	
Buchwert am Ende des 8. Jahres		0,00 EUR	

3. 3.1

	linear
Anschaffungskosten	42 000,00 EUR
– Abschreibung 1. Jahr (14,286 %/6 Monate)	3 000,00 EUR
Buchwert am Ende des 1. Jahres	39 000,00 EUR
– Abschreibung 2. Jahr	6 000,00 EUR
Buchwert am Ende des 2. Jahres	33 000,00 EUR
– Abschreibung 3. Jahr	6 000,00 EUR
Buchwert am Ende des 3. Jahres	27 000,00 EUR
– Abschreibung 4. Jahr	6 000,00 EUR
Buchwert am Ende des 4. Jahres	21 000,00 EUR
– Abschreibung 5. Jahr	6 000,00 EUR
Buchwert am Ende des 5. Jahres	15 000,00 EUR
– Abschreibung 6. Jahr	6 000,00 EUR
Buchwert am Ende des 6. Jahres	9 000,00 EUR
– Abschreibung 7. Jahr	6 000,00 EUR
Buchwert am Ende des 7. Jahres	3 000,00 EUR
Abschreibung 8. Jahr (14,286 %/6 Monate)	3 000,00 EUR
Buchwert am Ende des 8. Jahres	0,00 EUR

3.2 – einfache und nur einmalige Berechnungsweise,
– gute Vergleichbarkeit der aufeinanderfolgenden Erfolgsrechnungen,
– gleichmäßige Aufwandsbelastung bzw. Belastung der Kostenrechnung mit Abschreibungen.

4. 4.1

Anschaffungskosten	3 528,00 EUR
– Abschreibung $33^{1}/_{3}$ %/4 Monate	392,00 EUR
Bilanzwert	3 136,00 EUR

4.2 **Lineare Abschreibung:**
Abschreibung eines jährlich gleichbleibenden Betrages von den Anschaffungskosten.

Degressive Abschreibung:
Der jährliche Abschreibungssatz bleibt unverändert. Der Abschreibungssatz wird immer auf den jeweiligen Restbuchwert bezogen. Auf diese Weise verringert sich die Höhe der Abschreibung von Jahr zu Jahr (fallende Abschreibungsbeträge).

5. 5.1 36 800,00 EUR
   5.2   4 600,00 EUR

Übungsaufgabe 176

1.

Konten	Soll	Haben
0840 Fuhrpark	27 996,00	
2600 Vorsteuer	5 319,24	
an 2880 Kasse		15 000,00
an 2800 Bank		8 000,00
an 4400 Verb. a. Lief. u. Leist.		10 315,24

2.

Konten	Soll	Haben
6520 Abschr. auf Sachanlagen	4 666,00	
an 0840 Fuhrpark		4 666,00

Übungsaufgabe 177

1.

	linear
Anschaffungskosten	9 000,00 EUR
– Abschr. 1. Jahr (Abschr. 5 Monate)	625,00 EUR
Buchwert Ende 1. Jahres	8 375,00 EUR
– Abschr. 2. Jahr	1 500,00 EUR
Buchwert Ende 2. Jahres	6 875,00 EUR
– Abschr. 3. Jahr	1 500,00 EUR
Buchwert Ende 3. Jahres	5 375,00 EUR
– Abschr. 4. Jahr	1 500,00 EUR
Buchwert Ende 4. Jahres	3 875,00 EUR
– Abschr. 5. Jahr	1 500,00 EUR
Buchwert Ende 5. Jahres	2 375,00 EUR
– Abschr. 6. Jahr	1 500,00 EUR
Buchwert Ende 6. Jahr	875,00 EUR
– Abschr. 7 Monate	875,00 EUR
Buchwert Ende 7. Jahr	0,00 EUR

2.

Soll	0700 Techn. Anl. u. Maschinen		Haben		Soll	6520 Abschr. a. Sachanlagen		Haben
Su	6 875,00	6520	1 500,00		0700	1 500,00	8020	1 500,00
		8010	5 375,00		=		=	
	6 875,00		6 875,00					
=		=						

Soll	8010 SBK		Haben		Soll	8020 GuV		Haben
0700	5 375,00				6520	1 500,00		

Übungsaufgabe 178

1.
Nettopreis	48 500,00 EUR
− 8 % Rabatt	3 880,00 EUR
Zieleinkaufspreis	44 620,00 EUR
− 2 % Skonto	892,40 EUR
Bareinkaufspreis	43 727,60 EUR
+ Überführungskosten	410,00 EUR
+ Zulassungskosten	118,40 EUR
Anschaffungskosten	44 256,00 EUR

Abschreibungsbetrag: 44 256,00 : 6 = 7 376,00 EUR

2.

Soll	0840 Fuhrpark		Haben		Soll	6520 Abschr. a. Sachanlagen		Haben
AB	44 256,00	6520	7 376,00		0840	7 376,00	8020	7 376,00
		8010	36 880,00		=		=	
	44 256,00		44 256,00					
=		=						

Soll	8010 SBK		Haben		Soll	8020 GuV		Haben
0840	36 880,00				6520	7 376,00		

Übungsaufgabe 179

1. 1.1
Listeneinkaufspreis	48 000,00 EUR
− 10 % Sonderrabatt	4 800,00 EUR
Zieleinkaufspreis (Maschine)	43 200,00 EUR
+ Transportkosten	1 760,00 EUR
+ Inbetriebnahmekosten	4 108,00 EUR
Zieleinkaufspreis (Gesamtrechnung)	49 068,00 EUR
− 2 % Skonto	864,00 EUR
Anschaffungskosten	48 204,00 EUR

1.2	Listeneinkaufspreis	85 100,00 EUR
	− 3 % Rabatt	2 553,00 EUR
	Zieleinkaufspreis	82 547,00 EUR
	+ Verpackung	980,00 EUR
	+ Fracht	1 200,00 EUR
	+ Transportversicherung	90,00 EUR
	+ Fundamentierungskosten	2 000,00 EUR
	+ Sicherheitsprüfung	150,00 EUR
	Anschaffungskosten	86 967,00 EUR

2. 2.1 79 200,00 EUR

   2.2 8 800,00 EUR

   2.3
fortgeführte Anschaffungskosten	52 800,00 EUR
− planmäßige Abschreibung	8 800,00 EUR
	44 000,00 EUR
− außerplanmäßige Abschreibung	11 000,00 EUR
fortgeführte Anschaffungskosten	33 000,00 EUR

   Es ist von einer dauernden Wertminderung auszugehen.

3. **Ansatzmöglichkeiten in 10:**
   Da die Anschaffungskosten die Obergrenze für die Bewertung darstellen, ist nur die Bewertung zu 150 000,00 EUR möglich.

   Ansatzmöglichkeiten in 11:
   − Es besteht ein Wahlrecht:
     − Bewertung zu AK mit 150 000,00 EUR
     − Bewertung zum Marktwert mit 120 000,00 EUR (gemildertes Niederstwertprinzip)

   Hinweis zu Ansatzmöglichkeiten in 12:
   Sofern in 11 eine Bewertung mit 120 000,00 EUR erfolgt ist, muss eine Zuschreibung bis 150 000,00 EUR vorgenommen werden.

4. 4.1
Anschaffungspreis: 3 100 · 40,00 =	124 000,00 EUR
+ 3,5 % Grunderwerbsteuer	4 340,00 EUR
Notariatskosten	1 950,00 EUR
Grundbucheintragung	1 050,00 EUR
Gutachten	2 000,00 EUR
Maklergebühren	3 720,00 EUR
Anschaffungskosten	137 060,00 EUR

   4.2 Bewertung mit 80 000,00 EUR.
   Strenges Niederstwertprinzip, da es sich um eine voraussichtlich dauernde Wertminderung handelt.

5. 5.1 Anschaffungskosten: 32 976,00 EUR

   5.2
Anschaffungskosten	32 976,00 EUR
− Abschreibung 1. Jahr	5 496,00 EUR
fortgeführte Anschaffungskosten Beginn 2. Jahr	27 480,00 EUR
− Abschreibung 2. Jahr	5 496,00 EUR
fortgeführte Anschaffungskosten Beginn 3. Jahr	21 984,00 EUR

5.3
fortgeführte Anschaffungskosten zu Beginn des 3. Jahres		21 984,00 EUR
– planmäßige Abschreibung		5 496,00 EUR
– außerplanmäßige Abschreibung		2 500,00 EUR
fortgeführte Anschaffungskosten		13 988,00 EUR

Übungsaufgabe 180

1. 1.1 $\quad x - \dfrac{60}{100} x = 280\,000{,}00$ EUR

$\quad\quad\quad 100x - 60x = 28\,000\,000{,}00$ EUR
$\quad\quad\quad\quad\quad\ \ 40x = 28\,000\,000{,}00$ EUR
$\quad\quad\quad\quad\quad\quad\ \ x = 700\,000{,}00$ EUR

Die Anschaffungskosten betrugen 700 000,00 EUR.

1.2
fortgeführte Anschaffungskosten zu Beginn des 7. Jahres	280 000,00 EUR
– planmäßige Abschreibung	70 000,00 EUR
Zwischensumme	210 000,00 EUR
– außerplanmäßige Abschreibung	105 000,00 EUR
fortgeführte Anschaffungskosten am Ende des 7. Jahres	105 000,00 EUR

2. 2.1
Anschaffungspreis 3 000 · 155,00 =	465 000,00 EUR
+ Notariatskosten	3 600,00 EUR
+ Grundbuchkosten	6 975,00 EUR
+ 3,5 % Grunderwerbsteuer	16 275,00 EUR
Anschaffungskosten	491 850,00 EUR

2.2 Es darf eine außerplanmäßige Abschreibung bei einer vorübergehenden Wertminderung eines Grundstücks nicht vorgenommen werden. Daher sind die Anschaffungskosten in Höhe von 491 850,00 EUR anzusetzen.

3.
in **10**:	Anschaffungskosten	71 250,00 EUR
	oder außerpl. Abschr.	65 250,00 EUR
in **11**:	Anschaffungskosten	71 250,00 EUR

4. 4.1
Anschaffungskosten	– für die Lagerhalle	525 600,00 EUR
	– für das Grundstück	131 400,00 EUR

4.2
Anschaffungskosten Lagerhalle	525 600,00 EUR
– Abschreibung 1. Jahr	10 512,00 EUR
fortgeführte Anschaffungskosten zu Beginn des 2. Jahres	515 088,00 EUR
– Abschreibung 2. Jahr	10 512,00 EUR
fortgeführte Anschaffungskosten zu Beginn des 3. Jahres	504 576,00 EUR
Grundstückswert unverändert	131 400,00 EUR

4.3 Die fortgeführten Anschaffungskosten stellen die Wertobergrenze dar. Der Grundstückswert lt. Gutachten darf nicht angesetzt werden, da sonst nicht realisierte Gewinne ausgewiesen würden (Realisationsprinzip).

Übungsaufgabe 181

1. Es besteht ein Wahlrecht zwischen
   einer Bilanzierung zu den Anschaffungskosten (Bilanzwert 250 000,00 EUR)
   und einer außerplanmäßigen Abschreibung (Bilanzwert 200 000,00 EUR).
2. 2.1 Unter den gegebenen Umständen musste von einer voraussichtlich dauernden Wertminderung des Grundstücks ausgegangen werden. Die Formulierung des Gesetzgebers „voraussichtlich" deutet schon darauf hin, dass nicht von einer für ewige Zeiten unumkehrbaren Wertminderung ausgegangen werden muss.
   Bei einer voraussichtlich dauernden Wertminderung ist eine außerplanmäßige Abschreibung vorzunehmen.

   2.2 Es muss eine Zuschreibung bis zur Höhe der Anschaffungskosten vorgenommen werden. Das Grundstück ist trotz des höheren Wertes mit den Anschaffungskosten in Höhe von 450 000,00 EUR zu bewerten.
3. Fortgeführte Anschaffungskosten zu Beginn des 4. Jahres 49 000,00 EUR
   – planmäßige Abschreibung   7 000,00 EUR
   Bilanzansatz   42 000,00 EUR

   Begründung:
   Eine Konjunkturschwäche kann nur als eine vorübergehende Wertminderung interpretiert werden. Bei einer **vorübergehenden Wertminderung** ist beim abnutzbaren Anlagevermögen **keine Abschreibung** möglich.

Übungsaufgabe 182

Konten	Soll	Haben
6822 Telefon	139,80	
2600 Vorsteuer	26,56	
an 2880 Kasse		166,36

Es ist auch möglich, das Anlagegut zu aktivieren und über die betriebsgewöhnliche Nutzungsdauer abzuschreiben

Konten	Soll	Haben
0860 Büromaschinen	139,80	
2600 Vorsteuer	26,56	
an 2880 Kasse		166,36
6520 Abschr. a. Sachanlagen	27,96	
an 0860 Büromaschinen		27,96
	334,12	334,12

Übungsaufgabe 183

Konten	Soll	Haben
0860 Büromaschinen	2 300,00	
6800 Büromaterial	236,00	
2600 Vorsteuer	481,84	
an 4400 Verb. a. Lief. u. Leist.		3 017,84

Übungsaufgabe 184

1. | Kaufpreis | 831,00 EUR |
   |---|---|
   | – 5 % Rabatt | 41,55 EUR |
   | Anschaffungskosten | 789,45 EUR |

   1 Schredder = 394,73 EUR

2./3.

Soll	0890 Sammelposten d. BGA		Haben
2800	789,45	6540	572,53
2800	783,20	8010	2 290,12
2800	1 290,00		
	2 862,65		2 862,65

Soll	6540 Abschr. a. Sammelposten		Haben
0890	572,53	8020	572,53

Soll	8010 SBK		Haben
0890	2 290,12		

Soll	8020 GuV		Haben
6540	572,53		

Berechnung der Abschreibung: 2 862,65 EUR : 5 Jahre = 572,53 EUR

Geschäftsvorfall	Konten	Soll	Haben
Buchung der Abschreibung	6540 Abschr. a. Sammelposten an 0890 Sammelposten d. BGA	572,53	572,53

4. – Erfassung des Abgangs der Bohrmaschine am 10. Januar: Es erfolgt keine Buchung des Abgangs. Der Abgang wird lediglich im Anlageverzeichnis vermerkt.
   – Verkauf der Bohrmaschine am 20. März:

Konten	Soll	Haben
2880 Kasse an 5410 Sonstige Erlöse 4800 Umsatzsteuer	212,42	178,50 33,92

Hinweis: Nach § 6 II a EStG wäre es auch möglich, die Anlagegüter auf den betreffenden Aktivkonten zu erfassen (siehe 1.) und sie über die betriebsgewöhnliche Nutzungsdauer abzuschreiben. Der Abgang der Bohrmaschinen wird in diesem Fall buchhalterisch erfasst.

Übungsaufgabe 185

1. | **Büromöbel** | Anschaffungskosten (Schreibtische) | 6 000,00 EUR |
   |---|---|---|
   | | – 7,6923 % planmäßige Abschreibung f. 5 Monate | 192,31 EUR |
   | | Bilanzansatz | 5 807,69 EUR |
   | **Geringwertige Wirtschaftsgüter** | Anschaffungskosten (PCs und Bürosessel) | 7 950,00 EUR |
   | | – 20% planmäßige Abschreibung | 1 590,00 EUR |
   | | Bilanzansatz | 6 360,00 EUR |

   Als **Aufwand** zu erfassen (Schreibtischlampen): 725,00 EUR.

   Hinweis: Es ist auch möglich, die PCs und Bürosessel auf dem Konto 0860 Büromaschinen bzw. 0870 Büromöbel zu buchen und über die betriebsgewöhnliche Nutzungsdauer abzuschreiben.

2. Die Aktivierung der geringwertigen Wirtschaftsgüter ist sinnvoll, falls das Unternehmen über nicht ausreichende Erträge verfügt, um die höheren Aufwendungen ausgleichen zu können. Dann ist es sinnvoll, die Aufwendungen auf mehrere Rechnungsperioden zu verteilen. Der Verlustausweis wird dadurch verringert.
3. In diesem Fall kann das Unternehmen für andere geringwertige Wirtschaftsgüter im Bereich von 150,00 EUR bis 1 000,00 EUR netto keinen Sammelposten mehr bilden.

Praxishinweis zur Buchung geringwertiger Anlagegüter

Die Alternative „Sammelposten" statt sofortigem Betriebsausgabenabzug bis 410,00 EUR kann für alle in einem Wirtschaftsjahr angeschafften oder hergestellten oder eingelegten Wirtschaftsgüter nur **einheitlich ausgeübt** werden [§ 6 II a Satz 5 EStG]. Die Entscheidung darüber kann erst nach Ablauf des Wirtschaftsjahrs unter Vorlage aller Wirtschaftsgüter, deren Anschaffungs- oder Herstellungskosten netto nicht mehr als 1 000,00 EUR betragen haben, im Rahmen der Jahresabschlussarbeiten getroffen werden.

3-Konten-Modell schafft Überblick

Daher sollte man sich im Vorfeld für das sogenannte 3-Konten-Modell entscheiden.

Auf dem **Konto 1** werden alle geringwertigen Wirtschaftsgüter gebucht werden, deren Anschaffungs- oder Herstellungskosten netto nicht mehr als 150,00 EUR betragen. Sie können wahlweise als Betriebsausgaben sofort abgezogen oder auf die Nutzungsdauer verteilt werden.

Im **Konto 2** sind alle geringwertigen Wirtschaftsgüter auszuweisen, deren Anschaffungs- oder Herstellungskosten netto über 150,00 EUR (150,01 EUR) betragen und nicht mehr als 410,00 EUR ausmachen. Hier besteht im Nachhinein die Möglichkeit, sich für den sofortigen Betriebsausgabenabzug oder für den Ausweis im Sammelposten zu entscheiden.

Da für den sofortigen Betriebsausgabenabzug die Wirtschaftsgüter in ein laufend zu führendes Verzeichnis aufzunehmen sind, in dem der Anschaffungs- bzw. Herstellungszeitpunkt sowie die Anschaffungs- bzw. Herstellungskosten festzuhalten sind, empfiehlt es sich, diese Angaben im Konto 2 zu vermerken.

Schließlich ist noch ein **Konto 3** zu führen. Dort werden geringwertige Wirtschaftsgüter gebucht, deren Anschaffungs- bzw. Herstellungskosten netto mehr als 410,00 EUR aber maximal 1 000,00 EUR betragen. Entscheidet man sich am Ende für den sofortigen Betriebsausgabenabzug, sind diese Wirtschaftsgüter im Anlageverzeichnis auszuweisen und auf die Nutzungsdauer zu verteilen. Hierfür werden der Anschaffungs- bzw. Herstellungszeitpunkt sowie die Anschaffungs- bzw. Herstellungskosten benötigt. Diese Angaben sollten daher im Konto 3 vermerkt werden.

Als Alternative besteht die Möglichkeit, diese Wirtschaftsgüter zusammen mit den Wirtschaftsgütern, die auf dem Konto 2 ausgewiesen sind, in den Sammelposten einzustellen. Für den Sammelposten sind keine besonderen Aufzeichnungspflichten erforderlich.

Quelle: http://www.haufe.de/SID61.aaaTgEtGEus/finance/newsDetails?newsID=1262688289.... 07.01.2010

Übungsaufgabe 186

1. 1.1

Soll	0840 Fuhrpark		Haben	Soll	5410 Sonstige Erlöse		Haben
Su	7 200,00	5410	7 200,00	0840	7 200,00	2880	7 200,00

Soll	2880 Kasse		Haben	Soll	4800 Umsatzsteuer		Haben
5410/4800	8 568,00					2880	1 368,00

1.2

Soll	0840 Fuhrpark		Haben
Su	7 200,00	5410	7 200,00

Soll	5410 Sonstige Erlöse		Haben
0840	7 200,00	2880	8 100,00
5460	900,00		
	8 100,00		8 100,00

Soll	2880 Kasse		Haben
5410/4800	9 639,00		

Soll	5460 Ertr. Abg. v. Verm.-Gegenst.		Haben
		5410	900,00

Soll	4800 Umsatzsteuer		Haben
		2880	1 539,00

1.3

Soll	0840 Fuhrpark		Haben
Su	7 200,00	5410	6 000,00
		6960	1 200,00
	7 200,00		7 200,00

Soll	5410 Sonstige Erlöse		Haben
0840	6 000,00	2880	6 000,00

Soll	2880 Kasse		Haben
5410/4800	7 140,00		

Soll	6960 Verl. Abg. v. Verm.-Gegenst.		Haben
0840	1 200,00		

Soll	4800 Umsatzsteuer		Haben
		2880	1 140,00

Nr.	Konten	Soll	Haben
1.1	2880 Kasse	8 568,00	
	an 5410 Sonstige Erlöse		7 200,00
	an 4800 Umsatzsteuer		1 368,00
	5410 Sonstige Erlöse	7 200,00	
	an 0840 Fuhrpark		7 200,00
1.2	2880 Kasse	9 639,00	
	an 5410 Sonstige Erlöse		8 100,00
	an 4800 Umsatzsteuer		1 539,00
	5410 Sonstige Erlöse	7 200,00	
	an 0840 Fuhrpark		7 200,00
	5410 Sonstige Erlöse	900,00	
	an 5460 Ertr. a. d. Abg. v. Verm.		900,00
1.3	2880 Kasse	7 140,00	
	an 5410 Sonstige Erlöse		6 000,00
	an 4800 Umsatzsteuer		1 140,00
	5410 Sonstige Erlöse	6 000,00	
	an 0840 Fuhrpark		6 000,00
	6960 Verl. a. d. Abg. v. Verm.	1 200,00	
	an 0840 Fuhrpark		1 200,00
		47 847,00	47 847,00

2. Um die USt leicht feststellen zu können, werden in der Praxis alle umsatzsteuerpflichtigen Vorgänge zunächst auf Erlöskonten gebucht (Problem der Umsatzsteuerverprobung). Die Verrechnung erfolgt mit dem entsprechenden Anlagekonto und beim Verkauf über dem Buchwert über das Konto 5460 und im Falle des Verkaufs unter dem Buchwert mithilfe des Kontos 6960.

Übungsaufgabe 187

1.

Konten	Soll	Haben
6520 Abschr. auf Sachanlagen an 0860 Büromaschinen	1 500,00	1 500,00

2. Abschreibung insgesamt: 4 500,00 EUR
   Restbuchwert Beginn 4. Jahr: 3 000,00 EUR

3.
Restbuchwert zu Beginn des 4. Jahres	3 000,00 EUR
Erlös	2 400,00 EUR
Buchverlust	600,00 EUR

4.

Konten	Soll	Haben
2800 Bank	2 856,00	
an 5410 Sonstige Erlöse		2 400,00
an 4800 Umsatzsteuer		456,00
5410 Sonstige Erlöse	2 400,00	
an 0860 Büromaschinen		2 400,00
6960 Verl. a. d. Abg. v. Verm.	600,00	
an 0860 Büromaschinen		600,00
	5 856,00	5 856,00

Übungsaufgabe 188

Nr.	Konten	Soll	Haben
1.	2880 Kasse	190,40	
	an 5410 Sonstige Erlöse		160,00
	an 4800 Umsatzsteuer		30,40
2.	5410 Sonstige Erlöse	160,00	
	an 0830 Lager-, Transporteinr.		1,00
	an 5460 Ertr. a. d. Abg. v. Verm.		159,00
		350,40	350,40

Übungsaufgabe 189

1. Restbuchwert 01. Jan.	15 000,00 EUR
− Zeitanteilige Abschreibung bis 15. Juni (5 Monate)[1]	2 250,00 EUR
Restbuchwert am 15. Juni	12 750,00 EUR

---

1 Beim Ausscheiden eines Wirtschaftsgutes wird die Abschreibung zeitanteilig berechnet, wobei der Monat des Ausscheidens nicht mitgerechnet wird.

2.

Konten	Soll	Haben
6520 Abschr. a. Sachanlagen an 0760 Verpackungsanlagen	2 250,00	2 250,00

3.

Nr.	Konten	Soll	Haben
3.1	2800 Bank an 5410 Sonstige Erlöse an 4800 Umsatzsteuer	19 516,00	16 400,00 3 116,00
	5410 Sonstige Erlöse an 0760 Verpackungsanlagen an 5460 Ertr. a. d. Abg. v. Verm.	16 400,00	12 750,00 3 650,00
3.2	2800 Bank an 5410 Sonstige Erlöse an 4800 Umsatzsteuer	14 875,00	12 500,00 2 375,00
	5410 Sonstige Erlöse an 0760 Verpackungsanlagen	12 500,00	12 500,00
	6960 Verl. a. d. Abg. v. Verm. an 0760 Verpackungsanlagen	250,00	250,00
		63 541,00	63 541,00

Übungsaufgabe 190

Nr.	Konten	Soll	Haben
1. 1.1	6000 Aufwend. f. Rohstoffe 2600 Vorsteuer an 4408 Franz Meyer e.Kfm.	20 000,00 3 800,00	23 800,00
1.2	6030 Aufwend. f. Betriebsstoffe 2600 Vorsteuer an 4407 Blitz-Spedition GmbH	5 000,00 950,00	5 950,00
2. 2.1	2407 Innovation AG an 5000 UE f. eig. Erzeugnisse an 4800 Umsatzsteuer	272 510,00	229 000,00 43 510,00
2.2	2408 Weyermann & Söhne KG an 5000 UE f. eig. Erzeugnisse an 4800 Umsatzsteuer	133 875,00	112 500,00 21 375,00
2.3	5000 UE f. eig. Erzeugnisse 4800 Umsatzsteuer an 2407 Innovation AG	13 000,00 2 470,00	15 470,00
3. 3.1	4408 Franz Meyer e.Kfm. an 2800 Bank	16 000,00	16 000,00
3.2	6200 Löhne an 2800 Bank	78 000,00	78 000,00
3.3	4407 Blitz-Spedition GmbH an 2800 Bank	5 950,00	5 950,00
4. 4.1	2800 Bank an 2407 Innovation AG	55 000,00	55 000,00
4.2	2800 Bank an 2408 Weyermann & Söhne KG	120 000,00	120 000,00
		726 655,00	726 655,00

Debitorenkonten

2407 Kunde: Innovation AG

Beleg-Nr.	Buchungstext	Soll	Haben	Saldo
22 24 28	Saldovortrag 5000/4800 5000/4800 2800	272510,00	15470,00 55000,00	35000,00 307510,00 292040,00 237040,00
Summe der Verkehrszahlen		272510,00	70470,00	

2408 Kunde: Weyermann & Söhne KG

Beleg-Nr.	Buchungstext	Soll	Haben	Saldo
23 29	Saldovortrag 5000/4800 2800	133875,00	120000,00	40000,00 173875,00 53875,00
Summe der Verkehrszahlen Übernahme aus 2407		133875,00 272510,00	120000,00 70470,00	
Gesamtsumme		406385,00	190470,00	

Kreditorenkonten

4407 Lieferer: Blitz-Spedition GmbH

Beleg-Nr.	Buchungstext	Soll	Haben	Saldo
21 27	Saldovortrag 6030/2600 2800	5950,00	5950,00	120000,00 125950,00 120000,00
Summe der Verkehrszahlen		5950,00	5950,00	

4408 Lieferer: Franz Meyer e.Kfm.

Beleg-Nr.	Buchungstext	Soll	Haben	Saldo
20 25	Saldovortrag 6000/2600 2800	16000,00	23800,00	80000,00 103800,00 87800,00
Summe der Verkehrszahlen Übernahme aus 4407		16000,00 5950,00	23800,00 5950,00	
Gesamtsumme		21950,00	29750,00	

Saldenliste Debitoren

Konten-Nr.	Kunden	Saldo
2407	Innovation AG	237 040,00
2408	Weyermann & Söhne KG	53 875,00
Saldensumme:		290 915,00

Saldenliste Kreditoren

Konten-Nr.	Kunden	Saldo
4407	Blitz-Spedition GmbH	120 000,00
4408	Franz Meyer e.Kfm.	87 800,00
Saldensumme:		207 800,00

Soll	0700 Techn. Anlagen u. Maschinen		Haben
AB	400 000,00	6520	80 000,00
		8010	320 000,00
	400 000,00		400 000,00

Soll	2600 Vorsteuer		Haben
4400	3 800,00	4800	4 750,00
2800	950,00		
	4 750,00		4 750,00

Soll	0840 Fuhrpark		Haben
AB	290 000,00	6520	47 000,00
		8010	243 000,00
	290 000,00		290 000,00

Soll	2800 Bank		Haben
AB	92 000,00	4407	16 000,00
2407	55 000,00	6200	78 000,00
2408	120 000,00	4407	5 950,00
		8010	167 050,00
	267 000,00		267 000,00

Soll	2000 Rohstoffe		Haben
AB	180 000,00	8010	160 000,00
		6000	20 000,00
	180 000,00		180 000,00

Soll	3000 Eigenkapital		Haben
8010	587 500,00	AB	537 000,00
		8020	50 500,00
	587 500,00		587 500,00

Soll	2030 Betriebsstoffe		Haben
AB	70 000,00	8010	50 000,00
		6030	20 000,00
	70 000,00		70 000,00

Soll	4250 Langfr. Bankverbindlichkeiten		Haben
8010	420 000,00	AB	420 000,00

Soll	2200 Fertige Erzeugnisse		Haben
AB	80 000,00	8010	72 000,00
		5202	8 000,00
	80 000,00		80 000,00

Soll	4400 Verbindl. a. Lief. u. Leist.		Haben
4407/4408	21 950,00	AB	200 000,00
8010	207 800,00	4407/4408	29 750,00
	229 750,00		229 750,00

Soll	2400 Forderungen a. Lief. u. Leist.		Haben
AB	75 000,00	2407/2408	190 470,00
2407/2408	406 385,00	8010	290 915,00
	481 385,00		481 385,00

Soll	4800 Umsatzsteuer		Haben
2407	2 470,00	AB	30 000,00
2600	4 750,00	2407	43 510,00
8010	87 665,00	2408	21 375,00
	94 885,00		94 885,00

Soll	5000 UE f. eigene Erzeugnisse		Haben		Soll	6520 Abschr. a. Sachanlagen		Haben
2407	13 000,00	2407	229 000,00		0700	80 000,00	8020	127 000,00
8020	328 500,00	2408	112 500,00		0840	47 000,00		
	341 500,00		341 500,00			127 000,00		127 000,00

Soll	5202 Bestandsveränd. an FE		Haben		Soll	8020 GuV		Haben
2200	8 000,00	8020	8 000,00		5202	8 000,00	5000	328 500,00
					6000	40 000,00		
					6030	25 000,00		
Soll	6000 Aufwendungen f. Rohstoffe		Haben		6200	78 000,00		
4408	20 000,00	8020	40 000,00		6520	127 000,00		
2000	20 000,00				3000	50 500,00		
	40 000,00		40 000,00			328 500,00		328 500,00

Soll	6030 Aufw. f. Betriebsstoffe		Haben		Soll	8010 SBK		Haben
2800	5 000,00	8020	25 000,00		0700	320 000,00	3000	587 500,00
2030	20 000,00				0840	243 000,00	4250	420 000,00
	25 000,00		25 000,00		2000	160 000,00	4400	207 800,00
					2030	50 000,00	4800	87 665,00
Soll	6200 Löhne		Haben		2200	72 000,00		
2800	78 000,00	8020	78 000,00		2400	290 915,00		
					2800	167 050,00		
						1 302 965,00		1 302 965,00

Übungsaufgabe 191

Soll	0510 Bebaute Grundstücke		Haben		Soll	0870 Büromöbel, so.Gesch.-Ausst.		Haben
Su	120 000,00	8010	120 000,00		Su	28 000,00	Su	5 200,00
							6520	6 840,00
							8010	15 960,00
						28 000,00		28 000,00

Soll	0530 Betriebsgebäude		Haben		Soll	2280 Waren		Haben
Su	180 000,00	Su	14 000,00		Su	81 000,00	8010	77 000,00
		6520	3 320,00				6080	4 000,00
		8010	162 680,00			81 000,00		81 000,00
	180 000,00		180 000,00					

Soll	0700 Techn. Anlagen u. Maschinen		Haben		Soll	2400 Forderungen a. Lief. u. Leist.		Haben
Su	35 000,00	Su	1 400,00		Su	192 350,00	Su	114 450,00
		6520	12 000,00				8010	77 900,00
		8010	21 600,00			192 350,00		192 350,00
	35 000,00		35 000,00					

Soll	0840 Fuhrpark		Haben		Soll	2600 Vorsteuer		Haben
Su	20 000,00	Su	2 000,00		Su	19 310,00	Su	17 000,00
		6520	4 000,00				4800	2 310,00
		8010	14 000,00			19 310,00		19 310,00
	20 000,00		20 000,00					

Soll	2880 Kasse		Haben		Soll	6081 Bezugskosten		Haben
Su	620 300,00	Su	613 400,00		Su	3 100,00	6080	3 100,00
		8010	6 900,00		=		=	
	620 300,00		620 300,00		Soll	6082 Nachlässe		Haben
=		=			6080	5 400,00	Su	5 400,00
Soll	3000 Eigenkapital		Haben		=		=	
3001	1 400,00	Su	279 180,00					
8010	461 020,00	8020	183 240,00		Soll	6520 Abschr. a. Sachanlagen		Haben
	462 420,00		462 420,00		0530	3 320,00	8020	26 160,00
=		=			0700	12 000,00		
Soll	3001 Privatkonto		Haben		0840	4 000,00		
Su	1 400,00	3000	1 400,00		0870	6 840,00		
=		=				26 160,00		26 160,00
					=		=	
Soll	4400 Verbindl. a. Lief. u. Leist.		Haben		Soll	6600/6800 betr. Aufwendungen		Haben
Su	703 950,00	Su	734 600,00		Su	120 000,00	8020	120 000,00
8010	30 650,00				=		=	
	734 600,00		734 600,00		Soll	7510 Zinsaufwendungen		Haben
=		=			Su	4 500,00	8020	4 500,00
Soll	4800 Umsatzsteuer		Haben		=		=	
Su	21 700,00	Su	28 380,00					
2600	2 310,00				Soll	8010 SBK		Haben
8010	4 370,00				0510	120 000,00	4400	30 650,00
	28 380,00		28 380,00		0530	162 680,00	4800	4 370,00
=		=			0700	21 600,00	3000	461 020,00
Soll	5100 Umsatzerl. f. Handelswaren		Haben		0840	14 000,00		
5101	9 000,00	Su	670 600,00		0870	15 960,00		
8020	661 600,00				2280	77 000,00		
	670 600,00		670 600,00		2400	77 900,00		
=		=			2880	6 900,00		
Soll	5101 Erlösberichtigungen		Haben			496 040,00		496 040,00
Su	9 000,00	5100	9 000,00		=		=	
=		=			Soll	802 GuV		Haben
					6080	327 700,00	5100	661 600,00
Soll	6080 Aufw. für Waren		Haben		6520	26 160,00		
Su	326 000,00	6082	5 400,00		66/68	120 000,00		
6081	3 100,00	8020	327 700,00		7510	4 500,00		
2280	4 000,00				3000	183 240,00		
	333 100,00		333 100,00			661 600,00		661 600,00
=		=			=		=	

Übungsaufgabe 192

1. Um die ordnungsgemäße Berechnung der Abschreibung kontrollieren zu können.

2. – als besonderes Anlageverzeichnis (Bestandsverzeichnis)
   – als Anlagekartei
   – als Nebenbuchhaltung
   – auf besonderen Konten in der Hauptbuchhaltung (Geschäftsbuchhaltung)

3. – Tag der Anschaffung
   – genaue Bezeichnung des Gegenstands
   – Höhe der Anschaffungskosten
   – Bilanzwert am Bilanzstichtag
   – Tag des Abgangs

4. Bis zu einem Nettowert von 150,00 EUR.

5. Für Kapitalgesellschaften

6. – Anschaffungs- oder Herstellungskosten
   – Zugänge
   – Abgänge
   – Umbuchungen
   – kumulierte Abschreibung
   – Zuschreibungen
   – Buchwert zum Bilanzstichtag
   – Buchwert des Vorjahres

7. In der Bilanz oder im Anhang.

Übungsaufgabe 193

Berechnung der kumulierten Abschreibung 10

kumulierte Abschreibung bis 09	530 000,00 EUR
vorläufige Abschreibungen 10	110 000,00 EUR
Abschreibung auf Solaranlage (10 %/6 Monate)	31 525,00 EUR
Abschreibung Abfüllanlage (10 %/9 Monate)	9 000,00 EUR
Zwischensumme	680 525,00 EUR
– Abschreibung für ausscheidende Abfüllanlage	
kumulierte Abschreibung bis 10 96 000,00 EUR	
Abschreibung für 9 Monate 9 000,00 EUR	105 000,00 EUR
Ansatz Ende 10	575 525,00 EUR

Jahresabschreibungen im Anlagenspiegel

Solaranlage	31 525,00 EUR
Abfüllanlage	9 000,00 EUR
Sonstige Abschreibungen 10	110 000,00 EUR
Ansatz	150 525,00 EUR

Bilanzansatz

AHK insgesamt	1 100 000,00 EUR
+ neue Solaranlage	630 500,00 EUR
− Abfüllanlage	120 000,00 EUR
− Abschreibungen kumuliert	575 525,00 EUR
Bilanzansatz 10	1 034 975,00 EUR

Anlagenspiegel (vereinfacht)

Position	Anschaffungs- und Herstellungskosten	Zugänge	Abgänge
A. Techn. Anl. u. Masch.	1 100 000,00 EUR	630 500,00 EUR	120 000,00 EUR

Umbuchungen	Abschreibungen kumuliert	Bilanzansatz 31. Dez. 10 lfd. Jahr	
	575 525,00 EUR	1 034 975,00 EUR	

Buchwert des Vorjahres	Abschreibungen des Abschlussjahres
570 000,00 EUR	150 525,00 EUR

Übungsaufgabe 194

1. 1.1 $\dfrac{949\,849}{11} = \underline{\underline{86\,354,00 \text{ EUR}}}$

   1.2 Die Aussagekraft ist gering, da die Gewinne starken Schwankungen unterworfen sind.

   1.3 95 300,00 EUR

2. 2.1

17 · 1 400,00 EUR =	23 800,00 EUR	
9 · 7 300,00 EUR =	65 700,00 EUR	
12 · 3 500,00 EUR =	42 000,00 EUR	
20 · 9 200,00 EUR =	184 000,00 EUR	
58	315 500,00 EUR : 58 = $\underline{\underline{5\,439,66 \text{ EUR}}}$	

   2.2 Der Mittelwert ist hier wenig aussagekräftig, da die einzelnen Auftragssummen stark voneinander abweichen.

3.

Geschäftsjahr	Gewinn	Messzahlen
1	150 200,00 EUR	100,0 %
2	155 457,00 EUR	103,5 %
3	168 244,00 EUR	112,0 %
4	142 690,00 EUR	95,0 %
5	153 204,00 EUR	102,0 %

Übungsaufgabe 195

1. 1: 14,1 %   3: 14 %
   2: 13,8 % 4: 14,4 %

2. Geschäftsjahr 2: 14,1 % ≙ 100 %
   13,8 % ≙ x %

   $x = \dfrac{100 \cdot 13,8}{14,1} = \underline{\underline{97,88\,\%}}$

   Geschäftsjahr 3: 14,1 % ≙ 100 %
   14 % ≙ x %

   $x = \dfrac{100 \cdot 14}{14,1} = \underline{\underline{99,29\,\%}}$

   Geschäftsjahr 4: 14,1 % ≙ 100 %
   14,4 % ≙ x %

   $x = \dfrac{100 \cdot 14,4}{14,1} = \underline{\underline{102,13\,\%}}$

Übungsaufgabe 196

1.

Konten	Soll	Haben
0840 Fuhrpark	15 895,00	
2600 Vorsteuer	3 020,05	
an 4400 Verbindl. a. Lief. u. Leist.		18 915,05
6900 Versicherung	471,20	
an 2800 Bank		471,20
	19 386,25	19 386,25

2.
Rechnungsbetrag	18 915,05 EUR
– 2 % Skonto	378,30 EUR
	18 536,75 EUR
– Altfahrzeug	4 879,00 EUR
Zahlungsbetrag	13 657,75 EUR

Konten	Soll	Haben
4400 Verbindlichkeiten a. Lief. u. Leist.	18 915,05	
an 0840 Fuhrpark		317,90
an 2600 Vorsteuer		60,40
an 5410 Sonstige Erlöse		4 100,00
an 4800 Umsatzsteuer		779,00
an 2800 Bank		13 657,75
	18 915,05	18 915,05

3. $x = \dfrac{2 \cdot 360}{\dfrac{100 - 2}{100} \cdot (30 - 10)} = \underline{\underline{36,73\,\%}}$

Es ist sinnvoll den Skonto auszunutzen. Der effektive Zinssatz des Skontos liegt höher als der Zinssatz für den Bankkredit.

4. 4.1 Anschaffungskosten 15 577,10 − $16^{2}/_{3}$ % Abschreibung/10 Monate 2 163,49
    = <u>Buchwert 13 413,61 EUR</u> (15 895,00 − 2 % Skonto 317,90 = 15 577,10)

    4.2 Zu überlegen ist eine Abschreibung nach erbrachten Leistungseinheiten (km), um den Wertverlust in den ersten Jahren zu erfassen.

    Für die Handelsbilanz ist auch die degressive Abschreibung eine Möglichkeit, den Wertverlust in den ersten Jahren zu erfassen.

Übungsaufgabe 197

Lösungsvorschlag:

Als Grundlage zur Lösung dient die unten abgebildete Tabelle.

1. Die Übernahme der Daten in ein Grafikprogramm richtet sich nach den speziellen Erfordernissen der einzelnen Programme.

2. Im folgenden Text wird die Bildung der Datenreihen beschrieben. Dabei wird für die X-Datenreihe der Begriff Rubrik verwendet, die Y-Datenreihen werden in verschiedenen Programmen auch als Größen bezeichnet, hier wird zum besseren Verständnis mit dem Begriff der Y-Reihen operiert.

    2.1 **Rubrik**   aus Zeile 2, Spalte 3 − 5   **2. Y-Reihe** aus Zeile 4, Spalte 3 − 5
        1. Y-Reihe aus Zeile 3, Spalte 3 − 5   **3. Y-Reihe** aus Zeile 7, Spalte 3 − 5
        Legende   aus den entsprechenden Inhalten der Spalte 1

    2.2 **Rubrik**   aus Zeile 2, Spalte 3 − 5
        1. Y-Reihe aus Zeile 3, Spalte 3 − 5   **4. Y-Reihe** aus Zeile 6, Spalte 3 − 5
        2. Y-Reihe aus Zeile 4, Spalte 3 − 5   **5. Y-Reihe** aus Zeile 7, Spalte 3 − 5
        3. Y-Reihe aus Zeile 5, Spalte 3 − 5   **Legende**   aus Spalte 1

    2.3 **Rubrik**   aus Zeile 3 - 7, Spalte 1   **Y-Reihe**   aus Zeile 3 - 7, Spalte 6

	1	2	3	4	5	6
2		1. Quartal	2. Quartal	3. Quartal	4. Quartal	Jahresumsatz
3	Mango	4 500,00	6 000,00	8 000,00	12 000,00	30 500,00
4	Bananen	23 850,00	17 000,00	22 560,00	24 890,00	88 300,00
5	Papaya	2 600,00	7 800,00	5 400,00	6 700,00	22 500,00
6	Orangen	78 000,00	85 000,00	77 900,00	95 700,00	336 600,00
7	Zitronen	45 900,00	43 800,00	56 900,00	51 500,00	198 100,00
8	Summen	154 850,00	159 600,00	170 760,00	190 790,00	676 000,00

Diagramm zu 2.1

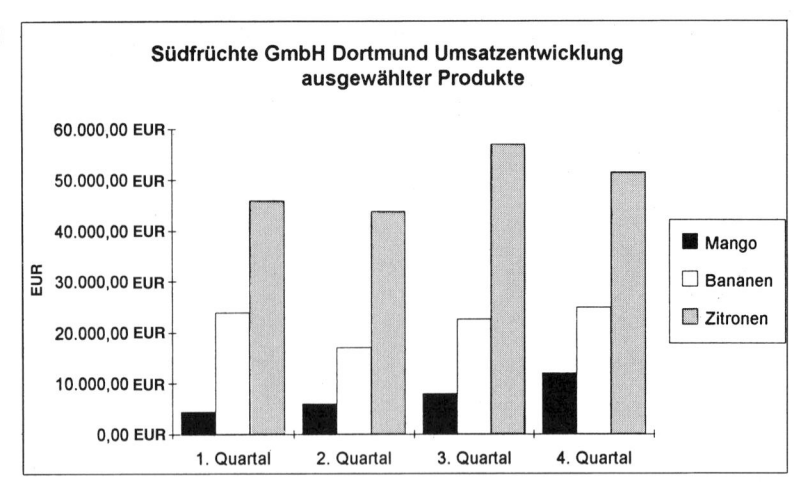

Südfrüchte GmbH Dortmund Umsatzentwicklung ausgewählter Produkte

- Mango
- Bananen
- Zitronen

Diagramm zu 2.2

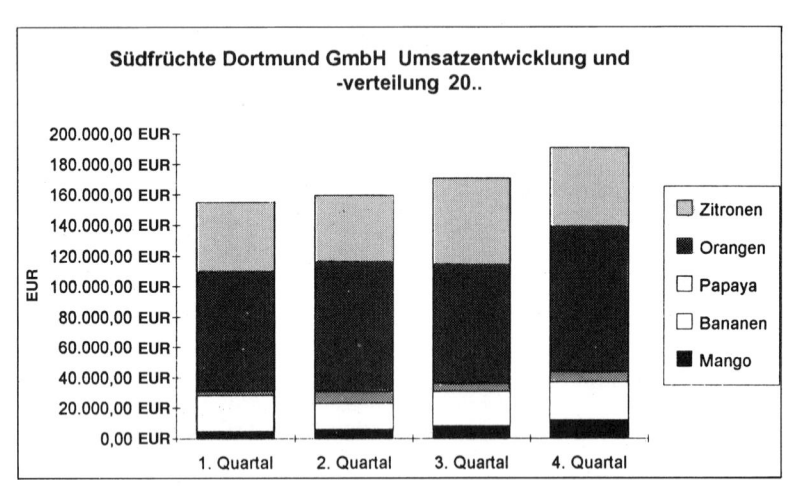

Südfrüchte Dortmund GmbH Umsatzentwicklung und -verteilung 20..

- Zitronen
- Orangen
- Papaya
- Bananen
- Mango

Diagramm zu 2.3

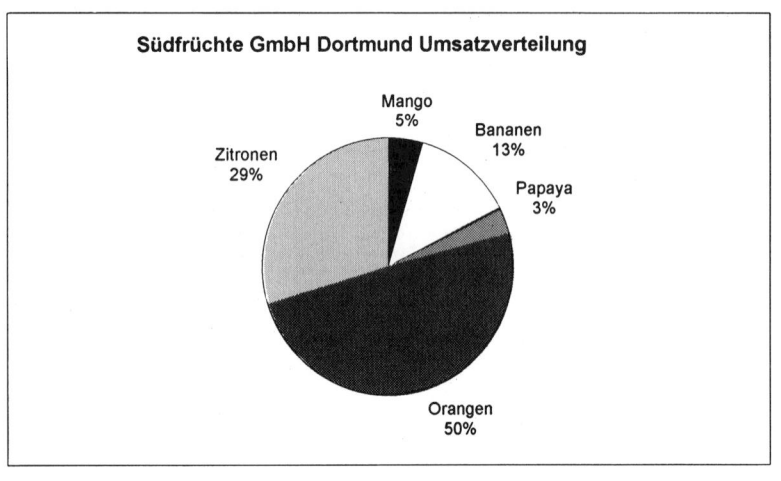

Südfrüchte GmbH Dortmund Umsatzverteilung

- Mango 5%
- Bananen 13%
- Papaya 3%
- Orangen 50%
- Zitronen 29%

Übungsaufgabe 198

1.

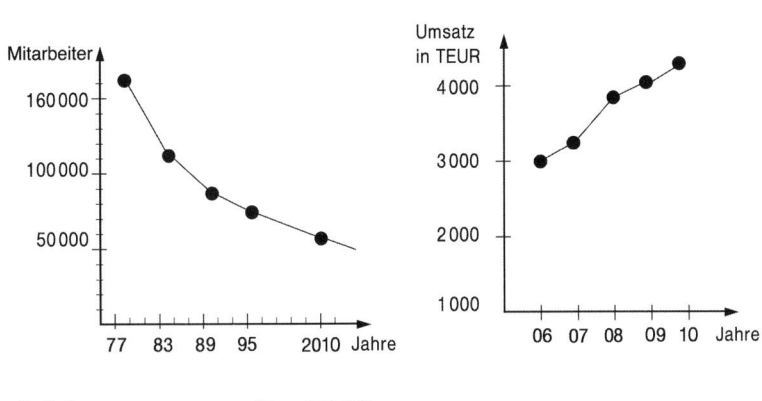

2. 2.1

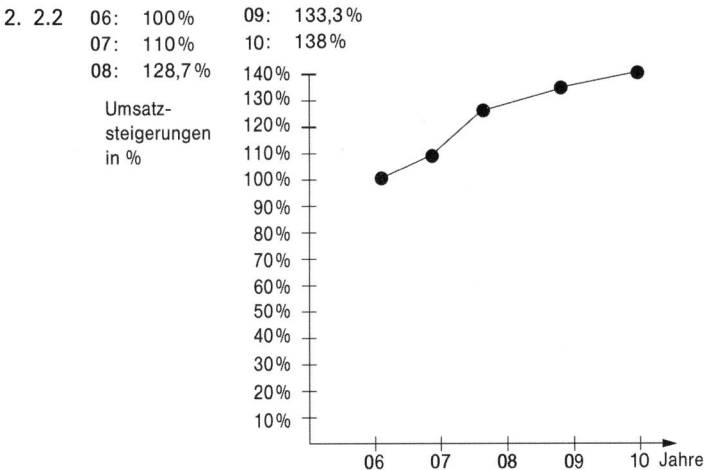

[Diagramm Mitarbeiter: 77: 170000; 83: 110000; 89: 80000; 95: 70000; 2010: 55000]

[Diagramm Umsatz in TEUR: 06: 3000; 07: 3250; 08: 3850; 09: 4050; 10: 4350]

2. 2.2   06: 100 %   09: 133,3 %
         07: 110 %   10: 138 %
         08: 128,7 %

Umsatzsteigerungen in %

[Diagramm: 06: 100 %; 07: 110 %; 08: 128,7 %; 09: 133,3 %; 10: 138 %]

3. Verpackungskosten
für je 100,00 EUR Warenwert

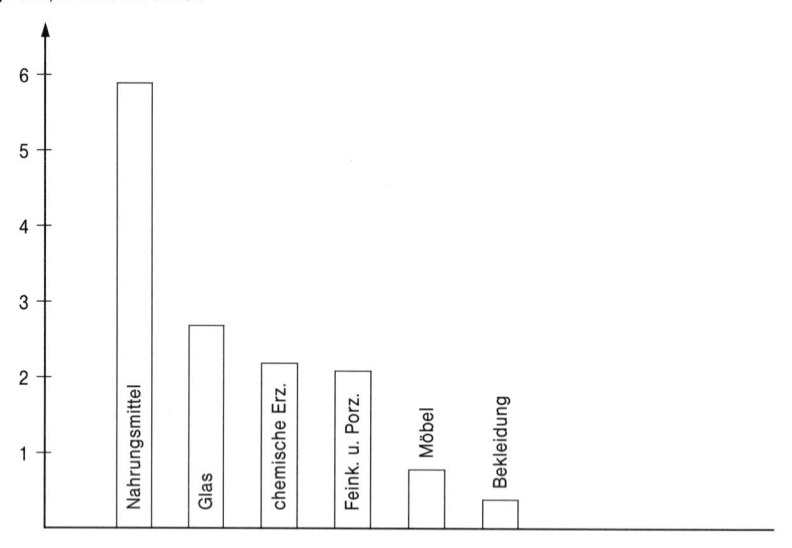

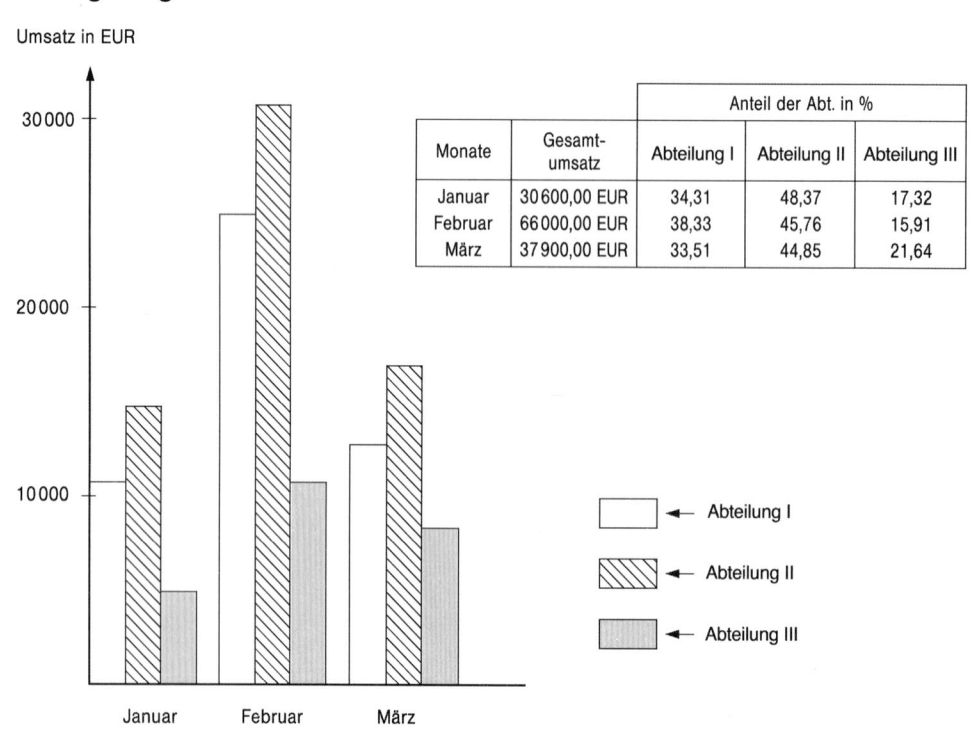

Übungsaufgabe 199

Umsatz in EUR

Monate	Gesamt-umsatz	Anteil der Abt. in %		
		Abteilung I	Abteilung II	Abteilung III
Januar	30 600,00 EUR	34,31	48,37	17,32
Februar	66 000,00 EUR	38,33	45,76	15,91
März	37 900,00 EUR	33,51	44,85	21,64

Übungsaufgabe 200

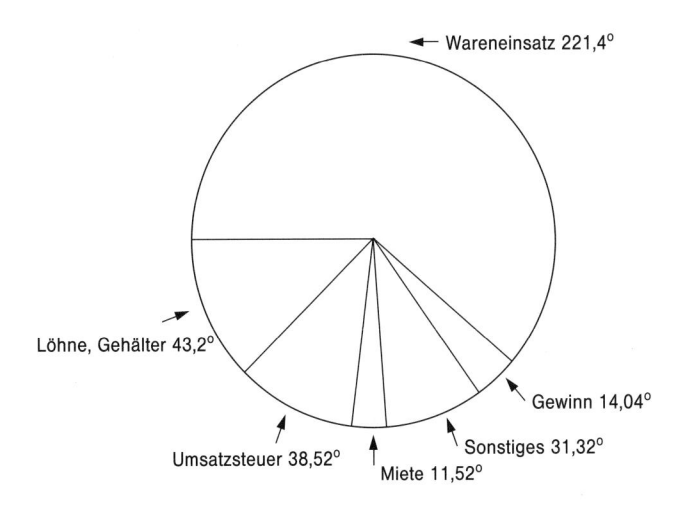

- Wareneinsatz 221,4°
- Löhne, Gehälter 43,2°
- Umsatzsteuer 38,52°
- Miete 11,52°
- Sonstiges 31,32°
- Gewinn 14,04°

Übungsaufgabe 201

1.

Abel, Bebel, Cebel

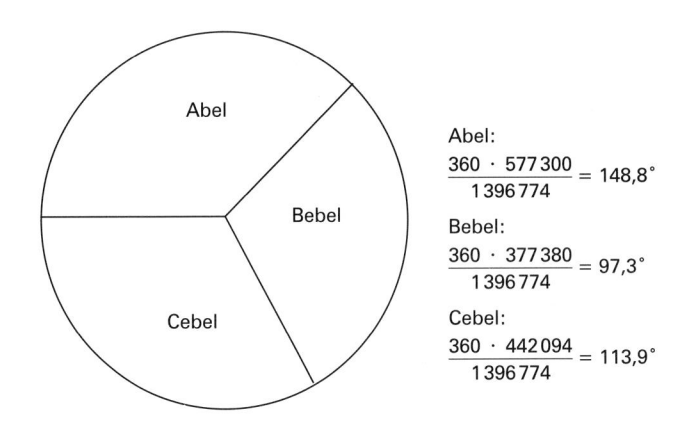

Abel:
$$\frac{360 \cdot 577\,300}{1\,396\,774} = 148{,}8°$$

Bebel:
$$\frac{360 \cdot 377\,380}{1\,396\,774} = 97{,}3°$$

Cebel:
$$\frac{360 \cdot 442\,094}{1\,396\,774} = 113{,}9°$$

2.

	Abel	Bebel	Cebel
April	5 695	9 510	5 732
Mai	4 260	4 310	6 120
Juni	6 120	4 320	6 030

3.

Übungsaufgabe 202

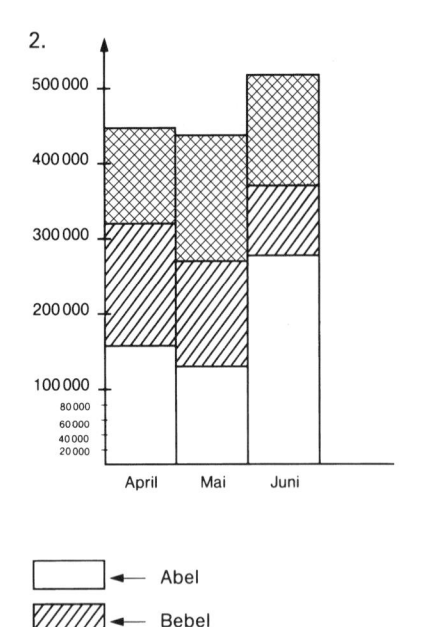

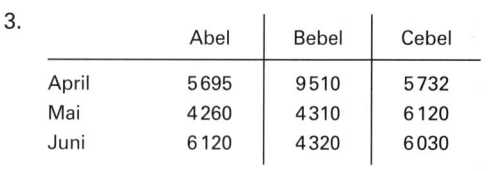

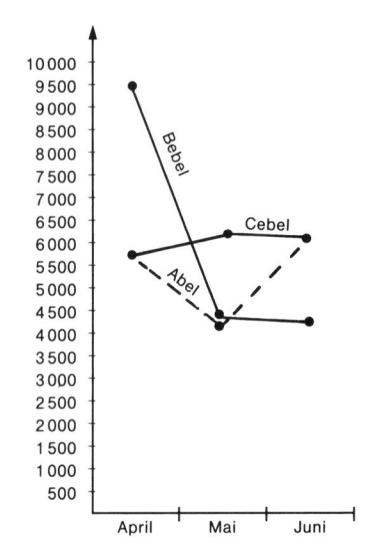

1. Bilanz, GuV-Rechnung, Anhang, Kapitalflussrechnung, Eigenkapitalspiegel, Segmentberichterstattung (freiwillig). Ergänzend Lagebericht.

2. 2.1 In Kontoform nach § 266 HGB.

   2.2 In Staffelform nach § 275 HGB.

3. § 264 II HGB beantwortet diese Frage wie folgt: Der Jahresabschluss der Kapitalgesellschaft hat unter Beachtung der Grundsätze ordnungsmäßiger Buchführung ein den tatsächlichen Verhältnissen entsprechendes Bild der Vermögens-, Finanz- und Ertragslage der Kapitalgesellschaft zu vermitteln.

   Rechenschaftslegung (Information), Grundlage für die Gewinnausschüttung, Ausgangspunkt für die Ermittlung des steuerpflichtigen Gewinns und damit der Steuerfestsetzung.

4. 4.1 innerhalb der ersten 6 Monate des neuen Geschäftsjahres.

   4.2 innerhalb der ersten 3 Monate des neuen Geschäftsjahres.

5. Als große Kapitalgesellschaft muss sie einen Jahresabschluss mit detaillierter Bilanz und GuV-Rechnung sowie dem entsprechenden Anhang erstellen.

   Jahresabschluss, Lagebericht, Bestätigungsvermerk des Wirtschaftsprüfers, Bericht des Aufsichtsrats sowie der Vorschlag und der Beschluss über die Gewinnverwendung sind beim Handelsregister einzureichen und im elektronischen Bundesanzeiger bekannt zu machen, bei welchem Handelsregister und unter welcher Nummer diese Unterlagen eingereicht worden sind.

Übungsaufgabe 203

Nr.	Konten	Soll	Haben
1.	2690 Sonstige Forderungen an 5401 Nebenerl. a. Verm. u. Verp.	45,00	45,00
2.	2690 Sonstige Forderungen an 5710 Zinserträge	400,00	400,00
3.	6160 Fremdinstandhaltung an 4890 Sonstige Verbindlichkeiten	820,00	820,00
4.	6150 Vertriebsprovision an 4890 Sonstige Verbindlichkeiten	15 300,00	15 300,00
5.	2690 Sonstige Forderungen an 5401 Nebenerlöse a. Verm.- u. Verp.	300,00	300,00
6.	6920 Beitr. zu Wirtschaftsverbänden an 4890 Sonstige Verbindlichkeiten	600,00	600,00
		17 465,00	17 465,00

Übungsaufgabe 204

Nr.	Konten		Soll	Haben
1.	31. Dez.:	6700 Mieten, Pachten an 4890 Sonst. Verbindlichkeiten	3 000,00	3 000,00
	05. Jan.:	4890 Sonst. Verbindlichkeiten an 2800 Bank	3 000,00	3 000,00
2.	31. Dez.:	7510 Zinsaufwend. an 4890 Sonst. Verbindlichkeiten	3 600,00	3 600,00
	02. Jan.:	4890 Sonst. Verbindlichkeiten an 2800 Bank	3 600,00	3 600,00
3.	31. Dez.:	2690 Sonst. Forderungen an 5710 Zinserträge	750,00	750,00
	08. Jan.:	2800 Bank an 2690 Sonst. Forderungen	750,00	750,00
4.	28. Dez.:	6780 Werbung 2600 Vorsteuer an 4400 Verb. a. Lief. u. Leist.	2 500,00 475,00	2 975,00
	31. Dez.:	keine Buchung		
	12. Jan.:	4400 Verb. a. Lief. u. Leist. an 2800 Bank	2 975,00	2 975,00
5.	31. Dez.:	2690 Sonst. Forderungen an 5401 Neb. Erl. a. Vm. u. Vp.	450,00	450,00
	10. Jan.:	2800 Bank an 2690 Sonst. Forderungen	450,00	450,00
6.	31. Dez.:	6160 Fremdinstandhaltung an 4890 Sonst. Verbindlichkeiten	3 500,00	3 500,00
	15. Jan.:	4890 Sonst. Verbindlichkeiten 2600 Vorsteuer an 2800 Bank	3 500,00 665,00	4 165,00
			29 215,00	29 215,00

Übungsaufgabe 205

Nr.		Konten	Soll	Haben
1.	1.1	2690 Sonst. Forderungen an 5710 Zinserträge	100,00	100,00
	1.2	2800 Bank an 2690 Sonst. Forderungen an 5710 Zinserträge	600,00	100,00 500,00
2.	2.1	6700 Mieten, Pachten an 4890 Sonst. Verbindlichkeiten	150,00	150,00
	2.2	6700 Mieten, Pachten 4890 Sonst. Verbindlichkeiten an 2800 Bank	300,00 150,00	450,00
3.	3.1	2690 Sonst. Forderungen an 5411 Provisionserlöse an 4800 Umsatzsteuer	892,50	750,00 142,50
	3.2	2800 Bank an 2690 Sonst. Forderungen	892,50	892,50
4.	4.1	2690 Sonst. Forderungen an 5401 Nebenerlöse a. Verm. u. Verp.	3 000,00	3 000,00
	4.2	2800 Bank an 5401 Nebenerl. a. Verm. u. Verp. an 2690 Sonst. Forderungen	4 500,00	1 500,00 3 000,00
5.	5.1	7510 Zinsaufwendungen an 4890 Sonst. Verbindlichkeiten	700,00	700,00
	5.2	7510 Zinsaufwendungen 4890 Sonst. Verbindlichkeiten an 2800 Bank	140,00 700,00	840,00
6.	6.1	6160 Fremdinstandhaltung an 4890 Sonst. Verbindlichkeiten	410,00	410,00
	6.2	4890 Sonst. Verbindlichkeiten 2600 Vorsteuer an 2800 Bank	410,00 77,90	487,90
			13 022,90	13 022,90

Übungsaufgabe 206

Nr.	Konten	Soll	Haben
1.	31. Dez.: 2690 Sonst. Forderungen	220,00	
	an 5710 Zinserträge		220,00
	30. April: 2800 Bank	660,00	
	an 2690 Sonst. Forderungen		220,00
	an 5710 Zinserträge		440,00
2.	31. Dez.: 6050 Aufw. f. Energie	700,00	
	an 4890 Sonst. Verbindlichkeiten		700,00
	05. Febr.: 4890 Sonst. Verbindlichkeiten	700,00	
	6050 Aufw. f. Energie	350,00	
	2600 Vorsteuer	199,50	
	an 2800 Bank		1 249,50
3.	31. Dez.: 6150 Vertriebsprovision	1 440,00	
	an 4890 Sonst. Verbindlichkeiten		1 440,00
	08. März: 4890 Sonst. Verbindlichkeiten	1 440,00	
	6150 Vertriebsprovision	780,00	
	2600 Vorsteuer	421,80	
	an 2800 Bank		2 641,80
4.	31. Dez.: 2690 Sonst. Forderungen	1 400,00	
	an 5401 Neb. Erl. a. Vm. u. Vp.		1 400,00
	28. Febr.: 2800 Bank	4 200,00	
	an 2690 Sonst. Forderungen		1 400,00
	an 5401 Neb. Erl. a. Vm. u. Vp.		2 800,00
		12 511,30	12 511,30

Übungsaufgabe 207

Nr.		Konten	Soll	Haben
1.	1.1	5401 Nebenerlöse a. Verm. u. Verp.	65,00	
		an 4900 PRA		65,00
	1.2	4900 PRA	65,00	
		an 5401 Nebenerlöse a. Verm. u. Verp.		65,00
2.	2.1	7510 Zinsaufwendungen	300,00	
		an 4890 Sonst. Verbindlichkeiten		300,00
	2.2	4890 Sonst. Verbindlichkeiten	300,00	
		an 2800 Bank		300,00
3.	3.1	2900 ARA	5 825,00	
		an 6700 Mieten, Pachten		5 825,00
	3.2	6700 Mieten, Pachten	5 825,00	
		an 2900 ARA		5 825,00
4.	4.1	6050 Aufw. f. Energie	792,00	
		2600 Vorsteuer	150,48	
		an 4890 Sonst. Verbindlichkeiten		942,48
	4.2	4890 Sonst. Verbindlichkeiten	942,48	
		an 2800 Bank		942,48
5.	5.1	2900 ARA	4 000,00	
		an 6710 Leasing		4 000,00
	5.2	6710 Leasing	4 000,00	
		an 2900 ARA		4 000,00
			22 264,96	22 264,96

Übungsaufgabe 208

Nr.		Konten	Soll	Haben
1.	1.1	6700 Mieten, Pachten	4 500,00	
		an 2800 Bank		4 500,00
	1.2	2900 ARA	1 500,00	
		an 6700 Mieten, Pachten		1 500,00
	1.3	6700 Mieten, Pachten	1 500,00	
		an 2900 ARA		1 500,00
2.	2.1	2800 Bank	480,00	
		an 5710 Zinserträge		480,00
	2.2	5710 Zinserträge	160,00	
		an 4900 PRA		160,00
	2.3	4900 PRA	160,00	
		an 5710 Zinserträge		160,00
3.	3.1	6900 Versicherungsbeiträge	800,00	
		an 2800 Bank		800,00
	3.2	2900 ARA	800,00	
		an 6900 Versicherungsbeiträge		800,00
	3.3	6900 Versicherungsbeiträge	800,00	
		an 2900 ARA		800,00
4.	4.1	2800 Bank	560,00	
		an 5401 Nebenerlöse a. Verm. u. Verp.		560,00
	4.2	5401 Nebenerlöse a. Verm. u. Verp.	560,00	
		an 4900 PRA		560,00
	4.3	4900 PRA	560,00	
		an 5401 Nebenerlöse a. Verm. u. Verp.		560,00
			12 380,00	12 380,00

Übungsaufgabe 209

Nr.		Konten	Soll	Haben
1.	1.1	7510 Zinsaufwendungen	450,00	
		an 4890 Sonst. Verbindlichkeiten		450,00
	1.2	4890 Sonst. Verbindlichkeiten	450,00	
		an 2800 Bank		450,00
2.	2.1.1	6700 Mieten, Pachten	600,00	
		an 2800 Bank		600,00
	2.1.2	2900 ARA	200,00	
		an 6700 Mieten, Pachten		200,00
	2.2	6700 Mieten, Pachten	200,00	
		an 2900 ARA		200,00
3.	3.1	2690 Sonst. Forderungen	900,00	
		an 5401 Nebenerlöse a. Verm. u. Verp.		900,00
	3.2	2800 Bank	1 800,00	
		an 2690 Sonst. Forderungen		900,00
		an 5401 Nebenerlöse a. Verm. u. Verp.		900,00
			4 600,00	4 600,00

Übungsaufgabe 210

Nr.		Konten	Soll	Haben
1.	1.1	6520 Abschr. a. Sachanlagen an 0840 Fuhrpark	60 000,00	60 000,00
	1.2	6520 Abschr. a. Sachanlagen an 0530 Betriebsgebäude	30 000,00	30 000,00
2.		6770 Rechts- u. Beratungskosten an 4890 Sonst. Verbindlichkeiten	3 500,00	3 500,00
3.		5710 Zinserträge an 4900 PRA	600,00	600,00
4.		6200 Löhne an 4890 Sonst. Verbindlichkeiten	32 500,00	32 500,00
5.		5401 Nebenerlöse a. Verm. u. Verp. an 4900 PRA	1 500,00	1 500,00
6.		2900 ARA an 7030 Kfz-Steuer	300,00	300,00
7.		6160 Fremdinstandhaltung an 4890 Sonst. Verbindlichkeiten	6 500,00	6 500,00
			134 900,00	134 900,00

Übungsaufgabe 211

1. Der **Zweck der Bewertung** besteht darin, im Rahmen der Aufstellung der Bilanz für alle Vermögens- und Schuldenposten den richtigen (d. h. gesetzesgerechten) Geldwert zu bestimmen.

2. **Handelsrechtliche Bewertungsvorschriften** haben zum einen einen Informationsauftrag und sollen zum anderen zum Schutz von Eigentümer, Gläubiger und Öffentlichkeit verhindern, dass Vermögen unterbewertet und Schulden überbewertet werden.

3. **Steuerrechtliche Bewertungsvorschriften** liefern der Finanzverwaltung die Besteuerungsgrundlagen. Sie dienen der Steuergerechtigkeit und sie sollen zur Sicherung des Steueraufkommens beitragen.

4. **Adressaten der Handelsbilanz:** Eigentümer, Gläubiger, Öffentlichkeit

   Adressaten der Steuerbilanz: Finanzverwaltung, Politiker

5. Bei höherer Bewertung des Vermögens steigt das Eigenkapital und der Erfolg an, bei niedriger Bewertung fällt das Eigenkapital und der Erfolg.

   Beispiel: Anschaffungskosten eines neuen Kombiwagens: 15 000,00 EUR; Eigenkapital 15 000,00 EUR; Nutzungsdauer sechs Jahre. Bei linearer Abschreibung vermindert sich das Eigenkapital in Bezug auf die Abschreibung im 1. Jahr um 2 500,00 EUR, bei der degressiven Abschreibung mit einem Abschreibungssatz von 20 % um 3 000,00 EUR. Die Verminderung des Eigenkapitals bedeutet in diesem Zusammenhang eine Verminderung des Gewinns bzw. eine Erhöhung des Verlustes.

Übungsaufgabe 212

1. Es gilt beim Umlaufvermögen das strenge Niederstwertprinzip.

Wert der Motoren am 31. Dez. zu Anschaffungskosten	5 000,00 EUR
− 40 % Wertverlust (außerplanmäßige Abschreibung)	2 000,00 EUR
Wertansatz am 31. Dezember	3 000,00 EUR

2. Wert in beiden Bilanzen zu Anschaffungskosten: 18 000,00 EUR

3. 3.1
Listeneinkaufspreis	18 000,00 EUR
− 15 % Liefererrabatt	2 700,00 EUR
Zieleinkaufspreis	15 300,00 EUR
− 3 % Liefererskonto	459,00 EUR
Bareinkaufspreis	14 841,00 EUR
+ Bezugskosten	561,00 EUR
Bezugspreis 400 m²	15 402,00 EUR
Bezugspreis 1 m²	38,51 EUR

   Anschaffungskosten je m²: 38,51 EUR;
   Anschaffungskosten insgesamt 15 402,00 EUR.

   3.2 150 m² · 35,00 EUR/m² = 5 250,00 EUR

   3.3 Der Gewinn sinkt um 526,50 EUR.

4. Die Beanstandung erfolgte zu Recht, da die Bewertung über den Anschaffungskosten von 39 000,00 EUR liegt.

5. Gewogene Durchschnittswertermittlung

400 Stück · 52,00 EUR =	20 800,00 EUR
610 Stück · 52,40 EUR =	31 964,00 EUR
1 200 Stück · 52,60 EUR =	63 120,00 EUR
800 Stück · 53,10 EUR =	42 480,00 EUR
150 Stück · 58,00 EUR =	8 700,00 EUR
3 160 Stück =	167 064,00 EUR
1 Stück =	52,87 EUR
120 Stück · 52,87 EUR =	6 344,40 EUR

   Fifo-Verfahren

   Bewertung: 120 Stück · 58,00 EUR = 6 960,00 EUR

   Das Fifo-Verfahren ist erlaubt. Trotzdem ist der gewogene Durchschnittswert zu bilanzieren, da er unter dem Wert des Fifo-Verfahrens liegt.

6. Restbestand: 180 Stück

   6.1 Lifo-Verfahren:
80 Stück · 13,00 EUR =	1 040,00 EUR
100 Stück · 13,50 EUR =	1 350,00 EUR
180 Stück	2 390,00 EUR

Permanente Durchschnittswertermittlung:

01.01.	Anfangsbestand	80 Stück zu je 13,00 EUR = 1 040,00 EUR
15.02.	Einkauf	120 Stück zu je 13,50 EUR = 1 620,00 EUR
14.04.	Bestand Abgang	200 Stück zu je 13,30 EUR = 2 660,00 EUR 100 Stück zu je 13,30 EUR = 1 330,00 EUR
06.06.	Bestand Einkauf	100 Stück zu je 13,30 EUR = 1 330,00 EUR 140 Stück zu je 14,50 EUR = 2 030,00 EUR
10.11.	Bestand Abgang	240 Stück zu je 14,00 EUR = 3 360,00 EUR 60 Stück zu je 14,00 EUR = 840,00 EUR
31.12.	Schlussbestand	180 Stück zu je 14,00 EUR = 2 520,00 EUR

6.2 Nach dem Lifo-Verfahren: Bilanzansatz 2 390,00 EUR.

Übungsaufgabe 213

1.   Materialeinzelkosten   12 000,00 EUR
     + Fertigungseinzelkosten   7 100,00 EUR
     + Materialgemeinkosten   7 130,00 EUR
     + Fertigungsgemeinkosten   9 060,00 EUR
     + Abschreibung Fertigung   1 280,00 EUR

  1.1 Herstellungskosten (Wertuntergrenze)   36 570,00 EUR
     + allgemeine Verwaltungskosten   2 940,00 EUR
     + freiwillige Sozialleistungen   1 080,00 EUR
     + betriebliche Altersversorgung   1 720,00 EUR

  1.2 Herstellungskosten (Wertobergrenze)   42 310,00 EUR

2.   Materialeinzelkosten   21 250,00 EUR
     + Fertigungslöhne   22 350,00 EUR
     + Sondereinzelkosten der Fertigung   5 450,00 EUR
     + angemessene Materialgemeinkosten   10 450,00 EUR
     + angemessene Fertigungsgemeinkosten   21 400,00 EUR
     + Werteverzehr (durch Fertigung veranlasst)   3 200,00 EUR

  2.1 Mindestwertansatz 400 Tische   84 100,00 EUR
     + angemessene allgem. Verwaltungsgemeink.   9 100,00 EUR
     + angemessene Aufw. soz. Einr. des Betriebs   1 400,00 EUR
     + Aufw. für die betriebl. Altersversorgung   4 100,00 EUR   14 600,00 EUR

  2.2 Höchstwertansatz 400 Tische   98 700,00 EUR

  2.3 Bilanzansatz zum Mindestwert: $\dfrac{84\,100 \cdot 120}{400} = 25\,230{,}00$ EUR

3.   Materialeinzelkosten   8 700,00 EUR
     + Fertigungslöhne (120 Std. · 46,00 EUR)   5 520,00 EUR
     + Sondereinzelkosten der Fertigung   4 200,00 EUR
     +   9 % Materialgemeinkosten   783,00 EUR
     + 110 % Fertigungsgemeinkosten   6 072,00 EUR
     + Werteverzehr (durch Fertigung veranlasst)   800,00 EUR

  3.1 Mindestwertansatz   26 075,00 EUR
     + angemessene allgem. Verwaltungsgemeink.   3 300,00 EUR
     + Aufw. f. freiwillige soz. Leistungen   200,00 EUR
     + Aufw. für die betriebl. Altersversorgung   1 040,00 EUR   4 540,00 EUR

3.2 Höchstwertansatz   30 615,00 EUR

3.3 Bilanzansatz zum Höchstwert: 30 615,00 EUR

4. 4.1

	Materialbereich einschließlich zugeordneter Verwaltungsgemeinkosten	Fertigungsbereich einschließlich zugeordneter Verwaltungsgemeinkosten	Verwaltungsbereich (restliche Verwaltungsgemeinkosten)	Vertriebsbereich
Summe Gemeinkosten	454 250,00	4 424 000,00 EUR	841 953,75	581 713,50
Zuschlagsgrundlage	6 397 887,00	3 950 000,00 EUR	15 308 250,00	15 308 250,00
Zuschlagssätze	7,1 %	112 %	5,5 %	3,8 %

Materialeinzelkosten	21 450,00 EUR	
Fertigungslöhne	14 910,00 EUR	
Sondereinzelkosten der Fertigung	4 210,00 EUR	
Materialgemeinkosten	1 522,95 EUR	
Fertigungsgemeinkosten	16 699,20 EUR	
Werteverzehr (durch Fertigung veranlasst)	1 890,00 EUR	
Herstellungskosten (Mindestwertansatz)		60 682,15 EUR
Aufwend. f. soziale Einrichtungen	1 100,00 EUR	
Aufwend. f. betriebl. Altersversorgung	3 580,00 EUR	4 680,00 EUR
Herstellungskosten (Höchstwertansatz)		65 362,15 EUR

4.2 Es ist der Höchstwertansatz zu wählen, da ein möglichst hoher Jahresüberschuss ausgewiesen werden soll.

4.3 Herstellungskosten   65 362,15 EUR
    – 12,5 % planmäßige Abschreibung   8 170,27 EUR
    Bilanzansatz   57 191,88 EUR

Übungsaufgabe 214

1. 1.1 Es handelt sich um eine Fremdwährungsverbindlichkeit mit einer **Restlaufzeit von mehr als einem Jahr**. Schulden müssen daher zum Tageswert angesetzt werden. Das Realisations- und Anschaffungskostenprinzip ist zu beachten.
   Wertansatz   9 030,00 EUR

   1.2 Das Unternehmensergebnis sinkt aufgrund des höheren Bilanzansatzes der Schulden um 180,00 EUR.

2. Die Schulden müssen am 31. Dezember mit 29 500,00 EUR ausgewiesen werden. Ein später beabsichtigter Skontoabzug kann nicht berücksichtigt werden.

3. Rechnungsbetrag der Eingangsrechnung:
   22 000,00 CHF : 1,5205 CHF/EUR = 14 468,92 EUR

   Es handelt sich um eine Fremdwährungsverbindlichkeit mit einer **Restlaufzeit von mehr als einem Jahr**. Das Realisations- und Anschaffungskostenprinzip ist zu beachten.

3.1 22 000,00 CHF : 1,5413 CHF/EUR = <u>14 273,67 EUR</u>

Da der Kurs des Euro gestiegen ist, muss die Auslandsverbindlichkeit mit dem Anschaffungskurs bilanziert werden. Bilanzansatz: 14 468,92 EUR.

3.2 22 000,00 CHF : 1,5140 CHF/EUR = <u>14 531,04 EUR</u>

Da der Kurs des Euro gefallen ist, muss die Auslandsverbindlichkeit am Bilanzstichtag mit dem Tageskurs bilanziert werden. Bilanzansatz: 14 531,04 EUR.

4. 4.1 Rechnung vom 12. Sept.: 120 000,00 GBP
Kursansatz: 0,9069
Rechnungsbetrag in EUR: 120 000,00 : 0,9069 = 132 318,89 EUR
Rechnung vom 12. Nov.: 100 000,00 GBP
Kursansatz: 0,9231
Rechnungsbetrag in EUR: 100 000,00 : 0,9231 = 108 330,63 EUR

Es handelt sich um eine Fremdwährungsverbindlichkeit mit einer **Restlaufzeit von einem Jahr oder weniger.** Das Realisations- und Anschaffungskostenprinzip ist **nicht** zu beachten.

4.2 Bilanzansatz: 220 000,00 : 0,9190 = <u>239 390,64 EUR</u>

4.3 Es wirkt sich positiv auf die Bilanz aus. Es entsteht ein Währungsgewinn in Höhe von 1 258,88 EUR (240 649,52 EUR − 239 390,64 EUR). Der Währungsgewinn ist zu versteuern.

5. Rechnungsbetrag der Eingangsrechnung:
15 200,00 SEK : 8,6213 SEK/EUR = <u>1 763,08 EUR</u>

Rechnungsbetrag am Bilanzierungstag:
15 200,00 SEK : 8,6425 SEK/EUR = <u>1 758,75 EUR</u>

Der Bilanzansatz beträgt 1 758,75 EUR. Es entsteht ein außerordentlicher Aufwand in Höhe von 4,33 EUR.

Übungsaufgabe 215

1. 1.1 Der Eurowert sinkt.

    1.2 Der Eurowert steigt.

2. 2.1 Es bleibt beim ursprünglichen Wert, weil dieser höher ist. Das gilt für beide Bilanzen.

    2.2 Wenn der Kurs für einen Euro sinkt, steigt der Wert der Auslandswährung. Die Umrechnung in Eurowerte steigt. Es muss der höhere Wert angesetzt werden.

3. Mit dem Bruttowert in Höhe von 13 090,00 EUR.

4. 4.1 Die Gutschrift beträgt 192 000,00 EUR.

    4.2 Mit 200 000,00 EUR

    4.3 Das Disagio kann in voller Höhe als Aufwand erfasst werden oder es kann ein Aktivposten gebildet werden, der dann planmäßig abgeschrieben werden muss.

5. 5.1 Mit 10 968,07 EUR

   5.2 Mit 11 386,93 EUR

   Die Restlaufzeit der Verbindlichkeit beträgt **weniger als ein Jahr**. Sie ist daher mit dem Devisenkassamittelkurs umzurechnen und der ermittelte Wert ist in der Bilanz ausgewiesen. Es entsteht ein Währungsverlust in Höhe von 418,86 EUR.

Übungsaufgabe 216

Grundsatz der Vorsicht.

Durch den niedrigen Wertansatz können Gläubiger sicher sein, dass dieses Vermögen auch vorhanden ist. Durch den Ansatz der Schulden mit dem Rückzahlungswert werden alle Zahlungen, die auf das Unternehmen zukommen können, berücksichtigt.

Übungsaufgabe 217

Nr.		Konten	Soll	Haben
1.	1.1	6160 Fremdinstandhaltung an 3990 Rückst. f. andere Aufw.	3 000,00	3 000,00
	1.2	3990 Rückst. f. andere Aufw. 6990 Periodenfremde Aufwendungen 2600 Vorsteuer an 2800 Bank	3 000,00 500,00 665,00	4 165,00
2.	2.1	6770 Rechts- und Beratungskosten an 3920 Rückst. f. Rechts- u. Beratungskosten	1 500,00	1 500,00
	2.2	3920 Rückst. f. Rechts- u. Beratungskosten 2600 Vorsteuer an 2800 Bank an 5480 Ertr. a. d. Auflösung v. Rückstell.	1 500,00 228,00	1 428,00 300,00
3.		6930 Verluste a. Schadensfällen an 3910 Rückst. f. Gewährleistung	20 500,00	20 500,00
4.	4.1	7710 Körperschaftsteuer an 3800 Steuerrückstellungen	5 000,00	5 000,00
	4.2	3800 Steuerrückstellungen 6990 Periodenfremde Aufwendungen an 2800 Bank	5 000,00 500,00	5 500,00
	4.3	3800 Steuerrückstellungen an 2800 Bank	5 000,00	5 000,00
	4.4	3800 Steuerrückstellungen an 2800 Bank an 5480 Ertr. a. d. Auflösung v. Rückstell.	5 000,00	4 500,00 500,00
			51 393,00	51 393,00

5. Rückstellungen sind Schulden für Aufwendungen, die dem alten Geschäftsjahr zuzurechnen sind, deren Höhe und (oder) Fälligkeit am Jahresende aber noch nicht feststehen, z.B. Garantieverpflichtungen, zu erwartende Steuernachzahlungen, unterlassene Instandhaltungen.

6. Da Rückstellungen für Aufwendungen gebildet werden, die dem alten Geschäftsjahr zuzurechnen sind, belasten sie das Unternehmensergebnis.

Übungsaufgabe 218

Nr. [1]

Übungsaufgabe 219

Konten	Summenbilanz Soll	Summenbilanz Haben	Saldenbilanz I Soll	Saldenbilanz I Haben	Umbuchungen Soll	Umbuchungen Haben	Saldenbilanz II Soll	Saldenbilanz II Haben	Inventurbilanz Soll	Inventurbilanz Haben	Erfolgsbilanz Soll	Erfolgsbilanz Haben
0500 Unbeb. Grundstücke	125 000,00		125 000,00				125 000,00		125 000,00			
0840 Fuhrpark	28 750,00	2 150,00	26 600,00			5 760,00	20 840,00		20 840,00			
0870 Büromöbel, so. GA	47 850,00	4 500,00	43 350,00			4 785,00	38 565,00		38 565,00			
2280 Waren	46 310,00		46 310,00			18 310,00	28 000,00		28 000,00			
2400 Ford. a. Lief. u. Leist.	338 560,00	325 785,00	12 775,00				12 775,00		12 775,00			
2600 Vorsteuer	32 337,00		32 337,00			32 337,00						
2800 Bank	248 910,00	237 480,00	11 430,00				11 430,00		11 430,00			
2880 Kasse	176 580,00	175 875,00	705,00				705,00		705,00			
3000 Eigenkapital		156 578,00		156 578,00				116 405,00		116 405,00		
3001 Privatkonto	38 150,00		38 150,00		2 023,00	40 173,00						
4250 Langfr. Bankverb.		20 000,00		20 000,00	40 173,00			20 000,00		20 000,00		
4400 Verbindl. a. Lief. u. Leist.		337 360,00		51 570,00				51 570,00		51 570,00		
4800 Umsatzsteuer		57 079,00		57 079,00	32 337,00	323,00		25 065,00		25 065,00		
5100 Umsatzerlöse f. H.-Waren		438 763,00		438 763,00				438 763,00				438 763,00
5420 Ent. v. s. Leist.						1 700,00		1 700,00				1 700,00
6080 Aufwend. für Waren	280 000,00	1 780,00	278 220,00		18 310,00		296 530,00				296 530,00	
6160 Fremdinstandhaltung	8 375,00		8 375,00				8 375,00				8 375,00	
6300 Gehälter	48 883,00		48 883,00				48 883,00				48 883,00	
6520 Abschr. auf Sachanlagen					10 545,00*		10 545,00				10 545,00	
6700 Mieten, Pachten	1 895,00		1 895,00				1 895,00				1 895,00	
6800 Büromaterial	5 980,00		5 980,00				5 980,00				5 980,00	
6850 Reisekosten	43 980,00		43 980,00				43 980,00				43 980,00	
	1 757 350,00	1 757 350,00	723 990,00	723 990,00	381 557,00	381 557,00	653 503,00	653 503,00	237 315,00	213 040,00	416 188,00	440 463,00
										24 275,00	24 275,00	
									237 315,00	237 315,00	440 463,00	440 463,00

* (5 760,00 EUR + 4 785,00 EUR)

Ermittlung des Eigenkapitals

Eigenkapital am Anfang des Geschäftsjahres	156 578,00 EUR
− Privatentnahmen	40 173,00 EUR
	116 405,00 EUR
+ Gewinn	24 275,00 EUR
= Eigenkapital am Ende des Geschäftsjahres	140 680,00 EUR

Übungsaufgabe 220

Konten	Summenbilanz Soll	Summenbilanz Haben	Saldenbilanz I Soll	Saldenbilanz I Haben	Umbuchungen Soll	Umbuchungen Haben	Saldenbilanz II Soll	Saldenbilanz II Haben	Inventurbilanz Soll	Inventurbilanz Haben	Erfolgsbilanz Soll	Erfolgsbilanz Haben
0510 Bebaute Grundstücke	250000,00		250000,00			4000,00	246000,00		246000,00			
0840 Fuhrpark	40000,00		40000,00			8000,00	32000,00		32000,00			
0870 Büromöbel, so. GA	35000,00		35000,00			3500,00	31500,00		31500,00			
2280 Waren	69400,00		69400,00			19400,00	50000,00		50000,00			
2400 Ford. a. Lief. u. Leist.	136000,00	78000,00	58000,00				58000,00		58000,00			
2600 Vorsteuer	35,00		35000,00		228,00	35228,00						
2800 Bank	402000,00	312500,00	89500,00				89500,00		89500,00			
2880 Kasse	153200,00	149300,00	3900,00				3900,00		3900,00			
2900 Akt. Rechnungsabgr.					750,00		750,00		750,00			
3000 Eigenkapital		237200,00		237200,00				214800,00		214800,00		
3001 Privatkonto	22400,00		22400,00			22400,00						
4250 Langfr. Bankverb.		60000,00		60000,00				60000,00		60000,00		
4400 Verbindl. a. Lief. u. Leist.	178350,00	189100,00		10750,00				10750,00		10750,00		
4800 Umsatzsteuer		65000,00		65000,00				29772,00		29772,00		
4840 Verb. geg. Sozialver.		7700,00		7700,00				7700,00		7700,00		
4890 Sonst. Verbindl.						2628,00*		2628,00		2628,00		
4900 Passive Rechnungsabgr.						1500,00		1500,00		1500,00		
5100 Umsatzerlöse f. H.-Waren		580700,00		580700,00				580700,00				580700,00
5401 Nebenerlöse a. VuV		3500,00		3500,00				2000,00				2000,00
5710 Zinserträge		2800,00		2800,00				2800,00				2800,00
6080 Aufwend. für Waren	251450,00		251450,00		19400,00		270850,00				270850,00	
6160 Fremdinstandhaltung	9000,00		9000,00		1200,00		10200,00				10200,00	
6200 Löhne	54000,00		54000,00				54000,00				54000,00	
6410 Arbeitgeberanteil z. SV	12500,00		12500,00				12500,00				12500,00	
6520 Abschr. auf Sachanlagen					15500,00**		15500,00				15500,00	
6900 Versicherungsbeiträge	12200,00		12200,00			750,00	11450,00				11450,00	
7510 Zinsaufwendungen	25300,00		25300,00		1200,00		26500,00				26500,00	
	1685800,00	1685800,00	967650,00	967650,00	97406,00	97406,00	912650,00	912650,00	511650,00	327150,00	401000,00	585500,00
										184500,00	184500,00	
									511650,00	511650,00	585500,00	585500,00

* (1428,00 EUR + 1200,00 EUR)
** (4000,00 EUR + 8000,00 EUR + 3500,00 EUR)

Ermittlung des Eigenkapitals

Eigenkapital am Anfang des Geschäftsjahres	237200,00 EUR
− Privatentnahmen	22400,00 EUR
	214800,00 EUR
+ Gewinn	184500,00 EUR
= Eigenkapital am Ende des Geschäftsjahres	399300,00 EUR

Übungsaufgabe 221

Konten	Saldenbilanz I Soll	Saldenbilanz I Haben	Umbuchungen Soll	Umbuchungen Haben	Saldenbilanz II Soll	Saldenbilanz II Haben	Inventurbilanz Soll	Inventurbilanz Haben	Erfolgsbilanz Soll	Erfolgsbilanz Haben
0510 Bebaute Grundstücke	63 000,00				63 000,00		63 000,00			
0530 Betriebsgebäude	150 000,00			3 000,00	147 000,00		147 000,00			
0700 Techn. Anl. u. Maschinen	18 900,00			3 780,00	15 120,00		15 120,00			
0840 Fuhrpark	12 750,00			3 825,00	8 925,00		8 925,00			
2000 Rohstoffe	31 300,00			3 900,00	27 400,00		27 400,00			
2030 Betriebsstoffe	6 500,00		1 600,00		8 100,00		8 100,00			
2400 Ford. a. Lief. u. Leist.	14 200,00				14 200,00		14 200,00			
2600 Vorsteuer	1 350,00			1 350,00						
2800 Bank	3 100,00				3 100,00		3 100,00			
2880 Kasse	4 220,00				4 220,00		4 220,00			
3000 Eigenkapital		174 486,00				172 336,00		172 336,00		
3001 Privatkonto	2 150,00		2 150,00							
4250 Langfr. Bankverb.		34 000,00				34 000,00		34 000,00		
4400 Verbindl. a. Lief. u. Leist.		26 100,00				26 100,00		26 100,00		
4550 Schuldwechsel		36 000,00				36 000,00		36 000,00		
4800 Umsatzsteuer		8 334,00	1 350,00			6 984,00		6 984,00		
5000 Umsatzerlöse f. eig. Erz.		121 880,00				121 880,00				121 880,00
6000 Aufwend. für Betriebsstoffe	59 700,00		3 900,00		63 600,00				63 600,00	
6030 Aufwend. f. Betriebsstoffe	5 900,00			1 600,00	4 300,00				4 300,00	
6100 Aufwend. f. bez. Leistungen	4 500,00				4 500,00				4 500,00	
6300 Gehälter	14 500,00				14 500,00				14 500,00	
6520 Abschr. auf Sachanlagen			3 000,00		10 605,00				10 605,00	
			3 780,00							
			3 825,00							
6700 Mieten, Pachten	1 480,00				1 480,00				1 480,00	
6800 Aufwend. f. Kommunikation	7 250,00				7 250,00				7 250,00	
	400 800,00	400 800,00	19 605,00	19 605,00	397 300,00	397 300,00	291 065,00	275 420,00	106 235,00	121 880,00
								15 645,00	15 645,00	
							291 065,00	291 065,00	121 880,00	121 880,00

Ermittlung des Eigenkapitals

Eigenkapital am Anfang des Geschäftsjahres	174 486,00 EUR
− Privatentnahmen	2 150,00 EUR
	172 336,00 EUR
+ Gewinn	15 645,00 EUR
= Eigenkapital am Ende des Geschäftsjahres	187 981,00 EUR

Übungsaufgabe 222

Nr.		Konten	Soll	Haben
1.	1.1	6020 Aufwend. f. Hilfsstoffe 2600 Vorsteuer an 4400 Verbindl. a. L. u. L	2 700,00 513,00	 3 213,00
	1.2	4400 Verbindl. a. L. u. L. an 6020 Aufwend. f. Hilfsstoffe an 2600 Vorsteuer	487,90	 410,00 77,90
	1.3	4400 Verbindl. a. L. u. L. an 6022 Nachlässe an 2600 Vorsteuer an 2800 Bank	2 725,10	 45,80 8,70 2 670,60
2.		4400 Verbindl. a. L. u. L. an 6001 Bezugskosten an 2600 Vorsteuer	324,63	 272,80 51,83
3.		4400 Verbindl. a. L. u. L. an 6010 Aufwend. f. Vorprodukte an 2600 Vorsteuer	4 902,80	 4 120,00 782,80
4.		4400 Verbindl. a. L. u. L. an 6082 Nachlässe an 2600 Vorsteuer	452,20	 380,00 72,20
5.		4400 Verbindl. a. L. u. L. an 6002 Nachlässe an 2600 Vorsteuer	1 737,40	 1 460,00 277,40
			13 843,03	13 843,03

Übungsaufgabe 223

Nr.	Konten	Soll	Haben
1.	4400 Verbindl. a. L. u. L. an 6032 Nachlässe an 2600 Vorsteuer an 2800 Bank	3 422,00	 57,51 10,93 3 353,56
2.	4400 Verbindl. a. L. u. L. an 6031 Bezugskosten an 2600 Vorsteuer	105,20	 88,40 16,80
3.	4400 Verbindl. a. L. u. L. an 6020 Aufwend. f. Hilfsstoffe an 2600 Vorsteuer	846,57	 711,40 135,17
4.	4400 Verbindl. a. L. u. L. an 6032 Nachlässe an 2600 Vorsteuer an 2800 Bank	4 851,63	 122,31 23,24 4 706,08
		9 225,40	9 225,40

Übungsaufgabe 224

Nr.		Konten	Soll	Haben
1.		2400 Ford. a. Lief. u. Leist. an 5000 Umsatzerl. f. eig. Erzeugn. an 4800 Umsatzsteuer	88 536,00	74 400,00 14 136,00
2.		5001 Erlösberichtigungen 4800 Umsatzsteuer an 2400 Ford. a. Lief. u. Leist.	1 200,00 228,00	1 428,00
3.		6040 Aufwand f. Verpackungsm. 2600 Vorsteuer an 2880 Kasse	500,00 95,00	595,00
4.		5001 Erlösberichtigungen 4800 Umsatzsteuer an 2400 Ford. a. Lief. u. Leist.	180,00 34,20	214,20
5.	5.1	2800 Bank 5001 Erlösberichtigungen 4800 Umsatzsteuer an 2400 Ford. a. Lief. u. Leist.	6 997,20 120,00 22,80	7 140,00
	5.2	2800 Bank an 2880 Kasse	1 000,00	1 000,00
	5.3	4250 Langfr. Bankverbindlichkeiten an 2800 Bank	5 000,00	5 000,00
6.		6140 Ausgangsfrachten u. Nebenkosten 2600 Vorsteuer an 2800 Bank	420,00 79,80	499,80
7.		6800 Büromaterial 2600 Vorsteuer an 2880 Kasse	160,00 30,40	190,40
8.		5100 Umsatzerlöse f. Handelswaren 4800 Umsatzsteuer an 2400 Ford. a. Lief. u. Leist.	1 500,00 285,00	1 785,00
9.		5001 Erlösberichtigungen 4800 Umsatzsteuer an 2400 Ford. a. Lief. u. Leist.	2 400,00 456,00	2 856,00
			109 244,40	109 244,40

Übungsaufgabe 225

1. 1.1 Anlageintensität $= \dfrac{310\,000 \cdot 100}{1\,085\,000} =$ <u><u>28,57 %</u></u>

   Umlaufintensität $= \dfrac{775\,000 \cdot 100}{1\,085\,000} =$ <u><u>71,43 %</u></u>

   Eigenkapitalquote $= \dfrac{435\,000 \cdot 100}{1\,085\,000} =$ <u><u>40,09 %</u></u>

   Verschuldungsgrad $= \dfrac{650\,000 \cdot 100}{435\,000} =$ <u><u>149,43 %</u></u>

1.2 Typisch für den Großhandel ist, dass das Umlaufvermögen deutlich höher liegt als das Anlagevermögen. In unserem Fall ist das Umlaufvermögen fast 2,5-mal höher als das Anlagevermögen.

Das Fremdkapital macht fast 60 % des Gesamtkapitals aus, überwiegt also deutlich. Dies ist im Großhandel durchaus typisch. Vor allem trifft dies für den hohen Anteil an kurzfristigen Verbindlichkeiten zu. Diese können bei einem entsprechenden Wareneinkauf kurzfristig ansteigen und werden dann bei entsprechendem Umsatz fortlaufend getilgt. Der Verschuldungsgrad von über 100 % deutet auf ein Überwiegen des Fremdkapitals hin.

2.

Kennzahlen	Berichtsjahr			Vorjahr		
2.1 Anlageintensität	$\dfrac{243\,000 \cdot 100}{540\,000}$	=	45 %	$\dfrac{164\,160 \cdot 100}{456\,000}$	=	36 %
Umlaufintensität	$\dfrac{297\,000 \cdot 100}{540\,000}$	=	55 %	$\dfrac{291\,840 \cdot 100}{456\,000}$	=	64 %
Eigenkapitalquote	$\dfrac{302\,400 \cdot 100}{540\,000}$	=	56 %	$\dfrac{189\,960 \cdot 100}{456\,000}$	=	41,66 %
Fremdkapitalquote	$\dfrac{237\,600 \cdot 100}{540\,000}$	=	44 %	$\dfrac{266\,040 \cdot 100}{456\,000}$	=	58,34 %
Verschuldungsgrad	$\dfrac{237\,600 \cdot 100}{302\,400}$	=	78,57 %	$\dfrac{266\,040 \cdot 100}{189\,960}$	=	140,05 %

2.2 Das Umlaufvermögen übersteigt den Wert des Anlagevermögens, was typisch ist für den Großhandel. Allerdings hat die Umlaufintensität gegenüber dem Vorjahr abgenommen. Dies ist zurückzuführen auf hohe Investitionen im Bereich des Anlagevermögens. In absoluten Zahlen ist das Umlaufvermögen sogar leicht angestiegen.

Im Berichtsjahr wurde der Eigenkapitalanteil im Vergleich zum Vorjahr von 41,66 % auf 56 % aufgestockt. Dadurch ist der Verschuldungsgrad von 140,05 % auf 78,57 % abgesunken. Die finanzielle Unabhängigkeit des Unternehmens hat sich damit erhöht. Durch die Stärkung des Eigenkapitals ist das Unternehmen für Krisenzeiten besser gerüstet.

Übungsaufgabe 226

1. Der Verschuldungsgrad ist sehr günstig, das Eigenkapital überwiegt das Fremdkapital.
2. Das Eigenkapital deckt zu 100 % das Fremdkapital. Dies ist eine günstige Finanzierungsstruktur.
3. In diesem Fall beträgt das Fremdkapital ein Mehrfaches des Eigenkapitals. Ob diese Situation als ungünstig zu beurteilen ist, hängt vom Branchendurchschnitt ab.

Übungsaufgabe 227

1. Deckungsgrad I = $\dfrac{198\,000 \cdot 100}{216\,000}$ = 91,67 %

   Deckungsgrad II = $\dfrac{(198\,000 + 178\,900) \cdot 100}{216\,000}$ = 174,49 %

2. Das Anlagevermögen ist nicht voll durch Eigenkapital gedeckt. Insoweit ist einem wichtigen Finanzierungsgrundsatz nicht voll entsprochen. Allerdings wird die goldene Finanzierungsregel eingehalten, nachdem das Anlagevermögen mit langfristigem Kapital zu finanzieren ist.

Übungsaufgabe 228

Umlaufintensität ist der Anteil des Umlaufvermögens am Gesamtvermögen; d.h., 65% des Gesamtvermögens stellen Umlaufvermögen dar.

Eigenkapitalquote ist der Anteil des Eigenkapitals am Gesamtkapital, d.h., 45% des Gesamtkapitals wurden vom Eigentümer aufgebracht.

Liquidität 2. Grades ist das Verhältnis von kurzfristigen Forderungen und flüssigen Mitteln zum kurzfristigen Fremdkapital, d.h., das kurzfristige Fremdkapital ist mit 120% kurzfristiger Vermögenswerte abgedeckt.

Deckungsgrad I ist das Verhältnis von Eigenkapital zu Anlagevermögen, d.h., das Anlagevermögen ist voll durch Eigenkapital abgedeckt und zudem stehen noch Eigenmittel für die Finanzierung des Umlaufvermögens bereit.

Übungsaufgabe 229

1. Anlageintensität : $\dfrac{475\,000 \cdot 100}{1\,878\,000}$ = 25,29 %

   Umlaufintensität : $\dfrac{1\,403\,000 \cdot 100}{1\,878\,000}$ = 74,71 %

2. Eigenkapitalquote : $\dfrac{570\,000 \cdot 100}{1\,878\,000}$ = 30,35 %

   Fremdkapitalquote : $\dfrac{1\,308\,000 \cdot 100}{1\,878\,000}$ = 69,65 %

   Verschuldungsgrad : $\dfrac{1\,308\,000 \cdot 100}{570\,000}$ = 229,47 %

3. Deckungsgrad I : $\dfrac{570\,000 \cdot 100}{475\,000}$ = 120,00 %

   Deckungsgrad II : $\dfrac{(570\,000 + 522\,000) \cdot 100}{475\,000}$ = 229,89 %

4. Liquidität 1. Grades : $\dfrac{320\,000 \cdot 100}{786\,000}$ = 40,71 %

   Liquidität 2. Grades : $\dfrac{(320\,000 + 458\,000) \cdot 100}{786\,000}$ = 98,98 %

Übungsaufgabe 230

1. | | | | | |
   |---|---|---|---|---|
   | 30% Anlagevermögen | = | 180 000,00 EUR | 40% Eigenkapital | = 240 000,00 EUR |
   | 70% Umlaufvermögen | = | 420 000,00 EUR | 60% Fremdkapital | = 360 000,00 EUR |
   | 100% Bilanzsumme | = | 600 000,00 EUR | 100% Bilanzsumme | = 600 000,00 EUR |

   Verschuldungsgrad: $\dfrac{360\,000}{240\,000}$ = 150 %

2. Deckungsgrad I: $\dfrac{240\,000 \cdot 100}{180\,000}$ = $133^{1}/_{3}$ %

Übungsaufgabe 231

	Berichtsjahr		Vorjahr	
Deckungsgrad I	$\dfrac{135400 \cdot 100}{238500}$	$= \underline{\underline{56,8\,\%}}$	$\dfrac{101150 \cdot 100}{230000}$	$= \underline{\underline{44\,\%}}$
Deckungsgrad II	$\dfrac{(135400 + 150000) \cdot 100}{238500}$	$= \underline{\underline{119,7\,\%}}$	$\dfrac{(101150 + 130000) \cdot 100}{230000}$	$= \underline{\underline{100,5\,\%}}$

Aus dem Deckungsgrad I geht hervor, dass das Anlagevermögen im Vorjahr nicht ganz zur Hälfte, im Berichtsjahr etwas über die Hälfte mit Eigenkapital gedeckt ist. Wenn man davon ausgeht, dass das Anlagevermögen möglichst vollständig mit Eigenkapital finanziert sein sollte, ist dieses Verhältnis nicht allzu günstig. Allerdings zeigt sich im Vergleich zum Vorjahr im Berichtsjahr eine Verbesserung der Finanzierungsverhältnisse.

Nimmt man das langfristige Fremdkapital als Finanzierungsmöglichkeit für das Anlagevermögen hinzu, dann stellt sich besonders im Berichtsjahr die Lage wesentlich günstiger dar. Das Anlagevermögen ist im Berichtsjahr zu 119,7 % mit langfristigem Kapital finanziert. Auch hier ist im Verhältnis zum Vorjahr eine Verbesserung eingetreten. Da die Zahl über 100 % liegt, entspricht sie durchaus noch den Grundsätzen einer soliden Finanzierung.

	Berichtsjahr		Vorjahr	
Liquidität 1. Grades	$\dfrac{28350 \cdot 100}{77800}$	$= \underline{\underline{36,4\,\%}}$	$\dfrac{24600 \cdot 100}{85250}$	$= \underline{\underline{28,9\,\%}}$
Liquidität 2. Grades	$\dfrac{(40750 + 28350) \cdot 100}{77800}$	$= \underline{\underline{88,8\,\%}}$	$\dfrac{(23500 + 24600) \cdot 100}{85250}$	$= \underline{\underline{56,4\,\%}}$

Die Liquidität 1. Grades ist mit 36,4 % bzw. 28,9 % ausreichend. Die One-to-five Rate wird erfüllt. Ziehen wir die Liquidität 2. Grades heran, erhalten wir für das Berichtsjahr eine Liquidität von 88,8 % (Vorjahr 56,4 %). Die One-to-one-Rate wird damit nicht erfüllt. Das Unternehmen hat die Liquidität gegenüber dem Vorjahr zwar verbessert, trotzdem kann sie aber als angespannt bezeichnet werden.

Übungsaufgabe 232

Umsatzrentabilität:	$850\,000{,}00$ EUR $\triangleq 100\,\%$ $45\,000{,}00$ EUR $\triangleq$ x %	$x = \dfrac{100 \cdot 45000}{850000}$	$= \underline{\underline{5{,}29\,\%}}$
Unternehmerrentabilität:	$375\,000{,}00$ EUR $\triangleq 100\,\%$ $45\,000{,}00$ EUR $\triangleq$ x %	$x = \dfrac{100 \cdot 45000}{375000}$	$= \underline{\underline{12\,\%}}$

Übungsaufgabe 233

Umsatzerlöse netto	1 114 640,00 EUR
− Aufwendungen für Waren	870 000,00 EUR
− Handlungskosten	215 000,00 EUR
Reingewinn	29 640,00 EUR
+ Fremdkapitalzinsen	16 430,00 EUR
	46 070,00 EUR

	Eigenkapital	380 000,00 EUR
+	Fremdkapital	297 500,00 EUR
	Gesamtkapital	677 500,00 EUR

677 500,00 EUR $\widehat{=}$ 100 %
46 070,00 EUR $\widehat{=}$ x %

$$x = \frac{100 \cdot 46070}{677500} = \underline{\underline{6,8\%}}$$

Übungsaufgabe 234

$$\text{Wirtschaftlichkeit} = \frac{220000}{196200} = \underline{\underline{1,12}}$$

Übungsaufgabe 235

	Gesamtkapital	1 227 300,00 EUR
+	Fremdkapital	464 300,00 EUR
	Eigenkapital	763 000,00 EUR

763 000,00 EUR = 100 %
78 585,00 EUR = x %

$$x = \frac{100 \cdot 78585}{763000} = \underline{\underline{10,3\%}}$$

Übungsaufgabe 236

	Vorjahr		Berichtsjahr	
Eigenkapitalrentabilität:	$\frac{24900 \cdot 100}{251000}$	= 9,92 %	$\frac{31000 \cdot 100}{300000}$	= $10^{1}/_{3}$ %
Umsatzrentabilität:	$\frac{24900 \cdot 100}{514000}$	= 4,84 %	$\frac{31000 \cdot 100}{560000}$	= 5,54 %

Übungsaufgabe 237

3.

Nr.	Konten	Soll	Haben
1. 1.1	6000 Aufw. f. Rohstoffe 2600 Vorsteuer an 4401 Karl Ranzauer e. Kfm.	2 582,52 490,68	3 073,20
1.2	6870 Werbung 2600 Vorsteuer an 4402 WAZ	343,20 65,21	408,41
1.3	0860 Büromaschinen usw. 2600 Vorsteuer an 4403 F&P GmbH	3 909,00 742,71	4 651,71

2. 2.1	2401 Merkur Verlag GmbH & Co KG	5 053,93	
	an 5000 UErl. f. eig. Erzeugnisse		4 247,00
	an 4800 Umsatzsteuer		806,93
2.2	2402 Wolfgang Döhmann e. Kfm.	2 694,76	
	an 5000 UErl. f. eig. Erzeugnisse		2 264,50
	an 4800 Umsatzsteuer		430,26
2.3	2403 Ralf Weybeck e. Kfm.	7 140,00	
	an 5000 UErl. f. eig. Erzeugnisse		6 000,00
	an 4800 Umsatzsteuer		1 140,00
3. 3.1	6050 Aufwand für Energie	61,76	
	2600 Vorsteuer	11,74	
	an 2880 Kasse		73,50
3.2	6821 Postgebühren	130,00	
	an 2880 Kasse		130,00
3.3	2880 Kasse	1 500,00	
	an 2800 Bank		1 500,00
3.4	2880 Kasse	446,25	
	an 5000 UErl. f. eig. Erzeugnisse		375,00
	an 4800 Umsatzsteuer		71,25
3.5	6700 Mieten, Pachten	700,00	
	an 2880 Kasse		700,00
3.6	2800 Bank	1 000,00	
	an 2880 Kasse		1 000,00
4. 4.1	4402 WAZ	408,41	
	an 2800 Bank		408,41
4.2	bereits gebucht (3.3)		
4.3	6700 Mieten, Pachten	600,00	
	an 2800 Bank		600,00
4.4	2800 Bank	7 140,00	
	an 2403 Ralf Weybeck e. Kfm.		7 140,00
4.5	bereits gebucht (3.6)		
4.6	4403 F&P GmbH	4 651,71	
	an 2800 Bank		4 651,71
4.7	4250 Langfr. Bankverbindlichk.	5 000,00	
	an 2800 Bank		5 000,00
4.8	2800 Bank	5 175,00	
	an 24002 Wolfgang Döhmann e. Kfm.		5 175,00
5. 5.1	6822 Telefon	265,08	
	2600 Vorsteuer	50,37	
	an 2800 Bank		315,45
5.2	7030 Kfz-Steuer	830,00	
	an 2800 Bank		830,00
5.3	6900 Versicherungsbeiträge	847,60	
	an 2800 Bank		847,60
5.4	6750 Kosten d. Geldverkehrs	22,50	
	an 2800 Bank		22,50
		51 862,43	51 862,43

4. – 6.

Soll	0510 Bebaute Grundstücke		Haben
Saldo	300 000,00	8010	300 000,00

Soll	0530 Betriebsgebäude		Haben
Saldo	1 256 000,00	6520	29 120,00
		8010	1 226 880,00
	1 256 000,00		1 256 000,00

Soll	0700 Techn. Anlagen u. Maschinen		Haben
Saldo	345 600,00	6520	34 560,00
		8010	311 040,00
	345 600,00		345 600,00

Soll	0840 Fuhrpark		Haben
Saldo	95 600,00	6520	19 050,00
		8010	76 550,00
	95 600,00		95 600,00

Soll	0860 Büromaschinen usw.		Haben
Saldo	144 550,00	6520	14 455,00
4403	3 909,00	8010	134 004,00
	148 459,00		148 459,00

Soll	2000 Rohstoffe		Haben
Saldo	68 400,00	8010	45 800,00
		6000	22 600,00
	68 400,00		68 400,00

Soll	2200 Fertige Erzeugnisse		Haben
Saldo	150 700,00	8010	171 950,00
5202	21 250,00		
	171 950,00		171 950,00

Soll	2400 Forderungen a. Lief. u. Leist.		Haben
Saldo	47 778,50	Überw.	12 315,00
Überw.	14 888,69	8010	50 352,19
	62 667,19		62 667,19

Soll	2600 Vorsteuer		Haben
Saldo	6 225,00	4800	7 585,71
4401	490,68		
4402	65,21		
4403	742,71		
2880	11,74		
2800	50,37		
	7 585,71		7 585,71

Soll	2800 Bank		Haben
Saldo	35 848,70	2880	1 500,00
2880	1 000,00	4402	408,41
2403	7 140,00	6700	600,00
2402	5 175,00	4403	4 651,71
		4250	5 000,00
		6820/2600	315,45
		7030	830,00
		6900	847,60
		6750	22,50
		8010	34 988,03
	49 163,70		49 163,70

Soll	2880 Kasse		Haben
Saldo	1 250,00	6050/2600	73,50
2800	1 500,00	6830	130,00
5000/4800	446,25	6700	700,00
		2800	1 000,00
		8010	1 292,75
	3 196,25		3 196,25

Soll	3000 Eigenkapital		Haben
3001	1 702,00	Saldo	2 025 555,00
8010	2 186 526,04	8020	162 673,04
	2 188 228,04		2 188 228,04

Soll	3001 Privatkonto		Haben
Saldo	1 702,00	3000	1 702,00

Soll	4250 Langfr. Bankverbindlichkeiten		Haben
2800	5 000,00	Saldo	50 145,00
8010	45 145,00		
	50 145,00		50 145,00

Soll	4400 Verbindl. a. Lief. u. Leist.		Haben		Soll	6520 Abschr. a. Sachanlagen		Haben
Überw.	5 060,12	Saldo	103 173,00		0530	29 120,00	8020	97 185,00
8010	106 246,20	Überw.	8 133,32		0700	34 560,00		
	111 306,32		111 306,32		0840	19 050,00		
=		=			0860	14 455,00		
						97 185,00		97 185,00
					=		=	

Soll	4800 Umsatzsteuer		Haben
2600	7 585,71	Saldo	13 347,00
8010	8 209,73	2401	806,93
		2402	430,26
		2403	1 140,00
		2880	71,25
	15 795,44		15 795,44
=		=	

Soll	6700 Mieten, Pachten		Haben
Saldo	4 200,00	8020	5 500,00
2880	700,00		
2800	600,00		
	5 500,00		5 500,00
=		=	

Soll	4830 Verb. geg. d. Finanzbehörden		Haben
8010	6 730,00	Saldo	6 730,00
=		=	

Soll	6750 Kosten d. Geldverkehrs		Haben
Saldo	150,00	8020	172,50
2800	22,50		
	172,50		172,50
=		=	

Soll	5000 Umsatzerl. f. eig. Erzeugnisse		Haben
8020	512 686,50	Saldo	499 800,00
		2401	4 247,00
		2402	2 264,50
		2403	6 000,00
		2880	375,00
	512 686,50		512 686,50
=		=	

Soll	6800 Büromaterial		Haben
Saldo	1 240,00	8020	1 240,00
=		=	

Soll	6821 Postdienstgebühren		Haben
2880	130,00	8020	130,00

Soll	5202 Bestandsv. a. fert. Erzeug.		Haben
8020	21 250,00	2200	21 250,00
=		=	

Soll	6822 Telefon		Haben
Saldo	2 460,00	8020	2 725,08
2800	265,08		
	2 725,08		2 725,08
=		=	

Soll	6000 Aufwend. f. Rohstoffe		Haben
Saldo	203 700,00	8020	228 882,52
4401	2 582,52		
2000	22 600,00		
	228 882,52		228 882,52
=		=	

Soll	6870 Werbung		Haben
Saldo	1 700,00	8020	2 043,20
4402	343,20		
	2 043,20		2 043,20
=		=	

Soll	6050 Aufwend. f. Energie		Haben
Saldo	2 685,80	8020	2 747,56
2880	61,76		
	2 747,56		2 747,56
=		=	

Soll	6900 Versicherungsbeiträge		Haben
Saldo	340,00	8020	1 187,60
2800	847,60		
	1 187,60		1 187,60
=		=	

Soll	6300 Gehälter		Haben
Saldo	28 620,00	8020	28 620,00
=		=	

Soll	7030 Kfz-Steuer		Haben
2800	830,00	8020	830,00
=		=	

Soll		8010 SBK		Haben	Soll		8020 GuV		Haben
0510	300 000,00	3000	2 186 526,04		6000	228 882,52	5000		512 686,50
0530	1 226 880,00	4250	45 145,00		6050	2 747,56	5202		21 250,00
0720	311 040,00	4400	106 246,20		6300	28 620,00			
0840	76 550,00	4800	8 209,73		6520	97 185,00			
0860	134 004,00	4830	6 730,00		6700	5 500,00			
2000	45 800,00				6750	172,50			
2200	171 950,00				6800	1 240,00			
2400	50 352,19				6821	130,00			
2800	34 988,03				6822	2 725,08			
2880	1 292,75				6870	2 043,20			
					6900	1 187,60			
	2 352 856,97		2 352 856,97		7030	830,00			
					3000	162 673,04			
						533 936,50			533 936,50

Kunden-Nr. 2401 Merkur Verlag GmbH & Co. KG			
Buchungstext	Soll	Haben	Saldo
Saldovortrag			25 287,50
5000/4800	5 053,93		30 341,43
Summe der Verkehrszahlen	5 053,93		

Kunden-Nr. 2402 Wolfgang Döhmann e. Kfm.			
Buchungstext	Soll	Haben	Saldo
Saldovortrag			16 065,00
5000/4800	2 694,76		18 759,76
2800		5 175,00	13 584,76
Summe der Verkehrszahlen	2 694,76	5 175,00	

Kunden-Nr. 2403 Ralf Weybeck e. Kfm.			
Buchungstext	Soll	Haben	Saldo
Saldovortrag			6 426,00
5000/4800	7 140,00		13 566,00
2800		7 140,00	6 426,00
Summe der Verkehrszahlen	7 140,00	7 140,00	
Übernahme von 2401	5 053,93		
Übernahme von 2402	2 694,76	5 175,00	
Gesamtsumme	14 888,69	12 315,00	

Saldenliste der Debitoren:

Kunden-Nr.	Kunden	Saldo
2401	Merkur Verlag GmbH & Co. KG	30 341,43
2402	Wolfgang Döhmann e. Kfm.	13 584,76
2403	Ralf Weybeck e. Kfm.	6 426,00
Summe der Salden		50 352,19

Lief.-Nr. 4401 Ranzauer e. Kfm.

Buchungstext	Soll	Haben	Saldo
Saldovortrag			77 647,50
6000/2600		3 073,20	80 720,70
Summe der Verkehrszahlen		3 073,20	

Lief.-Nr. 4402 WAZ

Buchungstext	Soll	Haben	Saldo
Saldovortrag			4 998,00
6870/2600		408,41	5 406,41
2800	408,41		4 998,00
Summe der Verkehrszahlen	408,41	408,41	

Lief.-Nr. 4403 F&P GmbH

Buchungstext	Soll	Haben	Saldo
Saldovortrag			20 527,50
0870/2600		4 651,71	25 179,21
2800	4 651,71		20 527,50
Summe der Verkehrszahlen	4 651,71	4 651,71	
Übernahme von 4401		3 073,20	
Übernahme von 4402	408,41	408,41	
Gesamtsumme	5 060,12	8 133,32	

Saldenliste der Kreditoren:

Lief.-Nr.	Lieferer	Saldo
4401	Karl Ranzauer e. Kfm.	80 720,70
4402	WAZ	4 998,00
4403	F&P GmbH	20 527,50
Summe der Salden		106 246,20

7.

Aktiva	Schlussbilanz		Passiva
I. Anlagevermögen		**I. Eigenkapital**	2 186 532,73
1. Grundstücke u. Bauten	1 526 880,00	**II. Verbindlichkeiten**	
2. Techn. Anl. u. Maschinen	445 044,00	1. Verbindl. g. Kreditinst.	45 145,00
3. And. Anl., Betr.- u. G.-Ausst.	76 550,00	2. Verbindl. a. Lief. u. Leist.	106 246,20
II. Umlaufvermögen		3. Sonst. Verbindlichkeiten	14 941,00
1. Roh-, Hilfs- u. Betriebsstoffe	45 800,00		
2. Fertige Erzeugnisse	171 950,00		
3. Ford. a. Lief. u. Leist.	50 352,19		
4. Kassenbestand	1 292,75		
5. Guthaben b. Kreditinst.	34 995,99		
	2 352 864,93		2 352 864,93

Gewinn- und Verlustrechnung

Ergebnis der gewöhnlichen Geschäftstätigkeit

Umsatzerlöse		512 686,50 EUR
5000 Umsatzerlöse für eigene Erzeugnisse	512 686,50 EUR	
Erhöh. oder Vermind. d. Bestandes an fert. u. unf. Erzeugnissen		21 250,00 EUR
5202 Bestandsv. an fert. Erzeugnissen	21 250,00 EUR	
Materialaufwand		− 231 630,08 EUR
6000 Aufwendungen f. Rohstoffe	− 228 882,52 EUR	
6050 Aufwendungen f. Energie	− 2 747,56 EUR	
Personalaufwand		− 28 620,00 EUR
6300 Gehälter	− 28 620,00 EUR	
Abschreibungen		− 97 185,00 EUR
6520 Abschreibungen a. Sachanlagen	− 97 185,00 EUR	
Sonstige betriebliche Aufwendungen		
Raumkosten		− 5 500,00 EUR
6700 Mieten, Pachten	− 5 500,00 EUR	
Werbekosten		− 2 043,20 EUR
6870 Werbung	− 2 043,20 EUR	
andere betriebliche Aufwendungen		− 6 285,18 EUR
6750 Kosten des Geldverkehrs	− 172,50 EUR	
6800 Büromaterial	− 1 240,00 EUR	
6821 Postgebühren	− 130,00 EUR	
6822 Telefon	− 2 725,08 EUR	
6900 Versicherungsbeiträge	− 1 187,60 EUR	
7030 Kraftfahrzeugsteuer	− 830,00 EUR	
Summe sonstige betr. Aufwendungen		− 13 828,38 EUR
Summe Ergebnis der gewöhnlichen Geschäftstätigkeit		162 673,04 EUR

Übungsaufgabe 238

1. **Leistungen** sind alle **betrieblichen** und relativ **regelmäßig** anfallenden Wertzugänge innerhalb einer Abrechnungsperiode.
   Beispiele: Verkauf von Handelswaren bzw. Erzeugnissen, Provisionserlöse, aktivierte Eigenleistungen.

   Kosten sind der **betriebliche** und relativ **regelmäßig** anfallende Güter- und Leistungsverzehr zur Erstellung betrieblicher Leistungen, gemessen in Geld.
   Beispiele: Gehalt, Büromaterial, Rohstoffverbrauch, Leasing.

2. Abschreibungen auf Sachanlagen; Kosten für Ausgangsfrachten; Arbeitgeberanteil zur Sozialversicherung; Aufwendungen für Handelswaren; Aufwendungen für Roh-, Hilfs- und Betriebsstoffe; Aufwendungen für Kommunikation.

3. Umsatzerlöse für Handelswaren; Provisionserlöse; aktivierte Eigenleistungen; andere sonstige betriebliche Erträge; Umsatzerlöse für eigene Erzeugnisse.

4. Nr. 4.4

5. 5.1 Die Beziehungen zwischen Ausgaben und Aufwand können dreifacher Art sein:
   - Beide Größen stimmen sachlich und zeitlich überein.
     Beispiel: Kauf von Rohstoffen und Verbrauch in derselben Periode.
   - Beide Größen unterscheiden sich sachlich.
     Beispiel: Privatentnahme in Geld.
   - Beide Größen unterscheiden sich zeitlich.
     Beispiel: Kauf von Rohstoffen und Verbrauch in einer späteren Periode.

   5.2 Die Beziehungen zwischen Einnahmen und Ertrag können dreifacher Art sein:
   - Beide Größen stimmen sachlich und zeitlich überein.
     Beispiel: Verkauf von Erzeugnissen und Zahlungseingang in der gleichen Periode.
   - Beide Größen unterscheiden sich sachlich.
     Beispiel: Privateinlage in Geld.
   - Beide Größen unterscheiden sich zeitlich.
     Beispiel: Lieferung auf Ziel, Zahlung in einer späteren Periode, Lieferung des Erzeugnisses in einer späteren Periode.

   5.3 5.3.1 Ausgabe
        5.3.2 Einnahme
        5.3.3 Einnahme
        5.3.4 Ausgabe
        5.3.5 Eine Einzahlung aber keine Einnahme
              Im Umfang des gewährten Barkredits in Höhe von 8500,00 EUR fließen liquide Mittel zu (Einzahlung). Gleichzeitig entsteht jedoch eine Verbindlichkeit in gleicher Höhe, d.h., eine Änderung des Geldvermögens liegt nicht vor.
        5.3.6 Eine Auszahlung aber keine Ausgabe
              Die liquiden Mittel nehmen um 7 200,00 EUR ab (Auszahlung). Im gleichen Umfang ergibt sich eine Verringerung der Verbindlichkeiten, d.h. eine Änderung des Geldvermögens liegt nicht vor.

   5.4 Ausgaben und Einnahmen unterscheiden sich von Aus- und Einzahlungen dadurch, dass die tatsächlichen Abflüsse und Zuflüsse von Zahlungsmitteln um Schulden, bzw. Forderungen rechnerisch berichtigt werden und somit das Geldvermögen der Unternehmung verändern.

Übungsaufgabe 239

1. Der Begriff **Aufwand** erfasst den Gesamtverbrauch von Gütern und Dienstleistungen eines Unternehmens, während der Begriff **Kosten** nur den betrieblichen, relativ regelmäßig anfallenden „Aufwand" umfasst.
   Beispiele für Aufwendungen, die keine Kosten darstellen: Abschreibungen für eine fremdgenutzte Lagerhalle, Reparaturarbeiten an der Lagerhalle nach einem Brand.
   Beispiele für Kosten: Aufwendungen für Handelswaren, Aufwendungen für Rohstoffe, Büromaterial.

2. Der Begriff **Ertrag** umfasst alle Wertzugänge eines Unternehmens, während der Begriff **Leistungen** nur den betrieblichen, relativ regelmäßig anfallenden „Ertrag" umfasst.
   Beispiele für Erträge, die keine Leistungen darstellen: Mieterträge, Dividendenerträge.
   Beispiele für Leistungen: Erträge aus dem Verkauf von Waren, Erzeugnissen, Wert der selbst erstellten Gegenstände des Anlagevermögens.

3.

Betriebliche Aufwendungen	Neutrale Aufwendungen
Gehaltszahlungen	Zinsaufwand
Aufwendungen für Handelswaren	Verkauf eines Anlagegutes unter dem Buchwert
Abschreibungen auf Sachanlagen	Forderungsausfall
Aufwendungen für Altersversorgung der Arbeitnehmer	Verluste durch Brandschäden
Arbeitgeberanteil zur Sozialversicherung	Kursverluste aus einem Exportgeschäft
Mietzahlung (Garage, Betriebs-Lkw)	Steuernachzahlung für das vergangene Geschäftsjahr
Aufwendungen für Rohstoffe	Gebäudeversicherung nicht betriebsnotwendiger Gebäude
Grundsteuer	

4.

Betriebliche Erträge	Neutrale Erträge
Umsatzerlöse für Handelswaren	Kursgewinne aus einem Importgeschäft
Umsatzerlöse für eigene Erzeugnisse	Erträge aus dem Verkauf von Wertpapieren
Bestandsmehrung an unfertigen Erzeugnissen	Zinserträge
aktivierte Eigenleistung (selbst hergestellte Regale für die Verwendung im eigenen Betrieb)	Eingang abgeschriebener Forderungen
	Mietertrag nicht betrieblich genutzter Gebäude
	Steuerrückvergütung für das vergangene Geschäftsjahr
	Verkauf eines Anlagegutes über dem Buchwert

Übungsaufgabe 240

1. Kalkulatorische Abschreibungen, kalkulatorische Miete.

2. Kalkulatorischer Unternehmerlohn.

3. Sie stellen keinen Aufwand dar und führen auch nicht zu Ausgaben.

4. Unter kalkulatorischen Gesichtspunkten muss auch für das zur Verfügung gestellte Eigenkapital ein Zinsbetrag angesetzt werden.

5. Kosten, die in der KLR anders verrechnet werden als es ihrem Aufwand in der Geschäftsbuchführung entspricht.
   Beispiele: Kalkulatorische Abschreibungen, kalkulatorische Zinsen.

6. Es besteht ein Verzehr von Arbeitsleistung, der nach der Definition des Kostenbegriffes als Kosten zu betrachten ist.
7. Sie dient dem Zweck einer genaueren Erfassung der Kosten.
8. **Anderskosten** werden in der Geschäftsbuchführung als Aufwand erfasst. Allerdings werden sie dort anders bewertet als in der KLR
   Zusatzkosten werden nur in der KLR erfasst. Ihnen steht in der Geschäftsbuchführung kein Aufwand gegenüber (für Zusatzkosten fallen auch keine Ausgaben an).

Übungsaufgabe 241

1.

	bilanzielle Abschreibung	kalkulatorische Abschreibung
Anschaffungskosten/Wiederbeschaffungskosten	81 000,00 EUR	95 625,00 EUR
− Abschreibung 1. Jahr (6 Monate)	4 500,00 EUR	5 312,00 EUR
Buchwert Ende 1. Jahr	76 500,00 EUR	90 312,50 EUR

2.

neutraler Aufwand	Zweckaufwand	Grundkosten	Zusatzkosten
	4 500,00 EUR	4 500,00 EUR	812,50 EUR

Übungsaufgabe 242

	Erfolgsrechnung		Kosten- und Leistungsrechnung	
Vorgang	neutraler Aufwand	Zweckaufwand	Grundkosten	Zusatzkosten
Zinsen		4 000,00 EUR	4 000,00 EUR	7 000,00 EUR
Abschreibungen	3 800,00 EUR	48 900,00 EUR	48 900,00 EUR	
Unternehmerlohn				15 000,00 EUR
	3 800,00 EUR	52 900,00 EUR	52 900,00 EUR	22 000,00 EUR

Übungsaufgabe 243

1.

Buchführung		Unternehmensbezogene Abgrenzung		Kosten- und Leistungsrechnung	
Aufwendungen	Erträge	Aufwendungen	Erträge	Kosten	Leistungen
581 980,00	654 710,00	23 705,00	39 140,00	558 275,00	615 570,00
72 730,00		15 435,00		57 295,00	
654 710,00	654 710,00	39 140,00	39 140,00	615 570,00	615 570,00

Unternehmensergebnis (Gewinn):   72 730,00 EUR
− Ergebnis aus unternehmensbezogener
   Abgrenzung (Gewinn):   15 435,00 EUR
   Betriebsergebnis (Gewinn):   57 295,00 EUR

2.

Rechnungskreis I				Rechnungskreis II						
	Buchführung			Abgrenzungsbereich				Kosten- und Leistungsrechnung		
				unternehmensbezogene Abgrenzung		kostenrechnerische Korrekturen				
Kto.-Nr.	Kontenbezeichnungen	Aufwend.	Erträge	Aufwend.	Erträge	Aufwend.	Erträge	Kosten	Leistungen
5100	Umsatzerl. für Handelswaren		1 050 000,00						1 050 000,00
5401	Nebenerl. a. Verm. u. Verp.		17 500,00		17 500,00				
5411	Provisionserlöse		3 175,00						3 175,00
5500	Erträge a. Beteiligungen		25 820,00		25 820,00				
5710	Zinserträge		8 500,00		8 500,00				
6080	Aufwendungen f. Waren	580 510,00						580 510,00	
6300	Gehälter	120 750,00						120 750,00	
6410	AG-Anteil z. Sozialversicher.	48 690,00						48 690,00	
6520	Abschreibungen a. Sachanl.	60 510,00						60 510,00	
6800	Aufw. für Kommunikation	28 525,00						28 525,00	
6900	Versicherungsbeiträge	30 970,00						30 970,00	
7450	Verlust aus dem Abgang von Finanzanlagen	72 980,00		72 980,00					
7510	Zinsaufwendungen	12 500,00		12 500,00					
	Summen	955 435,00	1 104 995,00	85 480,00	51 820,00			869 955,00	1 053 175,00
	Salden/Ergebnisse	149 560,00			33 660,00			183 220,00	
		1 104 995,00	1 104 995,00	85 480,00	85 480,00			1 053 175,00	1 053 175,00

Unternehmensergebnis (Gewinn): 149 560,00 EUR
− (−) Ergebnis aus unternehmensbezogener Abgrenzung (Verlust) + 33 660,00 EUR
= Betriebsergebnis (Gewinn): 183 220,00 EUR

Übungsaufgabe 244

	Rechnungskreis I				Abgrenzungsbereich				Rechnungskreis II	
	Buchführung				unternehmensbezogene Abgrenzung		kostenrechnerische Korrekturen		Kosten- und Leistungsrechnung	
Kto.-Nr.	Kontenbezeichnungen	Aufwend.	Erträge		Aufwend.	Erträge	Aufwend.	Erträge	Kosten	Leistungen
5100	Umsatzerl. für Handelswaren		125000,00							125000,00
6300	Gehälter	32800,00							32800,00	
6520	Abschreibungen a. Sachanl.	21500,00					21500,00			
6900	Versicherungsbeiträge	450,00							450,00	
6930	Verluste a. Schadensfällen	1200,00					1200,00			
6951	Abschr. auf Forderungen	18300,00					18300,00	6000,00	6000,00	
7000	Betriebliche Steuern	8000,00							8000,00	
7510	Zinsaufwendungen	12200,00					12200,00			
	Kalkulatorische Kosten									
	Abschreibungen							25000,00	25000,00	
	Wagnisse							800,00	800,00	
	Zinsen							19400,00	19400,00	
	Kalk. Unternehmerlohn							14500,00	14500,00	
	Summen	94450,00	125000,00				53200,00	65700,00	106950,00	125000,00
	Salden/Ergebnisse	30550,00					12500,00		18050,00	
		125000,00	125000,00				65700,00	65700,00	125000,00	125000,00

Unternehmensergebnis (Gewinn): 30 550,00 EUR
− Ergebnis aus kostenrechnerischen Korrekturen (Gewinn): 12 500,00 EUR
= Betriebsergebnis (Gewinn): 18 050,00 EUR

Übungsaufgabe 245

	Rechnungskreis I			Abgrenzungsbereich				Rechnungskreis II	
	Buchführung			unternehmensbezogene Abgrenzung		kostenrechnerische Korrekturen		Kosten- und Leistungsrechnung	
Kto.-Nr.	Kontenbezeichnungen	Aufwend.	Erträge	Aufwend.	Erträge	Aufwend.	Erträge	Kosten	Leistungen
5000	UErl. f. eigene Erzeugnisse		120 000,00						120 000,00
5490	Periodenfremde Erträge		5 000,00				5 000,00		
6200	Löhne	32 800,00						32 800,00	
6520	Abschreibungen a. Sachanl.	21 500,00				21 500,00			
6930	Verluste a. Schadensfällen	9 900,00				9 900,00			
6950	Abschr. auf Forderungen	8 400,00				8 400,00			
7020	Grundsteuer	9 650,00						9 650,00	
7510	Zinsaufwendungen	11 900,00				11 900,00			
	Kalkulatorische Kosten								
	Abschreibungen						28 400,00	28 400,00	
	Wagnisse						6 800,00	6 800,00	
	Zinsen						17 700,00	17 700,00	
	Kalk. Unternehmerlohn						14 500,00	14 500,00	
	Summen	94 150,00	125 000,00			51 700,00	72 400,00	109 850,00	120 000,00
	Salden/Ergebnisse	30 850,00				20 700,00		10 150,00	
		125 000,00	125 000,00			72 400,00	72 400,00	120 000,00	120 000,00

Unternehmensergebnis (Gewinn): 30 850,00 EUR
− Ergebnis aus kostenrechnerischen Korrekturen (Gewinn): 20 700,00 EUR
= Betriebsergebnis (Gewinn): 10 150,00 EUR

Übungsaufgabe 246

	Rechnungskreis I				Rechnungskreis II					
	Buchführung			Abgrenzungsbereich				Kosten- und Leistungsrechnung		
				unternehmensbezogene Abgrenzung		kostenrechnerische Korrekturen				
Kto.-Nr.	Kontenbezeichnungen	Aufwend.	Erträge	Aufwend.	Erträge	Aufwend.	Erträge	Kosten	Leistungen
5000	UErl. f. eigene Erzeugnisse		1420000,00						1420000,00
5201	Bestandsmehrung UE		80700,00						80700,00
5421	Entnahme von Gegenständen		15500,00						15500,00
5490	Periodenfr. Erträge		8500,00		8500,00				
5500	Ertr. a. Beteiligungen		28000,00		28000,00				
5710	Zinserträge		5100,00		5100,00				
6000	Aufwendungen f. Rohstoffe	767900,00						767900,00	
6140	Ausgangsfr. u. Nebenkosten	31500,00						31500,00	
6200/6300	Löhne/Gehälter	204400,00		24300,00				180100,00	
6400/6410	Arbeitgeberanteil z. SV	84370,00		4680,00				79690,00	
6520	Abschreibungen a. Sachanl.	52430,00				52430,00		28910,00	
6710	Leasing	28910,00						48700,00	
6800	Büromaterial	48700,00							
6930	Verluste aus Schadensfällen	18800,00				18800,00			
7400	Abschr. auf Finanzanlagen	24600,00		24600,00					
7510	Zinsaufwendungen	12870,00				12870,00		4850,00	
7020	Grundsteuer	32850,00		28000,00					
7720	Kapitalertragsteuer	1900,00		1900,00					
	Kalkulatorische Kosten								
	Abschreibungen						41800,00	41800,00	
	Wagnisse						15000,00	15000,00	
	Zinsen						42800,00	42800,00	
	Kalk. Unternehmerlohn						34000,00	34000,00	
	Summen	1309230,00	1557800,00	83480,00	41600,00	84100,00	133600,00	1275250,00	1516200,00
	Salden/Ergebnisse	248570,00			41880,00	49500,00		240950,00	
		1557800,00	1557800,00	83480,00	83480,00	133600,00	133600,00	1516200,00	1516200,00

Unternehmensergebnis (Gewinn): 248570,00 EUR
– (–) Ergebnis aus unternehmensbezogener Abgrenzung (Verlust) 41880,00 EUR
 Zwischenergebnis 290450,00 EUR
– Ergebnis aus kostenrechnerischen Korrekturen (Gewinn): 49500,00 EUR
= Betriebsergebnis (Gewinn): 240950,00 EUR

Übungsaufgabe 247

| | Rechnungskreis I | | | Abgrenzungsbereich | | | Rechnungskreis II | | | |
| | Buchführung | | | unternehmensbezogene Abgrenzung | | kostenrechnerische Korrekturen | | Kosten- und Leistungsrechnung | | |
Kto.-Nr.	Kontenbezeichnungen	Aufwend.	Erträge	Aufwend.	Erträge	Aufwend.	Erträge	Kosten	Leistungen
5100	UErl. f. Handelswaren		841 200,00						841 200,00
5401	Nebenerlöse a. Verm. u. Verp.		27 300,00		27 300,00				
5460	Ertr. a. d. Abg. v. Vermögensgegenst.		14 900,00		14 900,00				
5600	Ertr. a. and. Finanzanlagen		21 750,00		21 750,00				
5710	Zinserträge		4 800,00		4 800,00				
6080	Aufwendungen f. Waren	391 850,00				391 850,00	370 500,00	370 500,00	
6140	Ausgangsfrachten u. Nebenk.	22 400,00						22 400,00	
6200/6300	Löhne/Gehälter	198 420,00						198 420,00	
6400/6410	Arbeitgeberanteil z. SV	24 760,00						24 760,00	
6520	Abschreibungen a. Sachanl.	19 540,00				19 540,00			
6750	Kosten d. Geldverkehrs	4 700,00						4 700,00	
6800	Büromaterial	21 890,00		1 500,00				20 390,00	
6930	Verluste aus Schadensfällen	17 400,00				17 400,00			
7030	Kraftfahrzeugsteuer	8 890,00						6 890,00	
7400	Abschr. auf Finanzanlagen	7 380,00		2 000,00					
7510	Zinsaufwendungen	12 100,00		7 380,00		12 100,00			
	Kalkulatorische Kosten								
	Abschreibungen						18 700,00	18 700,00	
	Wagnisse						21 100,00	21 100,00	
	Zinsen						28 900,00	28 900,00	
	Kalk. Unternehmerlohn						28 700,00	28 700,00	
	Summen	729 330,00	909 950,00	10 880,00	68 750,00	440 890,00	467 900,00	745 460,00	841 200,00
	Salden/Ergebnisse	180 620,00		57 870,00		27 010,00		95 740,00	
		909 950,00	909 950,00	68 750,00	68 750,00	467 900,00	467 900,00	841 200,00	841 200,00

- Unternehmensergebnis (Gewinn): 180 620,00 EUR
- Ergebnis aus unternehmensbezogener Abgrenzung (Gewinn): 57 870,00 EUR

Zwischenergebnis 122 750,00 EUR
- Ergebnis aus kostenrechnerischen Korrekturen (Gewinn): 27 010,00 EUR
= Betriebergebnis (Gewinn): 95 740,00 EUR

Übungsaufgabe 248

1. 1.1 Ermittlung und Aufgliederung der entstandenen Kosten.
   1.2 Einteilungskriterium: Art der Zurechenbarkeit auf Kostenstellen und Kostenträger.
   1.3 **Einzelkosten** können dem Kostenträger direkt zugerechnet werden.

   Gemeinkosten können den einzelnen Kostenträgern nicht genau zugerechnet werden. Sie können daher nur indirekt (mit Verteilungsschlüsseln) den einzelnen Kostenträgern zugeordnet werden.

   1.4 Auf diese Weise wird die Kalkulation je Kostenträger genauer.

   1.5
Einzelkosten	Gemeinkosten
– Aufwendungen für Waren	– Miete für den Ausstellungsraum
– Werbeanzeigekosten für ein Sonderangebot	– Gewerbeertragsteuer
	– freiwillige soziale Aufwendungen
– Zustellentgelt für Warenlieferungen	– Gehälter
– Provisionsaufwendungen	– Abschreibungen auf Sachanlagen
– Aufwendungen für Rohstoffe	– Aufwendungen für Betriebsstoffe
	– kalkulatorische Abschreibungen

2. **Beispiel Gehalt**: Der Aufwand für Gehälter kann nur für einen bestimmten Zeitabschnitt berechnet werden, nicht aber je Erzeugniseinheit. Gehälter sind daher Gemeinkosten.

   Beispiel Aufwendungen für Rohstoffe: Über die Eingangsrechnungen kann der Aufwand für jede Erzeugniseinheit genau errechnet werden. Aufwendungen für Rohstoffe sind daher Einzelkosten.

3. 3.1
	Materialkosten	140,20 EUR
+	Lohnkosten	77,50 EUR
		217,70 EUR
+	80 % Gemeinkosten	174,16 EUR
+	Frachtkosten	19,70 EUR
	Selbstkosten (Reparaturpreis)	411,56 EUR

   3.2
	Selbstkosten	411,56 EUR
+	12 % Gewinn	49,39 EUR
	Nettoverkaufspreis	460,95 EUR
+	19 % USt	87,58 EUR
	Bruttoverkaufspreis	548,53 EUR

Übungsaufgabe 249

1. – Verursachungsgerechte Umlage der Gemeinkosten auf die einzelnen Kostenstellen.
   – Berechnung der Gemeinkostenzuschlagssätzen.
   – Heranziehung der einzelnen Kostenstellen zu Kontrollzwecken.
2. Der BAB ist ein abrechnungstechnisches Hilfsmittel für die Verteilung der Gemeinkosten auf die einzelnen Kostenstellen.

3. – Für jede Kostenstelle müssen genaue Bezugsgrößen der Kostenverursachung gefunden werden.
   – Jede Kostenstelle sollte ein selbstständiger Verantwortungsbereich sein. Nur so ist eine wirksame Überwachung der Entscheidungsträger (z. B. Meister) gewährleistet.
   – Nach dem Wirtschaftlichkeitsprinzip ist jede Kostenstelle so zu bilden, dass sich alle darin anfallenden Kosten ohne große Schwierigkeiten erfassen lassen.
4. Der MGK-Zuschlagssatz von 9 % besagt, dass immer dann, wenn für 100,00 EUR Fertigungsmaterial verbraucht wurde, parallel und gleichzeitig 9,00 EUR Gemeinkosten im Materialbereich (z. B. Einkauf, Warenabnahme ...) anfallen

Übungsaufgabe 250

1.

Handlungskostenarten	Zahlen der KLR	Warengruppe I	Warengruppe II	Warengruppe III
Löhne	12 000,00	7 000,00	2 000,00	3 000,00
Gehälter	46 000,00	20 500,00	12 400,00	13 100,00
Sozialkosten	46 400,00	22 000,00	11 500,00	12 900,00
Mieten	15 300,00	4 590,00	7 650,00	3 060,00
Werbung	7 670,00	2 340,00	3 900,00	1 430,00
Bürokosten	62 000,00	18 600,00	12 400,00	31 000,00
Kalk. Abschreibung	14 800,00	5 550,00	5 500,00	3 700,00
Kalk. Unternehmerlohn	9 600,00	5 760,00	1 920,00	1 920,00
	213 770,00	86 340,00	57 320,00	70 110,00
2.		36,5 %	54 %	46,6 %

3.
Wareneinsatzkosten Warengruppe I	236 547,94 EUR	
+ Handlungskosten Warengruppe I	86 340,00 EUR	
Selbstkosten der Warengruppe I		322 887,94 EUR
Wareneinsatzkosten Warengruppe II	106 148,14 EUR	
+ Handlungskosten Warengruppe II	57 320,00 EUR	
Selbstkosten der Warengruppe II		163 468,14 EUR
Wareneinsatzkosten Warengruppe III	150 450,64 EUR	
+ Handlungskosten Warengruppe III	70 110,00 EUR	
Selbstkosten der Warengruppe III		220 560,64 EUR
Selbstkosten insgesamt		706 916,72 EUR

Übungsaufgabe 251

1.

Gemeinkostenarten	Zahlen der KLR	Material	Fertigung	Verwaltung	Vertrieb
Hilfsstoffkosten	145 700,00	2 050,00	129 450,00	3 500,00	10 700,00
Betriebsstoffkosten	22 400,00	1 700,00	14 400,00	4 100,00	2 200,00
Gehälter	130 500,00	4 100,00	98 900,00	18 600,00	8 900,00
Sozialkosten	104 400,00	3 280,00	79 120,00	14 880,00	7 120,00
Mieten, Pachten	84 200,00	13 000,00	54 400,00	6 600,00	10 200,00
Büromaterial	91 100,00	13 665,00	9 110,00	50 105,00	18 220,00
Sonst. betr. Kosten	70 560,00	17 640,00	23 520,00	11 760,00	17 640,00
Kalk. Abschreibung	26 755,00	3 567,33	14 269,33	7 134,67	1 783,67
Kalk. Wagnisse	45 800,00	9 160,00	18 320,00	9 160,00	9 160,00
	721 415,00	68 162,33	441 489,33	125 839,67	85 923,67
		6,51 %	78,74 %	5,94 %	4,06 %

2. $\text{MGK} = \dfrac{68\,162{,}33 \cdot 100}{1\,046\,553{,}80} = \underline{\underline{6{,}51\,\%}}$ $\text{VerwGK} = \dfrac{125\,839{,}67 \cdot 100}{2\,116\,907{,}96} = \underline{\underline{5{,}94\,\%}}$

   $\text{FGK} = \dfrac{441\,489{,}33 \cdot 100}{560\,702{,}50} = \underline{\underline{78{,}74\,\%}}$ $\text{VertrGK} = \dfrac{85\,923{,}67 \cdot 100}{2\,116\,907{,}96} = \underline{\underline{4{,}06\,\%}}$

3.

Materialverbrauch	1 046 553,80 EUR	
+ MGK	68 162,33 EUR	
Stoffkosten (Materialkosten)		1 114 716,13 EUR
Fertigungslöhne	560 702,50 EUR	
+ FGK	441 489,33 EUR	
Fertigungskosten		1 002 191,83 EUR
Herstellkosten der Rechnungsperiode		2 116 907,96 EUR
+ VerwGK		125 839,67 EUR
+ VertrGK		85 923,67 EUR
Selbstkosten der Rechnungsperiode		2 328 671,30 EUR

Übungsaufgabe 252

1. Nr. 1.3
2. Nr. 2.4

Übungsaufgabe 253

Materialverbrauch	310 700,00 EUR	MGK	$= \dfrac{24856 \cdot 100}{310700}$	$= \underline{\underline{8\%}}$
+ MGK	24 856,00 EUR			
Fertigungslöhne	205 800,00 EUR	FGK	$= \dfrac{174930 \cdot 100}{205800}$	$= \underline{\underline{85\%}}$
+ FGK	174 930,00 EUR			
SEKF	22 900,00 EUR			
HK d. Rechnungsperiode	739 186,00 EUR	VerwGK	$= \dfrac{81310,46 \cdot 100}{744086,00}$	$= \underline{\underline{10,93\%}}$
+ Bestandsminderung FE	25 500,00 EUR			
− Bestandsmehrung UE	20 600,00 EUR	VertrGK	$= \dfrac{48047,09 \cdot 100}{744086}$	$= \underline{\underline{6,46\%}}$
HK des Umsatzes	744 086,00 EUR			

Übungsaufgabe 254

Materialverbrauch	205 000,00 EUR	MGK	$= \dfrac{25625 \cdot 100}{205000}$	$= \underline{\underline{12,5\%}}$
+ MGK	25 625,00 EUR			
Fertigungslöhne	471 000,00 EUR	FGK	$= \dfrac{671646 \cdot 100}{471000}$	$= \underline{\underline{142,6\%}}$
+ FGK	671 646,00 EUR			
HK der Rechnungsperiode	1 373 271,00 EUR	VerwGK	$= \dfrac{244308,78 \cdot 100}{1357271}$	$= \underline{\underline{18\%}}$
+ Bestandsminderung UE	35 000,00 EUR			
− Bestandsmehrung FE	51 000,00 EUR	VertrGK	$= \dfrac{156094,67 \cdot 100}{1357271}$	$= \underline{\underline{11,5\%}}$
HK des Umsatzes	1 357 271,00 EUR			

Übungsaufgabe 255

1.

Handlungskostenarten	Zahlen der KLR in EUR	Verteilungs- schlüssel	Kostenstellen		
			Möbel	Holzwaren	Schrauben
Personalkosten	36 608,00	3 : 3 : 2	13 728,00	13 728,00	9 152,00
Mieten	12 110,00	3 : 2 : 2	5 190,00	3 460,00	3 460,00
Steuern	8 760,00	3 : 2 : 1	4 380,00	2 920,00	1 460,00
Werbung/Reisekosten	11 730,00	5 : 4 : 1	5 865,00	4 692,00	1 173,00
Transportkosten	9 295,00	6 : 4 : 3	4 290,00	2 860,00	2 145,00
Kosten des Fuhrparks	10 944,00	5 : 2 : 1	6 840,00	2 736,00	1 368,00
Sonstige Geschäftskosten	12 033,00	4 : 3 : 2	5 348,00	4 011,00	2 674,00
Kalk. Abschreibungen	6 721,00	7 : 3 : 1	4 277,00	1 833,00	611,00
Summe d. Handlungskosten	108 201,00		49 918,00	36 240,00	22 043,00
Einstandspreise der Kostenträger			191 992,30	164 727,27	62 980,00
Handlungskosten- zuschlagssätze			26 %	22 %	35 %

2.
Bareinkaufspreis	235,00 EUR
+ Bezugskosten	12,80 EUR
Einstandspreis	247,80 EUR
+ 26 % Handlungskosten	64,43 EUR
Selbstkosten	312,23 EUR
+ 12 % Gewinn	37,47 EUR
Barverkaufspreis	349,70 EUR
+ 3 % Kundenskonto	10,82 EUR
Zielverkaufspreis	360,52 EUR
+ 20 % Kundenrabatt	90,13 EUR
Listenverkaufspreis (Nettoverkaufspreis)	450,65 EUR

Übungsaufgabe 256

1.

Handlungs-kostenarten	Zahlen der KLR	Heim-textilien	Bekleidung
Summe	474 360,00	175 710,00	298 650,00
Einstandspreise der Waren		502 028,57	746 625,00
Handlungskostenzuschlagssätze		35 %	40 %

2.
Einkaufspreis	140,00 EUR
− 2 % Liefererskonto	2,80 EUR
Bareinkaufspreis	137,20 EUR
+ Frachtkosten	14,50 EUR
Einstandspreis	151,70 EUR
+ 40 % Handlungskosten	60,68 EUR
Selbstkosten	212,38 EUR
− erzielbarer Gewinn	19,62 EUR
Listenverkaufspreis	232,00 EUR

Gewinnsatz: 212,38 EUR ≙ 100 %
19,62 EUR ≙ x %   x = 9,24 %

Der erzielbare Gewinnsatz liegt über 8 %, d.h., der Herrenanzug kann bezogen werden.

Übungsaufgabe 257

	Materialeinzelkosten	428 750,00 EUR	
+	6,7 % MGK	28 726,25 EUR	
=	Materialkosten		457 476,25 EUR
	Fertigungslöhne	155 050,00 EUR	
+	157,3 % FGK	243 893,65 EUR	
+	SEFK	12 120,00 EUR	
=	Fertigungskosten		411 063,65 EUR
	Herstellkosten		868 539,90 EUR
+	16,4 % VerwGK		142 440,54 EUR
+	9,8 % VertrGK		85 116,91 EUR
+	SEVK		3 220,00 EUR
=	Selbstkosten		1 099 317,35 EUR
+	12,5 % Gewinn		137 414,67 EUR
=	Barverkaufspreis		1 236 732,02 EUR
+	3 % Kundenskonto		41 687,60 EUR
+	8 % Vertreterprovision		111 166,92 EUR
=	Zielverkaufspreis		1 389 586,54 EUR
+	5 % Kundenrabatt		73 136,13 EUR
=	Listenverkaufspreis		1 462 722,67 EUR

$$\text{Nettoverkaufspreis je Fenster} = \frac{1\,462\,722{,}67 \text{ EUR}}{3\,500 \text{ Stück}} = \underline{\underline{417{,}92 \text{ EUR}}}$$

Übungsaufgabe 258

	Materialeinzelkosten	8 420,00 EUR	
+	10,5 % MGK	884,10 EUR	
	Materialkosten		9 304,10 EUR
	Fertigungslöhne	3 720,00 EUR	
+	145 % FGK	5 394,00 EUR	
+	SEKF	890,00 EUR	
	Fertigungskosten		10 004,00 EUR
	Herstellkosten		19 308,10 EUR
+	13,7 % VerwGK u. VertrGK		2 645,21 EUR
	Selbstkosten		21 953,31 EUR
+	12 % Gewinn		2 634,40 EUR
	Barverkaufspreis		24 587,71 EUR
+	2 % Kundenskonto		501,79 EUR
	Zielverkaufspreis		25 089,50 EUR
+	15 % Kundenrabatt		4 427,56 EUR
	Listenverkaufspreis		29 517,06 EUR

Übungsaufgabe 259

1. $\text{MGK} = \dfrac{9180 \cdot 100}{10800} = 8{,}5\%$

   $\text{FGK} = \dfrac{179400 \cdot 100}{195000} = 92{,}0\%$

   $\text{VerwGK} = \dfrac{62319{,}92 \cdot 100}{502580} = 12{,}4\%$

   $\text{VertrGK} = \dfrac{37693{,}50 \cdot 100}{502580} = 7{,}5\%$

Materialverbrauch	108 000,00 EUR
+ MGK	9 180,00 EUR
+ Fertigungslöhne	195 000,00 EUR
+ FGK	179 400,00 EUR
Herstellkosten d. Rp.	491 580,00 EUR
− Bestandsmehrung UE	14 000,00 EUR
+ Bestandsminderung FE	25 000,00 EUR
Herstellkosten d. Umsatzes	502 580,00 EUR

2.

	Materialeinzelkosten	480,00 EUR
+	8,5 % MGK	40,80 EUR
+	Fertigungslöhne	760,00 EUR
+	92 % FGK	699,20 EUR
+	SEKF	120,00 EUR
	Herstellkosten	2 100,00 EUR
+	12,13 % VerwGK	254,73 EUR
+	7,5 % VertrGK	157,50 EUR
	Selbstkosten	2 512,23 EUR
+	20 % Gewinn	502,45 EUR
	Barverkaufspreis	3 014,68 EUR
+	3 % Kundenskonto	102,77 EUR
+	9 % Vertreterprovision	308,32 EUR
	Zielverkaufspreis	3 425,77 EUR
+	15 % Kundenrabatt	604,55 EUR
=	Listenverkaufspreis	4 030,32 EUR

Übungsaufgabe 260

	Materialeinzelkosten	275,80 EUR	
+	35 % Materialgemeinkosten	96,53 EUR	
=	Materialkosten		372,33 EUR
	Fertigungslöhne	330,40 EUR	
+	85 % Fertigungsgemeinkosten	280,84 EUR	
=	Fertigungskosten		611,24 EUR
	Herstellkosten		983,57 EUR
+	20 % Verwaltungsgemeinkosten	196,71 EUR	
+	18 % Vertriebsgemeinkosten	177,04 EUR	373,75 EUR
=	Selbstkosten		1 357,32 EUR
+	25 % Gewinn		339,33 EUR
=	Barverkaufspreis		1 696,65 EUR
+	2 % Kundenskonto		34,63 EUR
=	Zielverkaufspreis		1 731,28 EUR
+	10 % Kundenrabatt		192,36 EUR
=	Listenverkaufspreis (Angebotspreis)		1 923,64 EUR

Übungsaufgabe 261

1.

Materialeinzelkosten	5 040,00 EUR	
− 25 % Materialgemeinkosten	1 260,00 EUR	
Materialkosten		6 300,00 EUR
Fertigungslöhne	4 800,00 EUR	
+ 450 % Fertigungsgemeinkosten	21 600,00 EUR	
+ Sondereinzelkosten d. Fertigung	500,00 EUR	
Fertigungskosten		26 900,00 EUR
Herstellkosten		33 200,00 EUR
− 10 % Verwaltungsgemeinkosten		3 320,00 EUR
− 15 % Vertriebsgemeinkosten		4 980,00 EUR
− Sondereinzelkosten d. Vertriebs		300,00 EUR
Selbstkosten		41 800,00 EUR
− 12,5 % Gewinn		5 225,00 EUR
Barverkaufspreis		47 025,00 EUR
− 2 % Kundenskonto		990,00 EUR
− 3 % Vertreterprovision		1 485,00 EUR
Zielverkaufspreis		49 500,00 EUR
− 10 % Kundenrabatt		5 500,00 EUR
Listenverkaufspreis		55 000,00 EUR

2.

Materialeinzelkosten		4 680,81 EUR
− 8 % Materialgemeinkosten		374,46 EUR
Materialkosten		5 055,27 EUR
Fertigungslöhne	2 800,00 EUR	
+ 94 % Fertigungsgemeinkosten	2 632,00 EUR	
+ Sondereinzelkosten d. Fertigung	560,00 EUR	
Fertigungskosten		5 992,00 EUR
Herstellkosten		11 047,27 EUR
− 18 % Verwaltungsgemeinkosten		1 988,51 EUR
− 7 % Vertriebsgemeinkosten		773,21 EUR
Selbstkosten		13 809,09 EUR
− 10 % Gewinn		1 380,91 EUR
Barverkaufspreis		15 190,00 EUR
− 2 % Kundenskonto		310,00 EUR
Angebotspreis		15 500,00 EUR

3.

		EUR
	Materialeinzelkosten	5 611,59 EUR
−	MGK 7 %	392,81 EUR
	Materialkosten	6 004,40 EUR
	Fertigungslöhne	4 360,00 EUR
+	FGK 110 %	4 796,00 EUR
	Fertigungskosten	− 9 156,00 EUR
	Herstellkosten	15 160,40 EUR
−	VerwGK 10 %	1 516,04 EUR
−	VertrGK 6 %	909,62 EUR
	Selbstkosten	17 586,06 EUR
−	Gewinn 9 %	1 582,74 EUR
	Barverkaufspreis	19 168,80 EUR
−	Kundenskonto 2 %	391,20 EUR
	Zielverkaufspreis	19 560,00 EUR
−	Kundenrabatt 20 %	4 890,00 EUR
	Listenverkaufspreis	24 450,00 EUR

Übungsaufgabe 262

1.

	Materialeinzelkosten		7 350,00 EUR
+	12 % MGK		882,00 EUR
	Materialkosten		8 232,00 EUR
	Fertigungslohn 58 Std. · 52,00 EUR	3 016,00 EUR	
+	Fremdarbeiten 48 Std. · 95,00 EUR	4 560,00 EUR	
+	15 % FGK	452,40 EUR	
+	SEKF	400,00 EUR	
	Fertigungskosten		8 428,40 EUR
	Herstellkosten		16 660,40 EUR
+	25 % VerwGK u. VertrGK		4 165,10 EUR
	Selbstkosten		20 825,00 EUR
−	Gewinn		1 714,50 EUR 8,23 %
	Barverkaufspreis		22 540,00 EUR
−	Kundenskonto 3 %		735,00 EUR
−	Vertreterprovision 5 %		1 225,00 EUR
	Listenverkaufspreis netto		24 500,00 EUR

2. 2.1	Materialeinzelkosten	9 400,00 EUR	
+	12,4 % MGK	1 165,60 EUR	
	Materialkosten		10 565,60 EUR
	Fertigungslohn	16 200,00 EUR	
+	104 % FGK	16 848,00 EUR	
	Fertigungskosten		33 048,00 EUR
	Herstellkosten		43 613,60 EUR
+	6 % VerwGK		2 616,82 EUR
+	8 % VertrGK		3 489,09 EUR
	Selbstkosten		49 719,51 EUR
+	18 % Gewinn		8 949,51 EUR
	Barverkaufspreis		58 669,02 EUR
+	Kundenskonto 2 %		1 261,70 EUR
+	Vertreterprovision 5 %		3 154,25 EUR
	Angebotspreis		63 084,97 EUR

2.2	Selbstkosten	49 719,51 EUR	
−	Gewinn	7 275,51 EUR	≙ 14,63 %
	Barverkaufspreis	56 995,02 EUR	
−	Kundenskonto 2 %	1 225,70 EUR	
−	Vertreterprovision 5 %	3 064,25 EUR	
	Neuer Angebotspreis (63 084,97 EUR − 1 800,00 EUR)	61 284,97 EUR	

Übungsaufgabe 263

1.	Materialverbrauch	1 710,00 EUR	
+	8,7 % MGK	148,77 EUR	
=	Materialkosten		1 858,77 EUR
	Fertigungslöhne	420,60 EUR	
+	89,5 % Rest-FGK	376,44 EUR	
	Maschine I: 7,4 Std. · 135,80 EUR	1 004,92 EUR	
	Maschine II: 3,6 Std. · 98,70 EUR	355,32 EUR	
	SEKF	135,90 EUR	
=	Fertigungskosten		2 293,18 EUR
	Herstellkosten		4 151,95 EUR
+	11,5 % VerwGK	477,47 EUR	
+	7,6 % VertrGK	315,55 EUR	793,02 EUR
=	Selbstkosten		4 944,97 EUR

2. | Materialeinzelkosten | 18,00 EUR |
+ | 7 % MGK | 1,26 EUR |

| = Materialkosten | | 19,26 EUR |
| + Fertigungslöhne: | | |

- Sägen: $\dfrac{68{,}30 \cdot 310}{60 \cdot 50} =$ 7,06 EUR

- Schweißen: $\dfrac{71{,}10 \cdot 7}{60} =$ 8,30 EUR

- Montieren: $\dfrac{58{,}60 \cdot 5}{60} =$ 4,88 EUR

Insgesamt	20,24 EUR
85 % Rest-FGK	17,20 EUR
Maschine I: 0,75 Std. · 91,50 EUR	68,63 EUR
Maschine II: 0,3 Std. · 48,20 EUR	14,46 EUR

Fertigungskosten		120,53 EUR
Herstellkosten		139,79 EUR
+ 9 % VerwGK	12,58 EUR	
+ 12 % VertrGK	16,77 EUR	29,35 EUR
Selbstkosten		169,14 EUR
+ 16 % Gewinn		27,06 EUR
Barverkaufspreis (98 %)		196,20 EUR
+ 2 % Kundenskonto		4,00 EUR
Zielverkaufspreis (90 %)		200,20 EUR
+ 10 % Kundenrabatt		22,24 EUR
= Listenverkaufspreis		222,44 EUR

3. 3.1   MGK $= \dfrac{75\,000 \cdot 100}{600\,000} = \underline{\underline{12{,}5\,\%}}$

       Maschine A $= \dfrac{320\,000}{1\,600} = \underline{\underline{200{,}00 \text{ EUR}}}$

       Maschine B $= \dfrac{400\,000}{5\,000} = \underline{\underline{80{,}00 \text{ EUR}}}$

       Maschine C $= \dfrac{500\,000}{4\,000} = \underline{\underline{125{,}00 \text{ EUR}}}$

       Rest-FGK $= \dfrac{396\,000 \cdot 100}{360\,000} = \underline{\underline{110\,\%}}$

       VerwGK $= \dfrac{201\,476 \cdot 100}{2\,651\,000} = \underline{\underline{7{,}6\,\%}}$

       VertrGK $= \dfrac{323\,422 \cdot 100}{2\,651\,00} = \underline{\underline{12{,}2\,\%}}$

	Materialverbrauch	600 000,00 EUR
+	MGK	75 000,00 EUR
+	Fertigungslöhne	360 000,00 EUR
+	Rest-FGK	396 000,00 EUR
+	Maschine A	320 000,00 EUR
+	Maschine B	400 000,00 EUR
+	Maschine C	500 000,00 EUR
=	Herstellkosten d. Rechnungspreises	2 651 000,00 EUR

3.2

	Materialeinzelkosten		210,00 EUR
+	12,5 % MGK		26,25 EUR
+	Fertigungslöhne		170,00 EUR
+	110 % Rest-FGK		187,00 EUR
+	Maschine A	$\dfrac{200 \cdot 12}{60} =$	40,00 EUR
+	Maschine B	$\dfrac{80 \cdot 9}{60} =$	12,00 EUR
+	Maschine C	$\dfrac{125 \cdot 18}{60} =$	37,50 EUR
	Herstellkosten		682,75 EUR
+	7,6 % VerwGK		51,89 EUR
+	12,2 % VertrGK		83,30 EUR
	Selbstkosten		817,94 EUR
+	25 % Gewinn		204,49 EUR
	Barverkaufspreis		1 022,43 EUR
+	3 % Kundenskonto		36,09 EUR
+	12 % Vertreterprovision		144,34 EUR
	Zielverkaufspreis		1 202,86 EUR
+	20 % Kundenrabatt		300,72 EUR
=	Listenverkaufspreis		1 503,58 EUR

Übungsaufgabe 264

1. MGK $= \dfrac{380\,000 \cdot 100}{304\,000} = \underline{\underline{125\,\%}}$

   Maschine A $= \dfrac{159\,225}{1\,650} = \underline{\underline{96{,}50\ \text{EUR}}}$

   Maschine B $= \dfrac{207\,400}{1\,700} = \underline{\underline{122{,}00\ \text{EUR}}}$

   Rest-FGK $= \dfrac{148\,500 \cdot 100}{135\,000} = \underline{\underline{110\,\%}}$

   VerwGK $= \dfrac{308\,688{,}75 \cdot 100}{1\,342\,125} = \underline{\underline{23\,\%}}$

   VertrGK $= \dfrac{228\,161{,}25 \cdot 100}{1\,342\,125} = \underline{\underline{17\,\%}}$

	Fertigungsmaterial	304 000,00 EUR
+	MGK	380 000,00 EUR
+	Fertigungslöhne	135 000,00 EUR
+	Maschine A	159 225,00 EUR
+	Maschine B	207 400,00 EUR
+	Rest-FGK	148 500,00 EUR
	Herstellkosten d. Rechnungspreises	1 334 125,00 EUR
+	Bestandsminderung UE	2 000,00 EUR
+	Bestandsminderung FE	6 000,00 EUR
=	Herstellkosten d. Umsatzes	1 342 125,00 EUR

2.

	Materialeinzelkosten	16,50 EUR
+	125 % MGK	20,63 EUR
+	Fertigungslöhne	24,00 EUR
+	110 % Rest-FGK	26,40 EUR
	Maschine A $\dfrac{96{,}50 \cdot 9}{60}$	14,48 EUR
	Maschine B $\dfrac{122 \cdot 18}{60}$	36,60 EUR
	Herstellkosten	138,61 EUR
+	23 % VerwGK	31,88 EUR
+	17 % VertrGK	23,56 EUR
	Selbstkosten	194,05 EUR
	Gewinn	15,39 EUR
	Barverkaufspreis	209,44 EUR
−	2 % Kundenskonto	4,76 EUR
−	10 % Vertreterprovision	23,80 EUR
=	Nettoverkaufspreis	238,00 EUR

$$\dfrac{15{,}39 \cdot 100}{194{,}05} = \underline{\underline{7{,}93\,\%}}$$

Übungsaufgabe 265

Reparaturmaterial	195,80 EUR	
+ 7,5 % MGK	14,69 EUR	
= Materialkosten		210,49 EUR
Fertigungslöhne 2,6 Std. · 85,00 EUR	221,00 EUR	
+ 101,8 % % Rest-FGK	224,98 EUR	
Maschine I: 0,6 Std. · 104,90 EUR	62,94 EUR	
Maschine II: 1,3 Std. · 63,50 EUR	82,55 EUR	
= Fertigungskosten		591,47 EUR
Herstellkosten		801,96 EUR
+ 9,4 % VerwGK	75,38 EUR	
+ 8,8 % VtGK	70,75 EUR	145,95 EUR
Selbstkosten		947,91 EUR
+ 20 % Gewinn		189,58 EUR
= Listenverkaufspreis (Angebotspreis)		1 137,49 EUR

Übungsaufgabe 266

1.

Gesamtfertigungsgemeinkosten	240 000,00 EUR
– 60 % direkt zurechenbare Gemeinkosten	144 000,00 EUR
Restfertigungsgemeinkosten	96 000,00 EUR

	Maschine I	Maschine II	Maschine III
Anteile	2	3	1
direkte Gemeinkosten in EUR	48 000,00	72 000,00	24 000,00
Laufzeit/Std.	625	1 000	400
Maschinenstundensatz	76,80	72,00	60,00

2. $\text{Rest-FGK} = \dfrac{96\,000 \cdot 100}{125\,000} = \underline{\underline{76{,}80\,\%}}$

Übungsaufgabe 267

	Vorkalkulation			Nachkalkulation	
Materialeinzelkosten	8 420,00 EUR			8 720,00 EUR	
+ 10,5 % MGK	884,10 EUR		10,4 %	906,88 EUR	
Materialkosten		9 304,10 EUR			9 626,88 EUR
+ Fertigungslöhne	3 720,00 EUR			3 165,00 EUR	
+ 145 % FGK	5 394,00 EUR		151 %	4 779,15 EUR	
+ SEKF	890,00 EUR		SEKF	795,00 EUR	
Fertigungskosten		10 004,00 EUR			8 739,15 EUR
Herstellkosten		19 308,10 EUR			18 366,03 EUR
+ 13,7 % VerwGK u. VertrGK		2 645,21 EUR	14,9 %		2 736,54 EUR
Selbstkosten		21 953,31 EUR	Selbstkosten		21 102,57 EUR
+ 12 % Gewinn		2 634,40 EUR	− Gewinn in EUR		3 485,14 EUR
Barverkaufspreis		24 587,71 EUR	Barverkaufspreis		24 587,71 EUR
+ 2 % Kundenskonto		501,79 EUR	− 2 % Kundenskonto		501,79 EUR
Zielverkaufspreis		25 089,50 EUR	Zielverkaufspreis		25 089,50 EUR
+ 15 % Kundenrabatt		4 427,56 EUR	− 15 % Kundenrabatt		4 427,56 EUR
Listenverkaufspreis		29 517,06 EUR	Listenverkaufspreis		29 517,06 EUR

Gewinn in %

21 102,57 EUR ≙ 100 %
3 485,14 EUR ≙ x %

$$x = \frac{100 \cdot 3\,485{,}14}{21\,102{,}57} = \underline{\underline{16{,}52\,\%}}$$

Übungsaufgabe 268

	Vorkalkulation			Nachkalkulation	
Materialeinzelkosten	1 710,00 EUR			1 680,00 EUR	
+ 8,7 % MGK	148,77 EUR		+ 8,3 % MGK	139,44 EUR	
Materialkosten		1 858,77 EUR			1 819,44 EUR
+ Fertigungslöhne	420,60 EUR			395,80 EUR	
+ 89,5 % Rest-FGK	376,44 EUR		+ 91 % R.-FGK	360,18 EUR	
Maschine I: 7,4 Std. · 135,80 EUR	1 004,92 EUR		7,3 Std. · 132,50	967,25 EUR	
Maschine II: 3,6 Std. · 98,70 EUR	355,32 EUR		4,1 Std. · 96,20	394,42 EUR	
+ SEKF	135,90 EUR		SEKF	0,00 EUR	
Fertigungskosten		2 293,18 EUR			2 117,65 EUR
Herstellkosten		4 151,95 EUR			3 937,09 EUR
+ 11,5 % VerwGK	477,47 EUR		10,3 %	405,52 EUR	
+ 7,6 % VtGK	315,55 EUR	793,02 EUR	6,9 %	271,66 EUR	677,18 EUR
Selbstkosten		4 944,97 EUR			4 614,27 EUR

Kostenüberdeckung: 4 944,97 EUR − 4 614,27 EUR = $\underline{\underline{330{,}70\text{ EUR}}}$

Übungsaufgabe 269

	Vorkalkulation		Nachkalkulation	
Materialeinzelkosten	195,80 EUR		210,50 EUR	
+ 7,5 % MGK	14,69 EUR	+ 9 % MGK	18,95 EUR	
Materialkosten		210,49 EUR		229,45 EUR
Fertigungslöhne 2,6 Std. · 85,00 EUR	221,00 EUR	2,8 Std. · 86,70	242,76 EUR	
+ 101,8 % Rest-FGK	224,98 EUR	+ 104 % R.-FGK	252,47 EUR	
Maschine I: 0,6 Std. · 104,90 EUR	62,94 EUR	+ 0,75 Std. · 104,90	78,68 EUR	
Maschine II: 1,3 Std. · 63,50 EUR	82,55 EUR	1,2 Std. · 63,50	76,20 EUR	
Fertigungskosten		591,47 EUR		650,11 EUR
Herstellkosten		801,96 EUR		879,56 EUR
+ 9,4 % VerwGK	75,38 EUR	+ 10,3 %	90,59 EUR	
+ 8,8 % VtGK	70,75 EUR	145,95 EUR	+ 7 %	61,57 EUR	152,16 EUR
Selbstkosten		947,91 EUR		1 031,72 EUR

Kostenabweichung in EUR (Kostenunterdeckung): 1 031,72 EUR − 947,91 EUR = 83,81 EUR

Kostenabweichung in Prozent:

947,91 EUR ≙ 100 %
83,81 EUR ≙ x %

$$x = \frac{100 \cdot 83{,}81}{947{,}91} = 8{,}84\%$$

Übungsaufgabe 270

1.
	RHB-Stoffverbrauch	351 700,00 EUR
+	Löhne und Gehälter	189 800,00 EUR
+	VerwGK	75 200,00 EUR
+	VertrGK	18 900,00 EUR } 94 100,00 EUR
+	Kalk. Abschreibung	105 340,00 EUR
	Selbstkosten	740 940,00 EUR

$$\text{SK je PE} = \frac{740\,940}{34\,950} = 21{,}20 \text{ EUR}$$

2.
	Selbstkosten	21,20 EUR
+	18 % Gewinn	3,82 EUR
	Barverkaufspreis	25,02 EUR
+	3 % Kundenskonto	0,84 EUR
+	7 % Vertreterprovision	1,94 EUR
	Zielverkaufspreis	27,80 EUR
+	15 % Kundenrabatt	4,91 EUR
	Listenverkaufspreis	32,71 EUR

3. $\text{SK je PE} = \dfrac{646\,840}{34\,950} + \dfrac{94\,100}{36\,450} = 21{,}09 \text{ EUR}$

4. Durch die Verteilung der Verwaltungs- und Vertriebsgemeinkosten auf eine größere Stückzahl sinken die Verwaltungs- und Vertriebsgemeinkosten je Stück, und als Folge dessen sinkt der Angebotspreis.

Übungsaufgabe 271

	Materialeinzelkosten	306 600,00 EUR	
+	MGK	32 700,00 EUR	
	Materialkosten		339 300,00 EUR
	Fertigungslöhne	102 200,00 EUR	
	FGK	112 800,00 EUR	
	Fertigungskosten		215 000,00 EUR
	Herstellkosten		554 300,00 EUR
	VerwGK	62 100,00 EUR	
	VertrGK	48 900,00 EUR	111 000,00 EUR
	Selbstkosten		665 300,00 EUR : 1 460 = 455,68 EUR je Stück

$$\text{SK je PE} = \frac{554\,300}{1\,460} + \frac{111\,000}{1\,420} = \underline{457,83 \text{ EUR}}$$

Die Selbstkosten erhöhen sich in diesem Fall, weil die Verwaltungs- und Vertriebsgemeinkosten auf eine kleinere Menge bezogen werden. Da der Bestand zugenommen hat, wurde weniger verkauft als hergestellt.

Übungsaufgabe 272

1.

Papiersorten	Herstell- kosten je t	Äquivalenz- ziffern	Rechnungs- einheit	Gesamt- kosten	Selbstkosten je t
A	2 000	1	2 000	7 364 000,00	3 682,00
B	1 500	0,75	1 125	4 142 250,00	2 721,00
C	2 400	1,2	2 880	10 604 160,00	4 418,40
D	2 700	1,35	3 645	13 420 890,00	4 970,70
			9 650	35 531 300,00	

$$\text{Kosten je Rechnungseinheit} = \frac{35\,531\,300,00 \text{ EUR}}{9\,650 \text{ RE}} = 3\,682,00 \text{ EUR/RE}$$

2.

Blechsorten	Produktions- menge/Stück	Äquivalenz- ziffer	Rechnungs- einheiten	Stück- selbstkosten	Gesamt- selbstkosten
A	3 000	1	3 000	6,192	18 575,00
B	7 500	2,5	18 750	2,687	20 152,50
C	3 700	1,25	4 625	6,642	24 570,00
Summe			26 375		63 302,50

Verteilung der Gemeinkosten:

Gemeinkosten je Rechnungseinheit $= \dfrac{16\,245}{4{,}75} = 3\,420{,}00$ EUR

Gemeinkosten A:	3 420,00 EUR
Gemeinkosten B:	8 550,00 EUR
Gemeinkosten C:	4 275,00 EUR
	16 245,00 EUR

Übungsaufgabe 273

Ziffer	Bezeichnungen	Beträge der Rechnungsperiode	%	Produkt A	%	Produkt B
1	Materialverbrauch + MGK	598 700,00 65 857,00	11,0	220 300,00 24 233,00	11,0	378 400,00 41 624,00
2	Materialkosten (1 + 2)	664 557,00		244 533,00		420 024,00
4 5	Fertigungslöhne FGK	697 650,00 1 116 240,00	160,0	271 800,00 434 880,00	160,0	425 850,00 681 360,00
6	Fertigungskosten (4 + 5)	1 813 890,00		706 680,00		1 107 210,00
7	Herstellkosten d. Rp. (3 + 6)	2 478 447,00		951 213,00		1 527 234,00
8 9	Bestandsveränderungen UE Bestandsveränderungen FE	+ 29 210,00 − 30 800,00		− 4 900,00 + 20 900,00		+ 34 110,00 − 51 700,00
10 11 12	Herstellkosten des Umsatzes (7 ± 8 ± 9) Verwaltungsgemeink. (v. 10) Vertriebsgemeink. (v. 10)	2 476 857,00 321 991,41 198 148,56	 13,0 8,0	967 213,00 125 737,69 77 377,04	 13,0 8,0	1 509 644,00 196 253,72 120 771,52
13	Selbstkosten des Umsatzes (10 + 11 + 12)	2 996 996,97		1 170 327,73		1 826 669,24

Ziffer	Bezeichnungen	Beträge der Rechnungsperiode	%	Produkt A	%	Produkt B
14	Nettoverkaufserlöse	3 016 100,00		1 120 700,00		1 895 400,00
15	− Selbstkosten d. verk. Erz.	2 996 996,97		1 170 327,73		1 826 669,24
16	Betriebsergebnis	19 103,03		− 49 627,73		68 730,76

Übungsaufgabe 274

Ziffer	Bezeichnungen	Istkosten	Normal-zuschlagssätze	Normal-kosten	Kostenüber-/-unter-deckungen
1	Materialverbrauch	897 480,00		897 480,00	
2	+ 9,5 % MGK	85 260,60	9 %	80 773,20	− 4 487,40
3	Materialkosten	982 740,60		978 253,20	
4	Fertigungslöhne	671 500,00		671 500,00	
5	+ 138 % FGK	926 670,00	136,2 %	914 583,00	− 12 087,00
6	Fertigungskosten	1 598 170,00		1 586 083,00	
7	Herstellkosten d. Rp. (HKosten d. Umsatzes)	2 580 910,60		2 564 336,20	
8	+ 12 % VerwGK	309 709,27	13 %	333 363,71	+ 23 654,44
9	+ 7 % VertrGK	180 663,73	6,5 %	166 681,85	− 13 981,88
10	Selbstkosten	3 071 283,60		3 064 381,76	
11	Nettoverkaufserlöse	3 247 200,00		3 247 200,00	
10	− Selbstkosten des Umsatzes	3 071 283,60		3 064 381,76	
12	Umsatzergebnis	175 916,40		182 818,24	
13	− Kostenüberdeckung			− 6 901,84	
14		175 916,40		175 916,40	

MKG: 9,5 %   FGK: 138,0 %   VerwGK: 12 %   VertrGK: 7 %

Übungsaufgabe 275

Ziffer	Bezeichnungen	Istkosten	Normal-zuschlagssätze	Normal-kosten	Kostenüber-/-unter-deckungen
1	Materialverbrauch	210 700,00		210 700,00	
2	+ 7 % MGK	14 749,00	8 %	16 856,00	+ 2 107,00
3	Materialkosten	225 449,00		227 556,00	
4	Fertigungslöhne	140 500,00		140 500,00	
5	+ 165 % FGK	231 825,00	166 %	233 230,00	+ 1 405,00
6	SEKF	6 500,00		6 500,00	
7	Fertigungskosten	378 825,00		380 230,00	
8	Herstellkosten d. Rp.	604 274,00		607 786,00	
9	− Bestandsmehrung UE	3 200,00		3 200,00	
10	+ Bestandsmind. FE	4 500,00		4 500,00	
11	Herstellkosten d. Umsatzes	605 574,00		609 086,00	
12	+ 13 % VerwGK (v. 11)	78 724,62	11,5 %	70 044,89	− 8 679,73
13	+ 6 % VertrG (v. 11)	36 334,44	7,2 %	43 854,19	+ 7 519,75
14	+ SEKV	5 200,00		5 200,00	
1. 15	Selbstkosten des Umsatzes	725 833,06		728 185,08	+ 2 352,02
16	Nettoverkaufserlöse	792 322,00		792 322,00	
15	− Selbstkosten	725 833,06		728 185,08	
17	Umsatzergebnis	66 488,94		64 136,92	
18	+ Kostenüberdeckung			2 352,02	
2. 19	Betriebsergebnis	66 488,94		66 488,94	

Übungsaufgabe 276

1. Linearer Abschreibungsbetrag für die Lagerausstattung; Miete für ein Großlager sowie Teile der Personalkosten.
2. 2.1 (a) Bis zur Verkaufsmenge 300 **fixe Kosten**. Bei einer Verkaufszahl von 400 Stück; sprungsfixe Kosten (Sprungkosten).

    Beispiel für fixe Kosten: Kfz-Steuer bei unverändertem Fuhrpark; Gehälter für Stammbelegschaft.

    Beispiele für sprungfixe Kosten: Kosten für die Anmietung eines neuer Verkaufsraums; Leasingkosten für eine Maschine; Gehälter nach der Einstellung zusätzlichen Personals.

    (b) Die Kosten nehmen proportional zur verkauften Menge zu: **(proportional-variable) Kosten.**

    Beispiele: Vertreterprovision, Wareneinkaufskosten bei gleichen Einstandspreisen je Stück.

    (c) Die Kosten nehmen schwächer zu als der Beschäftigungsgrad: **(unterproportional-variable) Kosten.**

    Beispiele: innerbetriebliche Transportkosten, gebremster Anstieg der Transportkosten durch Großeinkauf (z. B. Wagenladung anstelle von Stückgut).

    (d) Zunächst verlaufen die Kosten proportional zur Verkaufsmenge. Danach nehmen sie einen überproportionalen Verlauf (**progressiv-variable Kosten**).

    Beispiele: Überstundenlöhne, Ausschussware aufgrund unsachgemäßer Lagerung.

   2.2 (a) Die fixen bzw. sprungfixen Kosten verlaufen je Stück degressiv bzw. gebrochen-degressiv.

    (b) Die proportional-variablen Kosten werden je Stück zu konstanten Kosten.

    (c) Die unterproportional-variablen Kosten verlaufen je Stück leicht degressiv.

    (d) In der Phase der proportional verlaufenden Gesamtkosten sind die Stückkosten konstant, danach verlaufen sie progressiv.

Übungsaufgabe 277

Variable Kosten je Stück: 23 140,00 EUR : 2 600,00 Stück = <u>8,90 EUR</u>

1. 1.1

	1.1.1 bei 1 200 Stück	1.1.2 bei 2 500 Stück
variable Kosten	10 680,00 EUR	22 250,00 EUR
+ fixe Kosten	8 500,00 EUR	8 500,00 EUR
= Gesamtkosten	19 180,00 EUR	30 750,00 EUR
Umsatzerlös	17 760,00 EUR	37 000,00 EUR
– Gesamtkosten	19 180,00 EUR	30 750,00 EUR
Betriebsverlust:	1 420,00 EUR Betriebsgewinn:	6 250,00 EUR

1.2 Stückkosten:

bei 1 200 Stück: 19 180,00 EUR : 1 200 Stück = 15,98 EUR

bei 2 500 Stück: 30 750,00 EUR : 2 500 Stück = 12,30 EUR

2. 2.4

Übungsaufgabe 278

1. – Die konsequente Anwendung der Vollkostenrechnung würde bei sinkender Beschäftigung wegen des Ansteigens der fixen Kosten zu steigenden Preisen führen, wodurch die Beschäftigung weiter sinken würde.
   – Die Vollkostenrechnung kann zu einer falschen Sortimentspolitik führen. Jeder Verlustartikel muss bei der Vollkostenrechnung aus dem Sortiment ausscheiden. Dadurch kann die Gewinnsituation insgesamt schlechter ausfallen als bei Weiterführung der (des) Verlustartikel(s). Solange der Erlös eines Artikels über den variablen Kosten liegt, kann er zur Deckung der fixen Kosten beitragen und damit die Gewinnsituation insgesamt verbessern.
2. Die fixen Kosten. Bei einer Vollkostenrechnung werden die fixen Kosten bei der Preiskalkulation einbezogen und wie proportionale Kosten behandelt. Dies führt hinsichtlich des Stückkosteneinsatzes zu falschen Kalkulationsgrundlagen.
3. Weil er trotz des Verlustes zur Deckung der fixen Kosten beitragen kann. Das ist der Fall, solange der erzielte Nettoverkaufserlös über den variablen Kosten liegt.

Übungsaufgabe 279

	Strategie 1	Strategie 2	Strategie 3
Nettoverkaufserlös	30,00	35,00	40,00
variable Kosten	25,00	25,00	25,00
Deckungsbeitrag/Stück (db)	5,00	10,00	15,00
erwartete Absatzmenge*	30 000,00	20 000,00	8 000,00
= Gesamtdeckungsbeitrag (DB)	150 000,00	200 000,00	120 000,00
– Fixkosten	180 000,00	180 000,00	180 000,00
= Betriebsergebnis	– 30 000,00	+ 20 000,00	– 60 000,00

* Die **Strategie 2** verspricht ein positives Betriebsergebnis.

Übungsaufgabe 280

1. Bei der Deckungsbeitragsrechnung werden die direkt zurechenbaren Kosten (die variablen Einzelkosten und die variablen Gemeinkosten) von den Erlösen abgezogen. Die beschäftigungsunabhängigen Kosten werden hingegen als Kostenblock verrechnet. Dem Kostenträger genau zugerechnet werden somit nur die variablen Kosten (Teilkostenrechnung).

2. Das Hauptproblem der einstufigen Deckungsbeitragsrechnung besteht darin, dass weder die Stückkosten noch die Stückgewinne ermittelt werden können. Für das Unternehmen besteht somit die Gefahr, dass durch die Übernahme zu niedriger Marktpreise die Gewinnsituation zu wenig beachtet wird. Der Einsatz der Deckungsbeitragsrechnung ist z.B. dann sinnvoll, wenn es um die Kalkulation von **Zusatzaufträgen** geht und das Unternehmen sich bereits in einer Gewinnsituation befindet. Dann nämlich führt auch der kleinste positive Deckungsbeitrag zur Erhöhung des Gesamtgewinns.

3.

Deckungsbeitragsrechnung	Vollkostenrechnung
– Ansatzpunkt ist der am Markt erzielbare Preis. – Untergliederung in fixe und variable Kosten. – Die Selbstkosten je Einheit können nicht ermittelt werden. – Ein Angebotspreis kann nicht ermittelt werden, wohl aber die Preisuntergrenze. – Instrument der Programmsteuerung und Gewinnoptimierung. – Eher marktwirtschaftlich orientierte Form der Kostenrechnung (Orientierung am Marktpreis).	– Ansatzpunkt sind die Kosten. – Untergliederung in Einzel- und Gemeinkosten. – Berechnung des Selbstkostenpreises je Einheit wird ermöglicht. – Ermöglicht die Ermittlung eines Angebotspreises. – Zur Programmsteuerung und Gewinnoptimierung **nicht** geeignet. – Eher planwirtschaftlich orientierte Form der Kostenrechnung (z. B. bei Staatsaufträgen).

4. 4.1
Listenverkaufspreis	1 480,00 EUR
– 30 % Kundenrabatt	444,00 EUR
Zielverkaufspreis	1 036,00 EUR
– 2,5 % Kundenskonto	25,90 EUR
– 12 % Vertreterprovision	124,32 EUR
Nettoverkaufserlös (Barverkaufspreis)	885,78 EUR
– variable Kosten	260,00 EUR
Deckungsbeitrag	625,78 EUR

4.2 Absolute Preisuntergrenze: 260,00 EUR

Die absolute Preisuntergrenze liegt bei 260,00 EUR. In diesem Fall ist der Deckungsbeitrag 0,00 EUR.

Übungsaufgabe 281

		Erzeugnis A	Erzeugnis B
	Erlöse lt. Listenverkaufspreis	406 000,00 EUR	533 000,00 EUR
	– Kundenrabatt	40 600,00 EUR	63 960,00 EUR
	Zielverkaufspreis	365 400,00 EUR	469 040,00 EUR
	– Kundenskonto	10 962,00 EUR	9 380,80 EUR
	– Vertreterprovision	18 270,00 EUR	32 832,80 EUR
	Nettoverkaufserlös (Barverkaufspreis)	336 168,00 EUR	426 826,40 EUR
	– variable Kosten	196 000,00 EUR	392 600,00 EUR
1.	Deckungsbeitrag	140 168,00 EUR	34 226,40 EUR
	– fixe Kosten	98 500,00 EUR	
2.	Betriebsergebnis	75 894,40 EUR	

3. Preisuntergrenzen: A: 280,00 EUR (196 000 : 700)
   B: 302,00 EUR (392 600 : 1 300)

Übungsaufgabe 282

Bezeichnungen	Modell 1	Modell 2	Modell 3
Nettoverkaufserlöse	873 000,00 EUR	880 000,00 EUR	1 057 000,00 EUR
− Materialverbrauch	270 000,00 EUR	312 000,00 EUR	287 000,00 EUR
− Fertigungslöhne	126 000,00 EUR	210 000,00 EUR	133 000,00 EUR
− variable Gemeinkosten	108 000,00 EUR	122 000,00 EUR	196 000,00 EUR
Deckungsbeitrag	369 000,00 EUR	236 000,00 EUR	441 000,00 EUR
− fixe Kosten	240 000,00 EUR	272 000,00 EUR	308 000,00 EUR
= Betriebsgewinn je Modell	129 000,00 EUR	− 36 000,00 EUR	133 000,00 EUR

1. Betriebsgewinn insgesamt: 129 000,00 EUR + 133 000,00 EUR − 36 000,00 EUR
   = 226 000,00 EUR

2./3.

	Modell 1	Modell 2	Modell 3
Deckungsbeitrag insgesamt	369 000,00 EUR	236 000,00 EUR	441 000,00 EUR
Deckungsbeitrag je Modell	1 230,00 EUR	590,00 EUR	630,00 EUR
Gewinnanteil insgesamt	129 000,00 EUR	− 36 000,00 EUR	133 000,00 EUR
Gewinnanteil je Modell	430,00 EUR	− 90,00 EUR	190,00 EUR

Übungsaufgabe 283

1.

	Kühlschrank	Wäschetrockner
Listenverkaufspreis	600,00 EUR	420,00 EUR
− 10 % Kundenrabatt	60,00 EUR	42,00 EUR
Zielverkaufspreis	540,00 EUR	378,00 EUR
− 2 % Kundenskonto	10,80 EUR	7,56 EUR
Nettoverkaufserlös	529,20 EUR	370,44 EUR
− variable Kosten		
Einstandspreis	420,00 EUR	310,00 EUR
15 % variable Handlungskosten	63,00 EUR	46,50 EUR
Deckungsbeitrag	46,20 EUR	13,94 EUR

2. Preisuntergrenze: 483,00 EUR   356,50 EUR

Übungsaufgabe 284

1.

Listenverkaufspreis		210,00 EUR
− 20 % Kundenrabatt		42,00 EUR
Zielverkaufspreis		168,00 EUR
− 2 % Kundenskonto		3,36 EUR
Nettoverkaufserlös		164,64 EUR
− variable Kosten		
Wareneinsatzkosten:		
Listeneinkaufspreis	130,00 EUR	
− 15 % Liefererrabatt	19,50 EUR	
Zieleinkaufspreis	110,50 EUR	
− 3 % Liefererskonto	3,32 EUR	
Bareinkaufspreis	107,18 EUR	
+ Bezugskosten	12,00 EUR	
Bezugspreis	119,18 EUR	119,18 EUR
+ variable Handlungskosten		21,50 EUR	140,68 EUR
Deckungsbeitrag		23,96 EUR

2. Absolute Preisuntergrenze: 164,64 EUR − 23,96 EUR = **140,68 EUR**

   oder: 119,18 EUR + 21,50 EUR = **140,68 EUR**

3. 164,64 EUR ≙ 100 %
   23,96 EUR ≙ x %

   x = **14,55 %**

Übungsaufgabe 285

1. Da der Nettoverkaufserlös (46,20 EUR) über den variablen Kosten (42,00 EUR) liegt, ist es unter Kostengesichtspunkten sinnvoll, den Zusatzauftrag anzunehmen (Deckungsbeitrag 4,20 EUR).

2.

Bezeichnungen	Produkt A	Produkt B	Produkt C	Zusatzauftrag
Nettoverkaufserlöse	47 040,00 EUR	176 400,00 EUR	199 920,00 EUR	92 400,00 EUR
− variable Kosten	35 280,00 EUR	117 600,00 EUR	126 420,00 EUR	84 000,00 EUR
Deckungsbeitrag	11 760,00 EUR	58 800,00 EUR	73 500,00 EUR	8 400,00 EUR
− fixe Kosten		82 000,00 EUR		
Betriebsgewinn ohne Zusatzauftrag		62 060,00 EUR		
+ Deckungsbeitrag Zusatzauftrag		8 400,00 EUR		
Betriebsgewinn mit Zusatzauftrag		70 460,00 EUR		

Übungsaufgabe 286

Bezeichnungen	Erzeugnis I	Erzeugnis II	Erzeugnis III	Zusatzauftrag
Nettoverkaufserlöse	28 400,00 EUR	101 700,00 EUR	115 650,00 EUR	74 400,00 EUR
– variable Kosten	32 000,00 EUR	87 300,00 EUR	87 750,00 EUR	70 200,00 EUR
Deckungsbeitrag	– 3 600,00 EUR	14 400,00 EUR	27 900,00 EUR	4 200,00 EUR
– fixe Kosten		45 100,00 EUR		
Betriebsverlust ohne Zusatzauftrag		– 6 400,00 EUR		
+ Deckungsbeitrag Zusatzauftrag		4 200,00 EUR		
Betriebsverlust mit Zusatzauftrag		– 2 200,00 EUR		

Übungsaufgabe 287

1.

Bezeichnungen	Typ A	Typ B	Typ C
Nettoverkaufserlöse/Stück	58,50 EUR	88,40 EUR	104,00 EUR
– konstante Stückkosten	49,40 EUR	73,45 EUR	89,70 EUR
Deckungsbeitrag/Stück	9,10 EUR	14,95 EUR	14,30 EUR
Deckungsbeitrag insgesamt	59 150,00 EUR	145 762,50 EUR	148 720,00 EUR

2. Summe der Deckungsbeiträge   353 632,50 EUR
   – Fixkosten insgesamt   241 150,00 EUR

   Betriebsergebnis   112 482,50 EUR

3. Zusätzlicher Deckungsbeitrag von Typ B
   (14,95 EUR · 3 900 Stück)   58 305,00 EUR
   – ausfallender Deckungsbeitrag Typ C
   (14,30 EUR · 3 900 Stück)   55 770,00 EUR

   Erhöhung des Betriebsergebnisses   2 535,00 EUR

Übungsaufgabe 288

1. Aus der Sicht der Vollkostenrechnung ist es sinnvoll, die Warengruppe II aufzugeben, da sie mit einem Verlust abschließt.

   Aus der Sicht der Deckungsbeitragsrechnung sollte die Warengruppe II nicht aufgegeben werden, da sie einen positiven Deckungsbeitrag aufweist und daher zur Abdeckung der unternehmensfixen Kosten beiträgt. Ohne die Warengruppe II sinkt der Betriebsgewinn um 36 300,00 EUR auf 270 200,00 EUR ab.

2. Da die Warengruppe II nicht mehr die variablen Kosten erwirtschaftet, ist sie auch aus der Sicht der Deckungsbeitragsrechnung aufzugeben.

Übungsaufgabe 289

1. 1.1

	Rundfunkgeräte	Fernsehgeräte	Musikinstrumente
Nettoverkaufserlöse – Wareneinsatzkosten	1 490 700,00 830 400,00	591 680,00 211 520,00	672 950,00 420 500,00
Rohgewinn – variable Handlungskosten	660 300,00 254 980,00	380 160,00 332 120,00	252 450,00 177 440,00
Deckungsbeitrag der Kostenstellen	405 320,00	48 040,00	75 010,00

Betriebserfolg: Deckungsbeiträge insgesamt   – fixe Handlungskosten
                 528 370,00 EUR   – 198 400,00 EUR = 329 970,00 EUR

1.2

	Rundfunkgeräte	Musikinstrumente
Nettoverkaufserlöse (einschließlich 25 % Umsatzsteigerung) – Wareneinsatzkosten (einschließlich 18 % Kostensteigerung)	1 863 375,00 979 872,00	841 187,50 496 190,00
Rohgewinn – variable Handlungskosten	883 503,00 318 725,00	344 997,50 221 800,00
Deckungsbeitrag	564 778,00	123 197,50

Betriebserfolg: 687 975,50 – 198 400,00 = 489 575,505 EUR

Die Maßnahme, die Warengruppe Fernsehgeräte aufzugeben, ist richtig, denn der Betriebserfolg steigt dann um 159 605,50 EUR an.

2. 2.1

	Schmuck- und Silberwaren	Uhren	Porzellan
Erl. a. Warenverk. netto – Wareneinsatzkosten	1 510 400,00 EUR 870 200,00 EUR	602 080,00 EUR 220 410,00 EUR	682 180,00 EUR 434 420,00 EUR
Rohgewinn – variable Handlungskosten	640 200,00 EUR 568 600,00 EUR	381 670,00 EUR 339 880,00 EUR	247 760,00 EUR 183 920,00 EUR
Deckungsbeitrag je Warengruppe	71 600,00 EUR	41 790,00 EUR	63 840,00 EUR
Deckungsbeitrag insgesamt – fixe Handlungskosten		177 230,00 EUR 72 500,00 EUR	
2.2 Betriebsgewinn		104 730,00 EUR	

2.3 Rangfolge: (1) Schmuck- und Silberwaren
                       (2) Porzellan
                       (3) Uhren

Übungsaufgabe 290

1. Die **Plankostenrechnung** ist auf die Zukunft ausgerichtet; sie geht von Erwartungsgrößen aus, die nicht exakt bestimmbar sind.
   Dagegen ist die **Istkostenrechnung** auf die Vergangenheit bezogen, sie geht von tatsächlich angefallenen Größen aus.

2. – Einstellung auf die in Zukunft zu erwartenden Größen (Dispositionsfunktion);
   – Vergleich zwischen Soll- und Istgrößen (Kontrollfunktion);
   – Einschreiten bei ungewöhnlichen Abweichungen (Steuerungsfunktion).

3. Preisabweichungen, Beschäftigungsabweichungen.

4. Auch bei der Plankostenrechnung geht es in erster Linie um die Planung der variablen Kosten. Deshalb ist eine Aufteilung der Gesamtkosten unentbehrlich.

5. **1. Schritt**: Ermittlung der **Verbrauchsabweichung** durch Gegenüberstellung der variablen Kosten bei tatsächlicher Beschäftigung zu den variablen Kosten bei der angenommenen Beschäftigung.

   2. Schritt: Berechnung der **Beschäftigungsabweichung**
   – Umrechnung der variablen Kosten bei tatsächlicher Beschäftigung.
   – Bildung der Differenz zwischen variablen Kosten bei angenommener Beschäftigung und variablen Kosten bei tatsächlicher Beschäftigung.

   3. Schritt: Ermittlung der vom **Kostenstellenleiter zu verantwortenden Abweichung** durch Bildung der Differenz zwischen der unter 1. ermittelten Verbrauchsabweichung und der unter 2. ermittelten Beschäftigungsabweichung.

6. **1. Schritt**: Ermittlung der Gesamtabweichung

Istkosten	40 810,00 EUR
Plankosten	35 850,00 EUR
Verbrauchsabweichung insgesamt	4 960,00 EUR

   2. Schritt: Ermittlung der **Beschäftigungsabweichung**

   bei 75 % ≙ 35 850,00 EUR
   bei 85 % ≙ x EUR

   $$x = \frac{35\,850 \cdot 85}{75} = 40\,630,00 \text{ EUR}$$

Beschäftigungsabweichung:	40 630,00 EUR
	– 35 850,00 EUR
	4 780,00 EUR

   3. Schritt:

Verbrauchsabweichung lt. 1. Schritt	4 960,00 EUR
– Beschäftigungsabweichung lt. 2. Schritt	4 730,00 EUR
vom Stellenleiter zu verantwortende Abweichung	180,00 EUR

Übungsaufgabe 291

1. **Kosten bei der Basisplanbeschäftigung**
   Fixkosten: $0{,}4 \cdot 220\,000{,}00$ EUR $= 88\,000{,}00$ EUR
   variablen Kosten: $220\,000{,}00$ EUR $- 88\,000{,}00$ EUR $= 132\,000{,}00$ EUR
   Istkosten ($K_{(i)}$): $192\,200{,}00$ EUR
   Sollkosten ($KS_{(i)}$): $88\,000{,}00$ EUR $+ 0{,}8 \cdot 132\,000{,}00 = 193\,600{,}00$ EUR
   Verrechnete Plankosten ($Kp_{(i)}$): $0{,}8 \cdot 220\,000{,}00 = 176\,000{,}00$ EUR

   1.1 Verbrauchsabweichung $= KS_{(i)} - K_{(i)}$
   $193\,600{,}00$ EUR $- 192\,200{,}00$ EUR $= 1\,400{,}00$ EUR (Einsparung der Kostenstelle)

   1.2 Beschäftigungsabweichung $= Kp_{(i)} - KS_{(i)}$
   $176\,000{,}00$ EUR $- 193\,600{,}00$ EUR $= -17\,600{,}00$ EUR (Unterdeckung von Fixkosten)

   1.3 Gesamtabweichung $= Kp_{(i)} - K_{(i)}$
   $176\,000{,}00$ EUR $- 192\,200{,}00$ EUR $= -16\,200{,}00$ EUR (zu wenig verrechnete Plankosten)

2. **Kosten bei der Basisplanbeschäftigung**
   Fixkosten: $10\,000{,}00$ EUR
   variable Kosten: $10\,000{,}00$ EUR $\cdot 3{,}00$ EUR $- 10\,000{,}00 = 20\,000{,}00$ EUR ($2{,}00$ EUR/Stück)
   Istkosten ($K_{(i)}$): $29\,000{,}00$ EUR
   Sollkosten ($KS_{(i)}$): $10\,000{,}00$ EUR $+ 2{,}00 \cdot 9\,000{,}00 = 28\,000{,}00$ EUR
   Verrechnete Plankosten ($Kp_{(i)}$): $3{,}00 \cdot 9\,000{,}00 = 27\,000{,}00$ EUR

   2.1 Verbrauchsabweichung $= KS_{(i)} - K_{(i)}$
   $28\,000{,}00$ EUR $- 29\,000{,}00$ EUR $= -1\,000{,}00$ EUR (Mehrverbrauch in der Kostenstelle)

   2.2 Beschäftigungsabweichung $= Kp_{(i)} - KS_{(i)}$
   $27\,000{,}00$ EUR $- 28\,000{,}00$ EUR $= -1\,000{,}00$ EUR (Unterdeckung der Fixkosten)

   2.3 Gesamtabweichung $= Kp_{(i)} - K_{(i)}$
   $27\,000{,}00$ EUR $- 29\,000{,}00$ EUR $= -2\,000{,}00$ EUR (zu wenig verrechnete Plankosten)

3. **Basisplanbeschäftigung $\triangleq 100\%$**
   Kosten bei der Basisplanbeschäftigung
   Fixkosten: $50\,000{,}00$ EUR $- 38\,000{,}00$ EUR $= 12\,000{,}00$ EUR,
   variable Kosten: $38\,000{,}00$ EUR
   Plankostenverrechnungssatz: $50\,000{,}00$ EUR : $8\,000$ Std. $= 6{,}25$ EUR
   Istkosten ($K_{(i)}$): $40\,000{,}00$ EUR

   3.1 Verrechnete Plankosten bei Istbeschäftigung ($Kp_{(i)}$):
   $6{,}25 \cdot 6\,400 = 40\,000{,}00$ EUR

   3.2 Sollkosten ($KS_{(i)}$):
   $12\,000 + 4{,}75 \cdot 6\,400 = 42\,400{,}00$ EUR

   3.3 Beschäftigungsabweichung $= Kp_{(i)} - KS_{(i)}$
   $40\,000{,}00$ EUR $- 42\,400{,}00$ EUR $= -2\,400{,}00$ EUR (Unterdeckung von Fixkosten)

   3.4 Verbrauchsabweichung $= KS_{(i)} - K_{(i)}$
   $42\,400{,}00$ EUR $- 40\,000{,}00$ EUR $= 2\,400{,}00$ EUR (Einsparung der Kostenstelle)

Basisplanbeschäftigung $\hat{=}$ 70 %
Kosten bei der Basisplanbeschäftigung
Fixkosten: 12 000,00 EUR,
variable Kosten: 38 000,00 EUR · 0,7 = 26 600,00 EUR
Plankostenverrechnungssatz: 38 600,00 EUR : 5 600 Std. = 6,89 EUR
Istkosten ($K_{(i)}$): 40 000,00 EUR

3.1 Verrechnete Plankosten bei Istbeschäftigung ($Kp_{(i)}$):
6,89 · 5 600 = 44 114,00 EUR

3.2 Sollkosten ($KS_{(i)}$):
12 000 + 4,75 · 6 400 = 42 400,00 EUR

3.3 Beschäftigungsabweichung = $Kp_{(i)}$ − $KS_{(i)}$
44 140,00 EUR − 42 200,00 EUR = 1 714,00 EUR (Überdeckung von Fixkosten)

3.4 Verbrauchsabweichung = $KS_{(i)}$ − $K_{(i)}$
42 400,00 EUR − 40 000,00 EUR = 2 400,00 EUR (Einsparung der Kostenstelle)

4. **Basisplanbeschäftigung $\hat{=}$ 360 Einheiten**
Kosten bei der Basisplanbeschäftigung
Fixkosten: 41 400,00 EUR − 23 400,00 EUR = 18 000,00 EUR,
variable Kosten: 23 400,00 EUR
Plankostenverrechnungssatz: 41 400,00 EUR : 360 = 115,00 EUR
Istkosten ($K_{(i)}$): 38 000,00 EUR
Verrechnete Plankosten bei Istbeschäftigung ($Kp_{(i)}$): 115 · 300 = 34 500,00 EUR
Sollkosten ($KS_{(i)}$): 18 000,00 + (65 · 300) = 37 500,00 EUR

4.1 Verbrauchsabweichung = $KS_{(i)}$ − $K_{(i)}$
37 500,00 EUR − 38 000,00 EUR = − 500,00 EUR (Mehrverbrauch in der Kostenstelle)

4.2 Beschäftigungsabweichung = $Kp_{(i)}$ − $KS_{(i)}$
34 500,00 EUR − 37 500,00 EUR = − 3 000,00 EUR (Unterdeckung von Fixkosten)

4.3 Gesamtabweichung = $Kp_{(i)}$ − $K_{(i)}$
34 500,00 EUR − 38 000,00 EUR = − 3 500,00 EUR (zu wenig verrechnete Plankosten)

5. 5.1 Kosten bei Basisplanbeschäftigung = 21 000,00 EUR,
variable Kosten pro Stück = 9,00 EUR
Fixkosten: 7 500,00 EUR
$K = K_f + k_v · Bpb$ → 21 000,00 = 7 500 + 9 · Bpb
9 · Bpb = 13 500
Bpb = 1 500 Einheiten

5.2 Istkosten ($K_{(i)}$): 17 845,00 EUR
Plankostenverrechnungssatz: 21 000,00 EUR : 1 500 Einheiten = 14,00 EUR
Verrechnete Plankosten bei Istbeschäftigung ($Kp_{(i)}$): 14 · 1 100 = 15 400,00 EUR
Sollkosten ($KS_{(i)}$): 7 500 + 9 · 1 100 = 17 400,00 EUR

5.2.1 Verbrauchsabweichung = $KS_{(i)}$ − $K_{(i)}$
17 400,00 EUR − 17 845,00 EUR = − 445,00 EUR (Mehrverbrauch der Kostenstelle)

5.2.2 Beschäftigungsabweichung = $Kp_{(i)}$ − $KS_{(i)}$
15 400,00 EUR − 17 400,00 EUR = − 2 000,00 EUR (Unterdeckung von Fixkosten)

Von der Kostenabweichung von insgesamt 2 445,00 EUR hat der Kostenstellenleiter lediglich die Verbrauchsabweichung von 445,00 EUR zu vertreten.

Übungsaufgabe 292

Nr.	Konten	Soll	Haben
1.	2280 Waren 2600 Vorsteuer an 4400 Verbindl. a. Lief. u. Leist.	1 350,00 256,50	 1 606,50
2.	2000 Rohstoffe 2600 Vorsteuer an 2800 Bank	3 198,00 607,62	 3 805,62
3.	2010 Vorprodukte/Fremdbauteile 2600 Vorsteuer an 2880 Kasse	7 479,00 1 421,01	 8 900,01
4.	2880 Kasse an 5100 Umsatzerlöse für Handelswaren an 4800 Umsatzsteuer	12 365,53	 10 391,20 1 974,33
5.	2400 Ford. a. Lief. u. Leist. an 5000 Umsatzerlöse f. eig. Erzeugn. an 4800 Umsatzsteuer	7 401,80	 6 220,00 1 181,80
6.	2020 Hilfsstoffe 2600 Vorsteuer an 4400 Verbindl. a. Lief. u. Leist.	917,00 174,23	 1 091,23
7.	4400 Verbindl. a. Lief. u. Leist. an 2800 Bank	1 091,23	 1 091,23
8.	2030 Betriebsstoffe 2600 Vorsteuer an 2880 Kasse	778,00 147,82	 925,82
		37 187,74	37 187,74

Übungsaufgabe 293

Nr.	Konten	Soll	Haben
1.	2000 Rohstoffe an 4400 Verb. a. L. u. L.	23 625,00	 23 625,00
2.	2030 Betriebsstoffe an 2880 Kasse	3 525,00	 3 525,00
3.	2020 Hilfsstoffe an 4400 Verb. a. L. u. L.	11 700,00	 11 700,00
4.	6030 Aufwend. f. Betriebsstoffe an 2030 Betriebsstoffe	4 500,00	 4 500,00
		43 350,00	43 350,00

Soll	2000 Rohstoffe		Haben	Soll	6000 Aufw. für Rohstoffe		Haben
AB	112 500,00	8010	60 000,00	2000	76 125,00	8020	76 125,00
4400	23 625,00	6000	76 125,00	=		=	
	136 125,00		136 125,00				
=		=					

Soll	2020 Hilfsstoffe		Haben	Soll	6020 Aufw. für Hilfsstoffe		Haben
AB	45 000,00	8010	37 500,00	2020	19 200,00	8020	19 200,00
4400	11 700,00	6020	19 200,00	=		=	
	56 700,00		56 700,00				
=		=					

Soll	2030 Betriebsstoffe		Haben	Soll	6030 Aufw. für Betriebsstoffe		Haben
AB	22 500,00	6030	4 500,00	2030	4 500,00	8020	4 500,00
2880	3 525,00	8010	21 525,00	=		=	
	26 025,00		26 025,00				
=		=					

Soll	8010 SBK		Haben	Soll	8020 GuV		Haben
2000	60 000,00			6000	76 125,00		
2020	37 500,00			6020	19 200,00		
2030	21 525,00			6030	4 500,00		

Übungsaufgabe 294

Soll	2000 Rohstoffe		Haben	Soll	6000 Aufw. für Rohstoffe		Haben
AB	85 910,00	6000	92 500,00	2000	92 500,00	8020	92 500,00
4400	78 650,00	8010	72 060,00	=		=	
	164 560,00		164 560,00				
=		=					

Soll	2010 Vorprodukte		Haben	Soll	6010 Aufw. für Vorprodukte		Haben
AB	22 425,00	8010	12 950,00	2010	17 310,00	8020	17 310,00
4400	7 835,00	6010	17 310,00	=		=	
	30 260,00		30 260,00				
=		=					

Soll	2020 Hilfsstoffe		Haben	Soll	6020 Aufw. für Hilfsstoffe		Haben
AB	48 650,00	8010	50 730,00	2020	34 200,00	8020	34 200,00
2880	36 280,00	6020	34 200,00	=		=	
	84 930,00		84 930,00				
=		=					

Soll	8010 SBK		Haben	Soll	8020 GuV		Haben
2000	72 060,00			6000	92 500,00		
2010	12 950,00			6010	17 310,00		
2020	50 730,00			6020	34 200,00		

Übungsaufgabe 295

Konten	Soll	Haben
2000 Rohstoffe	909,37	
2600 Vorsteuer	172,78	
an 4400 Verbindlichk. a. L. u. L.		1 082,15

Übungsaufgabe 296

Konten	Soll	Haben
2280 Waren	3 800,00	
2281 Bezugskosten	457,50	
2600 Vorsteuer	808,93	
an 4400 Verb. a. L. u. L.		5 066,43

Übungsaufgabe 297

Nr.	Konten	Soll	Haben
1.	4400 Verb. a. Lief. u. Leist.	416,50	
	an 2020 Hilfsstoffe		350,00
	an 2600 Vorsteuer		66,50
2.	4400 Verb. a. Lief. u. Leist.	975,80	
	an 2032 Nachlässe		820,00
	an 2600 Vorsteuer		155,80
3.	Wir senden Vorprodukte an den Lieferanten zurück. Nettowert 145,00 EUR zuzüglich 19% USt.		
4.	4400 Verb. a. Lief. u. Leist.	101,15	
	an 2001 Bezugskosten		85,00
	an 2600 Vorsteuer		16,15
5.	4400 Verb. a. Lief. u. Leist.	4 902,80	
	an 2010 Vorprodukte		4 120,00
	an 2600 Vorsteuer		782,80
6. 6.1	2030 Betriebsstoffe	1 760,00	
	2600 Vorsteuer	334,40	
	an 4400 Verb. a. Lief. u. Leist.		2 094,40
6.2	4400 Verb. a. Lief. u. Leist.	2 094,40	
	an 2032 Nachlässe		35,20
	an 2600 Vorsteuer		6,69
	an 2800 Bank		2 052,51
7. 7.1	2280 Waren	4 150,00	
	2600 Vorsteuer	788,50	
	an 4400 Verb. a. Lief. u. Leist.		4 938,50
7.2	4400 Verb. a. Lief. u. Leist.	4 938,50	
	an 2282 Nachlässe		124,50
	an 2600 Vorsteuer		23,66
	an 2800 Bank		4 790,34
		20 462,05	20 462,05

Übungsaufgabe 298

Nr.	Konten	Soll	Haben
1.	2030 Betriebsstoffe	2 150,00	
	2600 Vorsteuer	408,50	
	an 4400 Verb. a. Lief. u. Leist.		2 558,50
2.	4400 Verb. a. Lief. u. Leist.	511,70	
	an 2030 Betriebsstoffe		430,00
	an 2600 Vorsteuer		81,70
3.	2020 Hilfsstoffe	2 900,00	
	2600 Vorsteuer	551,00	
	an 4400 Verb. a. Lief. u. Leist.		3 451,00
4.	4400 Verb. a. Lief. u. Leist.	571,20	
	an 2020 Hilfsstoffe		480,00
	an 2600 Vorsteuer		91,20
		7 092,40	7 092,40

5. Nr. [2]

Übungsaufgabe 299

Konten	Soll	Haben
4400 Verbindlichkeiten a. Lief. u. Leist.	1 185,00	
an 2280 Waren		995,80
an 2600 Vorsteuer		189,20

Übungsaufgabe 300

1.

```
Soll        2000 Rohstoffe        Haben     Soll     6000 Aufwend. f. Rohstoffe    Haben
AB            81 400,00    2002     1 700,00   2000        60 300,00   | 8020         60 300,00
2001           2 100,00    8010    21 500,00   =                         =
                           6000    60 300,00
              ─────────          ─────────    Soll         2002 Nachlässe            Haben
              83 500,00          83 500,00    2000         1 700,00   | Su            1 700,00
=                                      =      =                         =
Soll       2001 Bezugskosten      Haben
Su             2 100,00  | 2000    2 100,00
=                          =                  Soll           8020 GuV                Haben
                                              6000        60 300,00   |
Soll           8010 SBK           Haben
2000          21 500,00  |
```

Nr.	Konten	Soll	Haben
1.	2000 Rohstoffe an 2001 Bezugskosten	2 100,00	2 100,00
2.	2002 Nachlässe an 2000 Rohstoffe	1 700,00	1 700,00
3.	8010 SBK an 2000 Rohstoffe	21 500,00	21 500,00
4.	6000 Aufw. f. Rohstoffe an 2000 Rohstoffe	60 300,00	60 300,00
5.	8020 GuV an 6000 Aufw. f. Rohstoffe	60 300,00	60 300,00
		145 900,00	145 900,00

2. Der Rohstoffverbrauch beträgt 60 300,00 EUR.

Übungsaufgabe 301

Nr.	Konten	Soll	Haben
1.	2280 Waren 2281 Bezugskosten 2600 Vorsteuer an 4400 Verb. a. Lief. u. Leist.	366,00 28,10 74,88	468,98
2.	4400 Verb. a. Lief. u. Leist. an 2800 Bank an 2282 Nachlässe an 2600 Vorsteuer	468,98	459,60 7,88 1,50
		937,96	937,96

Lösungen zu den Beleggeschäftsgängen zur Vorbereitung auf die schriftliche Abschlussprüfung (Anhang 2)

I. Beschaffungswirtschaft

Beleg-Nr.	Geschäftsvorfälle	Konten	Soll	Haben
1	Eingangsrechnung Nr. H 345376 für Spanplatten Naturholz AG	6000 Aufw. f. Rohstoffe 2600 Vorsteuer an 4403 Naturholz AG	1 407,15 267,36	 1 674,50
2	Metallwarenfabrik Müller OHG aus Buchloe liefert Bürotischgestelle	6010 Aufw. f. Vorprodukte 6011 Bezugskosten 2600 Vorsteuer an 4401 Bernhard Müller OHG	42 500,00 2 207,50 8 494,43	 53 201,93
3	Die Heinrich KG erhält eine Gutschriftsanzeige der Metallwarenfabrik Bernhard Müller OHG.	4401 Bernhard Müller OHG an 6010 Aufw. f. Vorprodukte an 2600 Vorsteuer	10 115,00	 8 500,00 1 615,00
4	Rücksendung von 8 Spanplatten an die Naturholz AG	4403 Naturholz AG an 6000 Aufw. f. Rohstoffe an 2600 Vorsteuer	383,18	 322,00 61,18
5	Eingang der Speditionsrechnung Nr. 5679 für die Anlieferung eines Fräsautomaten	0700 Maschinen 2600 Vorsteuer an 4407 Blitz-Spedition GmbH	1 300,00 247,00	 1 547,00
6	Eingang der Heizölrechnung Nr. 545352	6030 Aufw. f. Betriebsstoffe 2600 Vorsteuer an 4499 So. Lieferanten u. Dienstleister	1 164,14 221,19	 1 385,33
7	Wartung der Heizungsanlage M. Teubner e. K.	6160 Fremdinstandhaltung 2600 Vorsteuer an 4499 So. Lieferanten u. Dienstleister	155,40 29,53	 184,93

II. Absatzwirtschaft

Beleg-Nr.	Geschäftsvorfälle	Konten	Soll	Haben
8	Zielverkauf von verglasten Aktenschränken an das Möbelhaus Westmoor KG.	2404 Westmoor KG an 5000 Umsatzerl. f. eig. Erzeugnisse an 4800 Umsatzsteuer	2 862,43	 2 405,40 457,03
9	Zielverkauf von Schreibtischlampen Winter OHG.	2405 Winter OHG an 5100 Umsatzerl. f. Handelswaren an 4800 Umsatzsteuer	1 577,05	 1 325,25 251,80
10	Ausgangsrechnung Nr. 7788/99 für die Lieferung von 5 Konferenztischen an die Innovation AG.	2407 Innovation AG an 5000 Umsatzerl. f. eig. Erzeugnisse an 4800 Umsatzsteuer	8 132,46	 6 834,00 1 298,46
11	Die Innovation AG schickt einen Konferenztisch wegen mangelhafter Lieferung zurück.	5000 Umsatzerl. f. eig. Erzeugnisse 4800 Umsatzsteuer an 2407 Innovation AG	1 366,80 259,69	 1 626,49*
12	Die Heinrich KG gewährt der Winter OHG auf die gelieferten Schreibtischlampen einen Umsatzbonus in Form einer Gutschrift.	5001 Erlösberichtigung 4800 Umsatzsteuer an 2405 Winter OHG	53,01 10,07	 63,08

* Teilweise wird in der Praxis nur der Warenwert – ohne die Zustellkosten – gutgeschrieben. In diesem Fall beträgt die Gutschrift 1 312,00 EUR zuzüglich 19 % USt = 1 561,28 EUR.

III. Zahlungsverkehr

Beleg-Nr.	Geschäftsvorfälle	Konten	Soll	Haben
13	Die Heinrich KG überweist den Rechnungsbetrag (Beleg 1) an die Naturholz AG.	4403 Naturholz AG an 2850 Bank	1 674,50	1 674,50
14	Die Musik Randlinger & Jell liefert ein E-Piano an die Privatadresse.	Keine Buchung für die Privatrechnung		
	Gerda Heinrich überweist den Rechnungsbetrag direkt vom Geschäftskonto.	3001 Privat an 2800 Bank	1 208,00	1 208,00
15	Gerda Heinrich entnimmt aus der Geschäftskasse 500,00 EUR.	3001 Privat an 2880 Kasse	500,00	500,00
16	Das Möbelhaus Westmoor KG begleicht die Rechnung Nr. 2254/556 mittels Scheck Beleg 8). Der Scheck wird bei der Bank eingereicht.	2850 Bank an 2404 Westmoor KG	2 862,43	2 862,43
17	Bareinzahlung auf das Konto bei der Hamburger Sparkasse.	2800 Bank an 2880 Kasse	450,00	450,00
18	Überweisung der Kfz-Steuer für einen Geschäftswagen.	7030 Kfz-Steuer an 2800 Bank	1 620,00	1 620,00
19	Entnahme eines Erzeugnisses für private Zwecke.	3001 Privat an 5421 Entn. v. Gegenst. (Eigenverb.) an 4800 Umsatzsteuer	428,40	360,00 68,40
20	Die Heinrich KG erhält von ihrem Handelsvertreter Peter Henze die Provisionsabrechnung für den Monat Mai 20..	6150 Vertriebsprovision 2600 Vorsteuer an 4499 So. Lieferer u. Dienstleister	5 600,00 1 064,00	6 664,00

IV. Personalwirtschaft

Beleg-Nr.	Geschäftsvorfälle	Konten	Soll	Haben
21	Banküberweisung der einbehaltenen Steuerbeträge und Solidaritätszuschläge.	4830 Verb. gegenüber Finanzbehörden an 2850 Bank	15 280,44	15 280,44
22	Barauszahlung eines Gehaltsvorschusses an eine Mitarbeiterin.	2650 Forderungen an Mitarbeiter an 2880 Kasse	700,00	700,00
23	Der Beitrag zur Berufsgenossenschaft wird durch Banküberweisung bezahlt.	6420 Beiträge zur Berufsgenossensch. an 2850 Bank	3 160,00	3 160,00
24	Barzahlung eines Aushilfslohnes.	6200 Löhne an 2880 Kasse an 4840 Verb. gegenüber Finanzbehörd. an 2640 SV-Beitragsvorauszahlungen	1 940,00	1 239,07 279,46 421,47

V. Anlagenwirtschaft

Beleg-Nr.	Geschäftsvorfälle	Konten	Soll	Haben
25	Eingangsrechnung Nr. 197/4 der Voth Maschinenbau OHG für einen Fräsautomaten.	0700 Maschinen 2600 Vorsteuer an 4404 Voth Maschinen OHG	16 600,00 3 154,00	19 754,00
26	Banküberweisung der ER Nr. 197/4 unter Abzug von 2% Skonto.	4404 Voth Maschinenbau OHG an 0700 Maschinen an 2600 Vorsteuer an 2800 Bank	19 754,00	332,00 63,08 19 358,92
27	Eingangsrechnung Nr. 3456 vom Autohaus Sigel für die Lieferung von 2 Pkw's.	0840 Fuhrpark 2600 Vorsteuer an 4499 So. Lieferer u. Dienstleister	51 458,00 9 777,02	61 235,02
28	Barkauf einer SAT-Antenne und einer Bürolampe.	0890 Geringw. Vermögensgegenst. 6541 Sofortabschreibung auf GWG 2600 Vorsteuer an 2880 Kasse	420,00 84,00 95,76	599,76
29	Anteilige Jahresabschreibung für den Lieferwagen HH-FW 190.	6520 Abschr. Sachanlagen an 0840 Fuhrpark	2 500,00	2 500,00

Notizen

NOTIZEN

Notizen

Notizen

Notizen